汉语国际传播：新加坡视角

吴英成 著

商务印书馆

2010年·北京

图书在版编目(CIP)数据

汉语国际传播:新加坡视角/吴英成著.—北京:商务印书馆,2010

ISBN 978-7-100-06812-3

Ⅰ.汉… Ⅱ.吴… Ⅲ.对外汉语教学—文化交流—研究—新加坡 Ⅳ.H195-53

中国版本图书馆CIP数据核字(2009)第197884号

汉语国际传播:新加坡视角

吴 英 成 著

商 务 印 书 馆 出 版

(北京王府井大街36号 邮政编码 100710)

商 务 印 书 馆 发 行

北京瑞古冠中印刷厂印刷

ISBN 978-7-100-06812-3

2010年1月第1版 开本850×1168 1/32

2010年1月北京第1次印刷 印张10⅜

定价:22.00元

序　一

汉字具有表意性，其特点与数字信息系统非常相似。尽管汉字的读音随时间和地域的不同而改变，但字形却一直是老样子。汉字的意义与读音脱节，对汉语有利有弊。

有利之处在于意义的表达不再依赖口语，所以完全不会讲汉语的日本游客在中国可以借助汉字认路。也因其表意性质，汉语语法较松散。

相较于字母文字，这种脱节也有不利之处，那就是成人很难学会汉字，好在儿童没有这个问题。事实上，新加坡的小孩在学会读英文单词之前，就可以把图像化的汉字认读出来。但对大多数成人来说，掌握汉语的读写技能非常困难，这是汉语实现全球化的一大障碍。

汉字的数字特征使得中华文化得以传承和延续，但是，这一特征也使得汉语不易全球化。举例而言，日本、韩国和越南长期以来深受中华文化的影响，但是，日语、韩语和越南语仍然需要一套语音系统来辅助汉字，以适应这些语言中更复杂的语法体系。

新加坡社会语言环境特殊，很多新加坡人的头脑里混合着两种非常不同的语言体系。四分之三的新加坡人是华人，大多数人的祖籍在中国南方。由于他们从父母和祖父母那里继承了闽南话、潮州话、广东话、海南话或客家话的句法，使得新加坡社会语言环境显得愈加复杂。再者,新加坡推行四大官方语言政策,即英语、华语、马来语和淡米尔语。其结果便是,在一个不大的城市里,日常生活中混杂使用着不同的语言体系。

新加坡复杂的语言景观是建国以来国家、社会发展的自然产物,而在全球化的浪潮中,全球各地也面对类似的冲击。由于交通和通讯日益便捷,不同的语言正以前所未有的方式在世界范围内混用。正因如此,新加坡的语言教学经验引起了越来越多人的兴趣。吴英成的新书《汉语国际传播:新加坡视角》的出版,可以说是恰逢其时。

自 1988 年起,除了到伦敦大学亚非学院攻读语言学博士学位的那段时间外,吴老师一直是我的汉语导师,近年来他还担任了李光耀资政和李显龙总理的汉语导师。

吴老师潜心于语言学习领域的研究,对以汉语作为第二语言的不同家庭背景学习者尤其感兴趣。很多新加坡华人家庭同时使用英语(或者本土英语)、华语和少量汉语方言。这种情况造成了句法上的混淆,也为在同一班里教导不同家庭背景学生的老师带来很大的问题。

吴老师是这方面的专家,他协助新加坡教育部研发了更适合本地儿童学习的华语教学法。吴老师思维活跃,能够将理论应用于实践,无论教成人还是小孩,他都乐在其中。他毕业于新加坡早期的华校,荣获公共服务委员会海外奖学金赴台湾大学攻读中国语言文学学士学位,并在那里找到了终生伴侣。有了几年的教学经验,加上我的一些鼓励,吴老师远赴英伦,在伦大亚非学院修读博士学位,同时也磨炼英语。

学成回国后,吴老师执教于南洋理工大学国立教育学院,2005

年担任哈佛大学费正清东亚研究中心访问学者，2006年擢升为国立教育学院亚洲语言文化学部主任。他过去同中国大陆、台湾和香港等地的国际汉语教学单位关系密切，而他目前的学术网络更遍及亚太、北美、欧洲与南非等地。他在汉语本体与教学研究方面的成果值得世界各地国际汉语专家学者借鉴和参考。

杨荣文谨识

2009年9月9日

Foreword I

Being ideographic, the Chinese language as written can be said to be digital. Although pronunciations change over time and space, the characters remain as they have always been. The meaning is de-linked from pronunciation. This is both an advantage and a disadvantage.

It is an advantage because the transmission of meaning doesn't depend on the spoken word. Hence it is not uncommon for Japanese tourists in China who can't speak Chinese to use *hanzi* (kanji) to find their way around. For the same reason, the Chinese language has looser grammar.

However, it is also a disadvantage compared to alphabetic languages. Learning the characters is a huge effort for adults. For children, it is not a problem. In fact, young children in Singapore can read Chinese characters (as pictures) earlier than they can pronounce English words. But for most adults, mastering reading and writing in Chinese is very difficult. This is a serious obstacle to the globalization of the Chinese language.

Thus, on one hand, the digital nature of the written Chinese language is an important reason for the tenacity of the civilization and its sense of continuity. On the other, it is precisely this characteristic that makes the Chinese language less amenable to globalization. For example, despite profound influence by Chinese civilization over the centuries, the Japanese, Koreans and Vietnamese still needed phonetic systems in addition to *hanzi* to accommodate their more complex grammars.

Singapore's language situation is unusual because of the mixing of two very different language systems in the brains of many of its citizens, three quarters of whom are self-consciously ethnic Chinese. It is further complicated by the fact that Chinese Singaporeans are mostly of South China origins inheriting from their parents and grandparents the syntax of Minnan, Chaozhou, Cantonese, Hainanese and Kejia dialects. In addition, Singapore has four official languages—English, Chinese, Malay and Tamil. The result is a daily mixing of different language systems within a relatively small urban area.

With globalization, what is taken as a matter of course in Singapore, is being experienced in many parts of the world. With much greater ease of travel and communication, language systems are being mixed worldwide in a manner not seen before. Because of this, Singapore's experience in teaching languages has become of interest to a much wider audience. Goh Yeng Seng's book on *The Globalization of Chinese: A Singapore Perspective* is therefore timely.

Yeng Seng has been my Mandarin tutor since 1988 except

for the period when he went to London's School of Oriental and African Studies (SOAS) for his PhD in linguistics. In recent years, he has also become a Mandarin tutor to Minister Mentor Lee Kuan Yew and Prime Minister Lee Hsien Loong.

He has a keen research interest in the learning of languages, particularly in the learning of Mandarin as a second language by students from different family backgrounds. Many Chinese families use a mixture of English (or a patois of English), Mandarin and a smattering of Chinese dialects at home. This creates confusion in syntax and huge problems in teaching students from a range of family backgrounds in the same classroom.

Yeng Seng has become a specialist in this area helping the Singapore Education Ministry develop new programmes for children learning Mandarin. He has a lively mind and enjoys working with children and adults alike. He combines theory with his own practice. Educated in a predominantly Chinese school in Singapore, he took a Singapore Public Service Commission scholarship to study Chinese Language and Literature at the Taiwan University where he met his wife. After teaching a few years, and with a certain encouragement from me, he went off to do his postgraduate work in the School of Asian and African Studies in London University where he was forced to master his English.

When he came back to Singapore, he taught at the National

Institute of Education of Nanyang Technological University. In 2005, he did a semester's sabbatical at Harvard's Fairbank Center for East Asian Research. He has been the Head of Asian Languages and Cultures Academic Group since 2006. Over the years, he has developed strong links to higher education institutions of Chinese language teaching in Mainland China, Taiwan, Hong Kong and other places. His academic network now covers the Asia-Pacific region, North America, Europe and South Africa. His book on Chinese language teaching and research from Singapore perspective will become a useful reference work.

George Yeo

9 September 2009

序　二

五十岁是个颇为奇妙的年龄。年轻之时，觉得五十岁就老了，委婉点说，成熟了；而人真到了五十岁，其实仍然雄心勃发，毫不觉得老将至矣。读英成先生的著作，便能感到这种奇妙：成熟而又雄心勃发。他对新加坡华语的精妙分析，显示着东西兼通的学者的成熟；对汉语国际传播中新加坡地位的阐发，对新加坡华语教学策略的新思考，透露出一位华人语言学家勃勃的学术雄心。

我喜欢读英成先生的文章。因为我常怀着几分好奇，想了解新加坡的华语、华语政策和华语教学，想了解新加坡学者对华语的各种看法，这种学术欲望从英成先生的文章中能够得到不少满足。我更喜欢与英成先生谈天说地。他会以翩翩儒雅的风格，谈他1987年以来每一次登陆中国兴奋而新奇的感受，谈新加坡华语政策制定的始末原委，谈新加坡领导人刻苦学习华语的动人情景，谈汉语国际传播的宏伟方略。同英成先生聊天，可谓是"倾耳有得"。

汉语自古就不停地向四周扩散，还曾渡东洋，到西洋，下南洋。与去东洋、西洋不同的是，汉语下南洋是随着华人脚步走的，是实实在在用于华人社团的交际。在现实交际中，在与当地语言的接触中，南洋汉语逐渐发生变异，并在现代汉民族共同语和南洋汉语方言的多重影响下，逐渐形成了有特色的华语。

海内外华人的交往从未停止过，而且随着中国的快速发展，这种交往越来越频繁,越来越密切,越来越有意味。海内外华人的交往,必然伴随着海内外华语的交流,在交流中相互吸收,取长补短,差异渐减,共性更强。普通话源源不断向各地华语输送语言营养,同时也从各地华语中汲取养料,丰富自己。这种交往的结果是,以普通话为基础的全世界华人的共同语正在新的世界背景中形成。

最近十几年,汉语走向世界的脚步空前加快。汉语的国际传播具有客观基础,行家已有分析;与之同时,也需制订科学的语言传播规划,学人亦早有论述。在制订汉语国际传播规划时,学界的慧眼又投注到南洋。南洋华语是汉语国际传播的历史先遣队,从这支先遣队身上,语言规划者会获得何种启迪?在当今汉语全球化的进程中,怎样定位南洋华语?南洋又可能扮演什么样的角色呢?

我带着这些问号拜读英成先生这部大著时,许多问号竟伸展为感叹号了!"开卷有益",此之谓也!

李宇明

2009年9月9日

Foreword II

When you reach the age of fifty, it is a rather special time; but when you are young, you feel that fifty is old or, to put it more gracefully, mature. When one actually reaches the age of fifty, however, one does not feel old, and indeed, one still has ambitions. When you read Professor Goh Yeng Seng's book, *The Globalization of Chinese: A Singapore Perspective*, you are able to sense that wonderful combination of maturity and ambition. His elucidation of Chinese language issues in the Singapore context displays the scholarship of an established academic who comprehends both the East and the West. His discussion of Singapore's role in the ongoing globalization of the Chinese language and his innovative thinking on the teaching of Chinese in Singapore reflect the aspirations of a dedicated Chinese linguist.

I enjoy reading Prof. Yeng Seng's papers. I am fascinated by Singapore's Chinese language policy and Chinese language pedagogy; and I have a deep and abiding interest in the diverse views of Singaporean scholars on Chinese language issues. And I have always been able to indulge this fascination and interest of mine via a perusal of Prof. Yeng Seng's papers. Even more, I have enjoyed talking to Prof. Yeng Seng about a whole range of subjects. In his elegant and scholarly style, he has told me about the excitement and curiosity that he has felt on his travels to China since 1987, about the formulation of Chinese language policy in Singapore, about the determination of Singapore's leaders to learn Chinese, and about the blueprint underlying the ongoing global spread of Chinese. One can say that there is always a lot to be gained from a discussion with Prof. Goh!

From time immemorial the Chinese language has been spreading to surrounding regions; it has crossed the Eastern sea, reached the Western sea and entered the Southern sea—the Nanyang, as Southeast Asia is called. But unlike the Eastern and Western seas, in the Nanyang, the language followed in the footsteps of the Chinese people, where it has come to play an important role in the social interactions of the Chinese communities of Southeast Asia. In the course of those interactions, Chinese came into contact with local languages, and gradually became "Nanyang Chinese". In the midst of further interaction with the Chinese "common language"—Mandarin—and other local Chinese dialects, Nanyang Chinese has come to have its own distinctive features.

Contact among Chinese at home and abroad has never ceased

and along with the rapid development of China, this kind of interaction has become even more frequent, more profound, and of greater significance. Such contact is mediated by language which, of course, leads to linguistic convergence, with one language strengthening the other and gradually reducing differences and increasing similarities. *Putonghua* (Mandarin) provides a steady stream of nourishment to local Chinese languages, while it also absorbs nutrients from the local languages. The result of all these exchanges is the formation of a common language based on *Putonghua* for use by Chinese the world over.

Over the last few decades, Chinese has been spreading throughout the world at an unprecedented pace. Experts have already determined the underlying reasons for this globalization of Chinese; and scholars have also recognized the need to plan it. In formulating such plans, the eyes of the academic world have been drawn to Southeast Asia. Nanyang Chinese can be considered a pioneering stage in the globalization of Chinese. So what kind of inspiration can language planners draw from this fact? And what position does Nanyang Chinese have in this ongoing process of globalization? What kind of role can Nanyang Chinese play?

When I read Prof. Yeng Seng's book, I found that many of my interrogatives were changed into statements—that many of my questions were answered. This is what is meant when the Chinese say: "There is much to be gained from opening a book."

Li Yuming

9 September 2009

序　三

我和英成初识于 2005 年，之后不久就发现，虽然我们生活在世界上两个不同的地方，并且是在完全不同的教育环境下工作，双方对于汉语和汉语教学的观点却非常相似。当时，英成是哈佛大学费正清东亚研究中心的访问学者，计划用一个学期调查美国汉语教学并进行华裔研究，而我已在查尔斯河下游不远处的麻省理工学院负责汉语课程多年。英成提出要观摩我们的汉语课，我当然很高兴。一则学生可以借此展示他们的汉语水平，二来我也有机会和经验丰富的同行交流切磋。

麻省理工学院的汉语课程规模相对较小，不过，小也有小的好处。它可以更灵活，也更具实验性。和美国的许多大学一样，麻省理工学院为华裔源流和普通源流的学生分别设计不同的汉语课程。华裔源流课程针对那些已经在家学会听说但缺乏阅读能力的华裔学生；而普通源流课程则针对零起点初学者和那些没有能力修读华裔源流课程的学生。我们的大多数学生就读工程、科学或商务专业，他们希望到中国工作，或者至少从事同中国有关的工作。对他们来说，汉语只是选修科目。老师的责任是为这些非专业的学生提供两到三年的实用课程，以帮助他们更好地适应中国的环境，为日后进一步学习打下基础。为此，我们自行编写教材，希望结合前沿的教学理论和虽不再风行却依然有效的传统教学法开展教学。该课程的教学理念包括清楚地区分口语和书面语、提供丰富的词汇、帮助学生了解汉语变体和认清英汉对比与翻译的重要性。我最终将这些教材改写成一套上下两册的课本,名为《汉语基础教材》(上册将于2009年由耶鲁大学出版社出版)。

英成来听了几节课,其中一节课的学生只学了几个月的汉语。他非常喜欢我们上课的节奏和进度。这些课的内容包括教师引导的问答练习、学生以小组为单位的角色扮演、必要时的英语讲解和以理解为目的的阅读练习。从英成的这本书中可以看到,许多他一直思考的问题也正是我们所关心的。比如,第一语言在第二语言学习中的定位和功能、现代汉语口语变体的处理、学习者词典以及语法的设计。

英成来麻省理工学院听课后不久,我有机会到费正清中心听他演讲,讲题是华人身份认同。虽然这个主题不属于教学法领域,但是同汉语教学,特别是新加坡的汉语教学有着千丝万缕的联系。在演讲中,英成以2004年中国抗议时任新加坡副总理的李显龙访问台湾一事为例,详细分析了新加坡中英文媒体对同一事件的不同报道方式与解读。演讲涉及身份认同,双语现象和公共政策等,反映出他对新加坡社会语言变迁的深刻理解。

之后几年,我和英成虽然没有机会再见面,却仍一直保持联系。直到有一天,我已经移居新奥尔良,偶尔回麻省理工学院小住几日,我们才再次巧遇。当时我正骑着旧自行车经过弗兰克·盖里设计的充满创意的史塔特中心,那幢大厦棱角奇特,曲线优美。就在中心正门前的小广场上,我竟然看到了一个熟悉的身影:是英成!看样子,他也只是在这里逗留几天。我连忙跳下自行车,很开心地和他打招呼,我们还约好稍晚的时候见面再谈。正是这次中国人称之为“缘分”的巧遇,最终使我有机会到新加坡南洋理工大学国立教育学院同英成的汉语教学团队工作了一年。这一年我收获颇丰。从2008年春天开始,我成为国立教育学院的一员,用汉语向正在那里受训的未来汉语教师讲授如何进行汉语教学。我很清楚,我要教的不是汉语语音、语法和写作的基本知识。我到国立教育学院,一方面是因为多年来我一直努力地学习汉语,可以从学习者的角度来审视汉语教学;另一方面,也是因为我在美国教了二十多年的汉语,可以从旁观者的角度对新加坡的汉语教学提出意见。

我二十多年的汉语教学生涯,主要在英成称之为汉语教学“外圈”的美国度过。在这里,汉语学习局限于课堂,外部环境能提供的支援很少。中国当然是汉语教学的“内圈”,但在那里,课堂之外的汉语环境又太过复杂,会让初学者无所适从。新加坡介于“外圈”和“内圈”之间,英语和汉语在这里并存,而且都具有很强的区域特征,当地人两种语言的口语和书面语能力也程度迥异,各有不同。其结果是新加坡的汉语教学独树一帜。虽然只是地图上的一个小红点,新加坡的经验却值得所有人学习。汉语教学变得越来越国际化,越来越类似英语教学,英成书中对一些问题的思考也显得越发重要。无论身处中国、北美还是欧洲的汉语教学界,关注新加坡的经验总能使我们获益良多。

魏久安谨识于新奥尔良
2009年9月9日

Foreword III

I first met Yeng Seng in 2005, and it did not take us long to discover that although we operated on different sides of the world and in entirely different educational settings, our views about Mandarin and Mandarin teaching were quite compatible. At the time, he was a visiting scholar at Harvard University's Fairbank Center For East Asian Research, spending a semester investigating Chinese language teaching in the United States and doing research on the Chinese diaspora. I was based a short distance down the Charles River, at the Massachusetts Institute of Technology, where I had been directing the Chinese language program for a number of years. When Yeng Seng expressed interest in visiting some of our Chinese classes, I was naturally pleased, for it would be an opportunity for our students to show off their Chinese, and a chance for me to talk about Chinese language teaching with someone of wide experience.

The MIT Chinese program was relatively small, but I liked to think that, as a result, it was more flexible, more experimental. Like many U. S. college programs, the curriculum was divided into two quite separate streams: a heritage stream for students who had learned to speak at home but who had little reading knowledge; and a regular stream for absolute beginners and anyone else who did not qualify for the heritage courses. Most of our students were engineers, scientists or business majors, planning careers in China or at least, careers with some involvement with China. For them, Chinese was an elective. Our charge as teachers was to provide them with a two or three year curriculum that would be practicable for non-majors, would serve them well in a Chinese milieu, and give them the means to continue studying on their own. To these ends, we were creating materials which, we hoped, combined the best of current pedagogy with some tried and tested traditional practices that had, for various reasons, fallen out of fashion. These included: clearly separating spoken language from written; recognizing the importance of comparative grammar and translation; providing a wealth of lexical resources; and acknowledging a range of variation within Mandarin. These MIT materials eventually evolved into my two-volume textbook entitled *Learning Chinese: A Foundation Course in Mandarin* (with the first volume to be published by Yale University Press in 2009).

Yeng Seng eventually joined us for several classes, including one with students who had only been studying Chinese for a few months. He particularly appreciated the rhythm and pace of our classes, which included lively give-and-take in Chinese led by the teacher, conversational scenarios performed by students in small groups, English commentary interspersed where needed, and reading practice (in characters) focused on comprehension. A glance at the contents of Yeng Seng's book will show that he had been considering many of the same issues which, on a more modest scale, had also attracted our interest; issues such as the role and function of the first language in the learning of the second, how to deal with variability in modern spoken Mandarin, and how to design dictionaries and grammars appropriate for learners.

Not long after Yeng Seng's visit to our classes, I had an opportunity to hear him speak at the Fairbank Center at Harvard. The topic was Chinese identity rather than pedagogy, but it had ramifications for language education, particularly in Singapore. In his talk, he showed in fine detail how Singapore's English and Chinese language press differed in the way they reported on China's objections to [then] Deputy Prime Minister Lee Hsien Long's 2004 visit to Taiwan. The talk touched on issues of identity, bilingualism and public policy, and provided fascinating insights into the shifting sociolinguistics of modern Singapore.

Yeng Seng and I kept in touch for the next couple of years, but I was not to see him again until one day, after I had left MIT and moved to New Orleans, I happened to be back at MIT for a few days. Riding my old bicycle by the colorful angles and curves of Frank Gehry's intriguingly designed Stata Center on the MIT campus, I caught sight of a familiar figure standing in the plaza by the main door: it was Yeng Seng, who as it turned out, was also in town for just a few days. I leapt off my bike, hailed him warmly and we arranged to meet and talk later. It was through this happenstance—surely a case of what the Chinese would call *yuanfen* ('predestined fate')—that eventually led me to the National Institute of Education in Singapore to spend a very productive year working with Yeng Seng's Chinese language team. From the spring of 2008, I was a member of the NIE, teaching in Chinese about Chinese language teaching to students embarking on careers as Chinese language teachers. I was under no illusions. I was not there to teach them the fine points of Mandarin pronunciation, grammar or composition. I was there because I had struggled with the language for years, and could offer a learner's perspective, as well as a view from the periphery, here I had taught Chinese for two decades.

For most of my twenty odd years of teaching Chinese, I have occupied what Yeng Seng calls the 'outer circle' of the Mandarin teaching world, where learning is confined to the classroom with little reinforcement from the world outside. China is, of course, the 'inner circle', where the world outside the classroom is so rich that it can overwhelm the novice student. Singapore, on the other hand, lies between the two extremes, a country where English and Chinese co-exist, but both bear strong regional flavouring and show wide variability in spoken and written fluency. As a result, Singapore straddles the Chinese teaching world, a small red dot rather than a colossus, but nevertheless a place that has lessons for all of us. As Mandarin teaching becomes an international enterprise, more akin to the teaching of English, considerations of the type discussed in the book by Yeng Seng take on a special significance. Whether in China or in North America and Europe, all of us in the Chinese language teaching profession stand gain a great deal from paying attention to the Singapore experience.

Julian K. Wheatley

9 September 2009

前　言

《论语·为政》讲“五十而知天命”。人到了这个年纪，总是希望对自己做过的事情进行一个总结，借此作为向更远处出发的新起点。应该说，眼前这本书的编写即缘起于此。

本书是我自1987年至2007年这二十年学术历程的回顾，也是对自己已有研究成果的系统化整理。每一个醉心于学术研究的人都应该知道，文章不仅是心血的结晶，也是一段人生经历的体现。在本书编写过程中，我眼前不时浮现出过去在中国的不同经历。

1987年，我首次踏上中国的土地，参加第二届国际汉语教学研讨会并发表首篇论文，期间有幸结识北大朱德熙和周祖谟先生，并得到他们的赞许与鼓励，这可以视作我学术生涯扬帆起航的一刻。之后，我几乎参加每一届会议，先是作为1987年成立的世界汉语教学学会创始会员，继而于2006年成为常务理事。二十年间世汉会议的规模逐渐壮大，到了第九届会议(2008年)，与会人数已从第二届的两百人激增至两千人。数字上的变化恰恰反映了中国崛起这一大趋势下汉语迅速传播的事实。

回首二十年前，真有恍若隔世之感。我还记得当年在王府井的新华书店里，所有的图书都闭架出售，定价十元人民币的书籍，统统被锁入玻璃柜中，有意翻阅购买者，需经服务员开柜取出；故宫博物院里外籍人士寥寥无几，展出的“宝贝”也极其有限，徒有一座皇家宫殿的躯壳；当时的可口可乐还分为两种：一种卖给中国人，味道似药水一般，另一种则是友谊商店里专供我们这种“老外”的正宗货，不过得用外汇券购买。1997 年，去上海旅游，现金用尽，忽然发现了 VISA 标志，兴冲冲去刷卡，却被告知只能刷本地卡，国际卡不受理……这些十几、二十年前的事情现在看起来就像旧默片镜头的再现。

如今的中国，自由开放，与世界的交往日益频繁。中国经济领域国际化的内在推动力使汉语逐步走向世界，国际汉语教学也随之有了长足的进步。因此，我们有必要在这个历史性的时刻回首过去，展望未来，理清国际汉语教学的整体脉络。如果本书能在这方面有些许贡献，那就是我最大的荣幸了。

讨论国际汉语教学的书籍很多，如果说本书有什么特色，那便是新加坡视角。我是一个土生土长的新加坡人，生于斯长于斯，亲眼目睹了这个“小红点”的诞生与发展。而作为在新加坡这块土地上成长的汉语教学工作者，我有幸见证了新加坡语言政策之下，本地华语教学的历史进程。作为新加坡南洋理工大学国立教育学院亚洲语言文化学部主任，我现在更肩负着培养新加坡新一代华文教师的重任。由于有幸先后就读于台湾大学中文系和伦敦大学亚非学院语言学系，经常游走于东西方之间，因此对于汉语国际传播和教学都有自己的理解。我的求学与工作经历使我对以下几个方面的问题产生极大的兴趣：

一、新加坡华语作为汉语的一个重要变体到底具有哪些特色；

二、在汉语全球化的浪潮下新加坡应该扮演怎样的角色；

三、新加坡主流华语教学中存在哪些问题；

四、针对已有问题,新加坡华文教学界应该如何应变。

这四方面的问题存在着紧密的内部联系。一、二两个方面关乎汉语的本土认同与国际接轨之间的平衡,三、四则是有关语言教学与语言政策的讨论。这四方面基本与本书的四章一一对应,如下图所示:

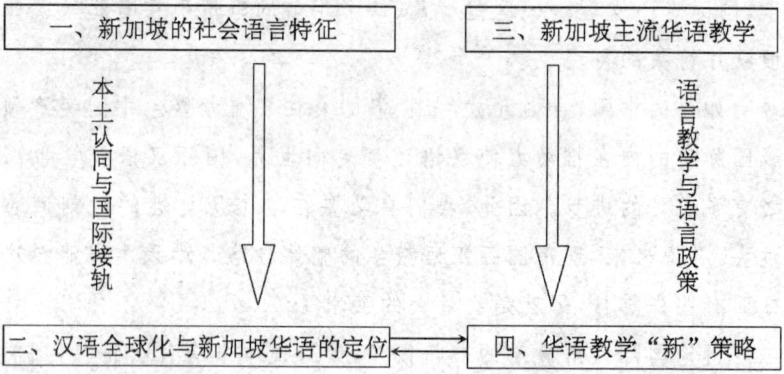

值得一提的是,本书第四章“华语教学‘新’策略”中的“新”语义双关,既代表新加坡,也表示这些是我的最新研究成果。

新加坡是一个汇聚东西方文化的所在,这里华语教学中所面对的种种问题无论是对中国的对外汉语教学,还是对欧美地区的汉语作为第二语言/外语教学都有一定的借鉴意义。也正因为如此,我把自己在以上四个方面的研究成果汇集成书,虽然书内的观点大都在各大学报期刊上发表过,但这绝不是一本论文选,而是对过去研究的思考、总结及提升。希望与海内外学人同享,为国际汉语教学和研究的发展尽绵薄之力。

Preface

In the Analects, Confucius writes: "At fifty, I knew my destiny." In other words, fifty is an age at which one can take stock of what one has done so far and thereby establish a starting point for further work. This is the impetus for the book that is before you.

This book is a retrospective of two decades of my academic career, stretching from 1987 to 2007. It is also an attempt to systematically organize the research that I have carried out thus far. Everyone who is serious about research knows that articles are not only the result of hard work, they also embody different stages of one's life. In the process of writing this book, for example, I often thought back on earlier experiences that I had in China.

The first time I set foot on Chinese soil was in 1987. I had delivered my maiden speech at the Second International Symposium on Teaching Chinese as a Foreign Language which by good fortune, had elicited encouraging comments from Professors Zhu Dexi and Zhou Zumo of Peking University. It could be said that this event launched my academic career. From then on, I attended the conference almost every year, first as a founding member of the International Society for Chinese Language Teaching that was established in 1987, and then from 2006 as Executive Council Member. Over the 20 years, the Society has grown in size. By the 9th meeting, the number of attendees had increased from the 200 of the 2nd meeting to well over 2000. The increase reflects the rise of China as a great power and the consequent rapid spread of Mandarin.

Looking back over 20 years, it is like viewing another world. I still remember how at the time, books in the *Xinhua* (New China) Bookshop in *Wangfujing* were all placed in closed bookcases, and books priced at ten *yuan* were locked away in a glass cabinet, so that buyers looking to purchase or browse had to get the salespeople to get them out of the case. At the time, no more than a handful of foreigners were at the Palace Museum, and the only thing of value on display was some antiques from the Imperial Palace. The Coca Cola of the time came in two types, one for Chinese that tasted like medicine, and another—the real thing—sold in Friendship Shops for visitors like us, which could only be bought with *Waihuiquan* (Foreign Exchange Certificate). In 1997 when I ran out of cash while traveling in Shanghai, I saw the Visa logo and ran over to swipe my card only to discover that it didn't take international cards, only local ones. Now, after nearly two decades, such incidents seem quite quaint.

The China of today is more free and open, and is becoming more and more linked to the rest of the world. As the scope of Chinese economic activity spreads throughout the world, the Chinese language is also gaining a new prominence across the world. Consequently, international Chinese language teaching has also made substantial progress. So this is a good time to look back over the period, to consider the future and to clarify our understanding of the whole basis for international Chinese pedagogy. If this book can make some contribution towards that goal, I will be pleased.

Lots of books deal with international Chinese language teaching, but if this book is different from any of the others, it is because it offers a Singaporean perspective. I am a Singaporean, born and raised on the island, and I have witnessed first hand the birth and development of this 'little red dot'. As someone in Chinese language education who has grown up in Singapore, I have had the good fortune of having witnessed the course of Chinese language teaching here under Singapore's language policy. Being the Head of the Asian Languages and Cultures Academic Group of the National Institute of Education at Nanyang Technological University, I now bear even more responsibility for training the new generation of Singapore Chinese language teachers. Fortunately, having received my education in the Chinese Department of the Taiwan University and the Linguistics Department of London University's School of

Oriental and African Studies, I am accustomed to moving between East and West, and so have an appreciation of the global spread of Chinese and Chinese language education. My educational and work experience have made me particularly interested in the following questions:

1. What are the special characteristics of Singapore Mandarin as a significant variety of Mandarin?

2. What sort of role should Singapore play in the global spread of Mandarin?

3. What sort of problems exist in mainstream Mandarin teaching in Singapore?

4. How should the Singapore Chinese teaching world respond to such problems as already exist?

These four questions are intimately related. One and two involve balancing local identity with international links, while three and four deal with language teaching and language policy. The following diagram shows how these four questions correlate with the four sections of the book:

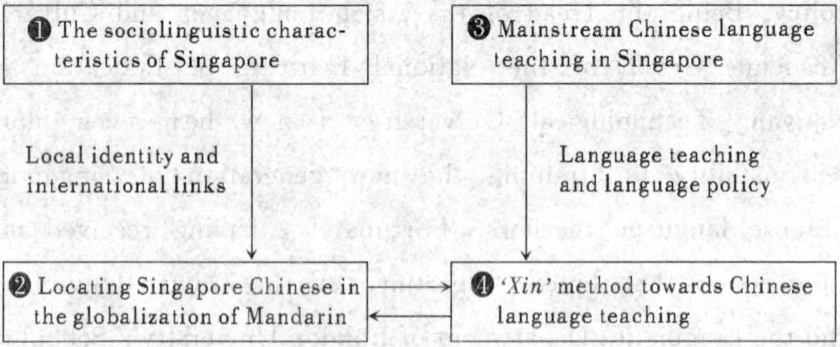

It should be noted that '*xin*' in the title of the fourth section of the book, written with the character for 'new', is intended as an abbreviation for 'Singapore' (*Xinjiapo*) as well as 'new', in the sense of being the results of my most recent research.

Singapore is a place where east and west come together. The problems faced by Chinese teaching here, regardless of whether it is for the teaching of Chinese in China or the teaching of Chinese as a second or foreign language in Europe and North America, all have something of value to offer. And it is for this reason that I have compiled the fruit of my research in these four areas into a book. Although the opinions expressed in the book have all been published in various academic journals, this is not a compilation of articles, but rather is a summary and promotion of my earlier thinking. I hope it will be of interest to scholars at home and abroad and make some small contribution towards the development of teaching Chinese as an international language.

目　录

第一章　汉语变体研究

与世界其他语言一样，汉语从来都不是一种单质性的语言，它早已在漫漫的历史长河中衍生出各种区域变体。以属于同文同种的中国大陆、台湾地区、香港地区、新加坡为例，由于各地近百年来各自不同的历史命运，加上汉语与当地通行的方言以及外族语言的融合等因素，富有地方色彩、深受当地华人认同的汉语变体①自然产生。本章首先探讨新加坡华语在语音、词汇和句法三个方面的特点及这些特点形成的深厚历史渊源。在此基础之上，本章的第二部分进一步对各地的汉语变体和语言政策进行比较和分析。

第一节　新加坡华语的历史渊源及特色

早在 19 世纪下半叶，许多中国东南沿海一带的居民，尤以闽粤地区为多，被雇佣为东南亚的廉价劳工或“猪仔”。他们大部分都是下层阶级的文盲或没落的书香子弟，由于经济困窘或天灾内乱等等因素，怀着被自己国土遗弃的心情，冒着被欺凌屠杀的危险，赤手空拳把东南亚这一片杂草丛生的荒废原始森林，开发成为

---

①　语言变体的内容包括语音(例如，三地华人所带的特殊地域口音：中国大陆普通话儿化韵小鸡儿[jir]、台湾地区国语的[fan](饭)读成[huan]、新加坡华语的“第五声”等都已成为典型华语区域变体的认同标志)、词汇与句法。

今日的美丽乐园。新马两地有今日的文明与成就,华人祖先的伟大贡献是不容抹煞的。随着时代的变迁,各种汉语方言之间频繁接触,加之华人为了与当地土著沟通交流,适应崭新的环境,自然就产生另一种形式的汉语,与中原的话语有别。"新加坡华语"也就在此历史背景下应运而生。

壹　新加坡华语语音特色

新加坡华语在语音方面无可避免地受南方方言群的影响,例如:新加坡华人在学习华语时经常 zhi、chi、shi 与 zi、ci、si 不分,舌尖鼻音韵尾(-n)与舌根鼻音韵尾(-ng)相混,尤以潮州人误读频率偏高(张孝裕,1981)。另外,南方方言都存有短促的入声调,经常把古入声字读成短促下降调,并且有时也带有喉塞韵尾(-ʔ),也就是所谓的"第五声"(Chen,1983)。

本节将着重探讨华语"第五声",以新加坡福建社群说话人为对象,通过读数字、读词语、读词对三项语体形式全程录音,调查他们说本土华语"第五声"的分布情况,并根据调查结果探讨在语言易位过程中,造成本土华语"第五声"变异的社会制约因素(年龄、华语与闽南话水平、性别、住屋类型、学历、语体类型)和语言制约因素(华语声调与韵母、闽南话入声韵尾)。

1.1　祖籍方言类型与华族人口比例

近三十年来,新加坡华族社群出现急剧的语言易位现象(本章第二节第一部分将详细阐述)。在 1979 年新加坡政府尚未提倡"讲华语运动"前,大多数的新加坡华族社群在非正式社交场合都讲祖籍方言,其分布情况如表 1:

表1　新加坡祖籍方言分布

祖籍方言	俗称	辅音韵尾	华族人口比例①
闽方言	闽南话	-p -t -k -ʔ	42%
	潮州话	-p -k -ʔ	22%
	海南话	-p -t -k -ʔ	7%
	闽北话	-ʔ	2%
粤方言	广东话	-p -t -k	15%
客方言	客家话	-p -t -k	7%

华族祖籍方言②包括闽方言(闽南话、潮州话、海南话、闽北话)、粤方言(广东话)、客方言(客家话),当时的新加坡为多方言的华族社会,人数以操闽南话者居首,潮州话其次,广东话第三(Khoo,1981)。由于这些中国南方汉语方言都保存完整的入声与不完全一致的辅音韵尾(见表1),所以新加坡操南方汉语方言的老一辈华人讲华语时,经常把方言入声字(例如:级[kip]、发[huat]、福[hok]等)读成短促下降调,有时还带有喉塞韵尾(-ʔ),陈重瑜(1981)③称之为"第五声",此种语音变异现象可以看作是华族祖籍方言移借的结果。

1.2　新加坡本土华语"第五声"研究回顾

1.2.1　"第五声"音韵特征

① 华族人口比例资料引自 Lau(1992:52—54)。

② 有关华族祖籍方言的音韵特征的论述,参酌袁家骅(1960)、詹伯慧(1981)。

③ 陈重瑜(1981)与 Chen[陈重瑜](1983)二文的论述与调查结果基本一致,而本书以中文撰写,为了便于转述,因此以前文为依据。

陈重瑜(1981)认为新加坡本土华语除了标准华语阴平55、阳平35、上声214、去声51(Chao,1968:26)的四声外,还存在"第五声",其音韵特征如下:

a. 它是一个下降调,调值通常是51,有时则是53。

b. 它的持续时间较短,因此听来有"中断"的感觉。

c. 带这个声调的音节都有一个喉塞音的韵尾[-ʔ];此韵尾有时很清楚,有时较模糊。

d. 这个塞音韵尾不但截短了声调的持续时间,也使得音节的辅音韵头变为强音,因而近似浊辅音。

由于古入声已完全派入现代北京话三声,即今天的阴平、阳平、上声、去声。可见,新加坡本土华语"第五声"乃南方汉语方言入声的变体,因为其音节尾有时还带有喉塞韵尾,有时则较模糊。但是,虽与第四声(去声)皆为下降调,音长却较后者近乎短一半。

1.2.2　"第五声"调查

陈重瑜(1981)以10位华文源流人士为调查对象,他们是在5个主要祖籍方言群——闽南话、潮州话、广东话、客家话、海南话各选两位为代表,年龄介于20至40岁之间(由于仅仅以各两位调查对象作为5个主要祖籍方言的代表,统计信度实不太可靠,这直接影响调查结果的代表性)。

大部分调查的材料为常用双音节词,总计约980个,入声字则有168个。其中华语读作第一、二、三、四声的分别为42,67,12,

47。但是在计算频率时，扣除第四声的字①，只剩121个字。调查结果如表2：

表2 古入声字读成“第五声”的频率

	本调	“第五声”	他调
第一声	15.8%	81.1%	3.2%
第二声	28.8%	66.4%	5.4%
第三声	80.2%	18.1%	1.7%
-p	21.5%	77.8%	0.7%
-t	30.0%	63.7%	6.3%
-k	31.0%	64.9%	4.0%
闽南话	11.9%	86.3%	1.8%
广东话	17.9%	79.7%	2.4%
客家话	22.7%	74.1%	3.2%
海南话	33.3%	61.2%	5.5%
潮州话	32.2%	58.2%	9.7%

表2统计数字显示把华语第一声的字读成本土华语“第五声”的比例最高(81.1%)，第二声次之(66.4%)，第三声最少(18.1%)。入声字辅音韵尾(-p,-t,-k)对本土华语“第五声”的出现频率则没有构成明显的差别。至于各祖籍方言群误读的情况，讲闽南话者把入声字读成本土华语“第五声”的频率最高

① 由于第四声与“第五声”皆为下降调，加上当时录音设备不够完备，以致无法准确地辨认二者的区别，因此扣除第四声的字不计。

(86.3%),讲广东话者次之(79.7%),讲客家话者第三(74.1%),讲海南话者第四(61.2%),讲潮州话者最低(58.2%)。总体而言,超过六成以上的讲祖籍方言者经常把入声字读成“第五声”。

1.3　福建社群新加坡本土华语“第五声”调查

1.3.1　调查研究假定

表2清楚地显示新加坡本土华语“第五声”为祖籍方言移借的“副产品”,因此本研究先假定凡发音中有“第五声”者必能说其祖籍方言,反之,无“第五声”者必不能说其祖籍方言。

1.3.2　调查取样(2000年)

调查对象必须符合下列三项基本条件:

a. 在新加坡出生或10岁之前移民到新加坡定居者

b. 能认读问卷中的汉字

c. 父母皆为福建人

凡是不符合上列条件者,都被排除在外,这主要是为了避免不必要的变数影响调查结果的可靠性与代表性。

1.3.3　调查形式

本调查形式采用社会语言学“田野”调查的结构访谈法(structured interviews)(Labov,1972;Trudgill,1974),系统地收集相关的信息,大致分为四大部分,现分述如下:

a. 第一部分:读数字(reading style—numbers)

由于有四个数字(即一、六、七、八)在闽南话皆为入声字,而其使用频率极高,因此受调查者在读一串预先设定的数字(12847693,79061216,73981408,98517047)时,就会自然地导引出四个甄别数字如下:

表 3　读数字

	第一声	第二声	第三声	第四声
读数字	一			六
	七			
	八			

b. 第二部分：读词语（reading style—word list）

受调查者认读 41 个双音节词语（如表 4），每个词语至少含有一个闽南话入声字。

表 4　读词语①

	第一声	第二声	第三声	第四声
读词语	呼**吸**	**碟**子	钢**铁**	**六**天
	两**只**	**竹席**	下**属**	大**陆**
	吃饭	到**达**	两**百**	中**药**
	饭**桌**	品**格**	长**尺**	**毒药**
	拆开	风**俗**	歌**曲**	**复杂**
	喝水	**毒药**	猪**骨**	采**纳**
	插头	衣**服**	探**索**	长**袜**
	哭喊	**复杂**	钢**笔**	教**育**
	解**脱**	**昨**天		牛**肉**
	说话	年**级**		土**木**
	撇开②	**福**气		利**益**

① 表 4 的 41 个词语中，粗体字为闽南话入声字。

② “撇”字为多音字。根据《新华字典》，“撇开”的“撇”读第一声，所以在此置于第一声中统计。

c. 第三部分:读词对(reading style—minimal pairs)

受调查者认读下列八组词对:

i. 缺少、准确、麻雀

ii. 决心、拒绝、感觉

iii. 下雪、放学、流血、穴位

iv. 发财、罚款、缺乏、守法

v. 香蕉、牛角、洗脚、橡胶

vi. 清洁、迎接、团结、揭开、抢劫

vii. 风湿、老师、老实、是非、食品

viii. 文雅、鸭饭、牙齿、压力、抵押

表 5 读词对①

	第一声	第二声	第三声	第四声
读词对	缺少	决心	下雪	准确
	发财	拒绝	流血	麻雀
	缺乏	感觉	守法	穴位
	迎接	放学	牛角	压力
	揭开	罚款	洗脚	
	风湿	缺乏		
	鸭饭	清洁		
	压力	团结		
	抵押	抢劫		
		老实		
		食品		

① 表 5 的 29 个词语中,粗体字为闽南话入声字。

每组词对内存一个同声同韵同调字，就以第一组为例：缺、确、雀，三字皆同声同韵，后两个也同调（第四声）。在 33 个双音节词语中，同音字为闽南话入声字者多达 29 个，如表 5 所示。

d. 语体类型总论

各语体所出现的闽南话入声字及其相对应的北京话声调，如表 6 所示：

表 6　语体类型

	第一声	第二声	第三声	第四声	总计
读数字	3			1	4
读词语	11	12	8	11	42
读词对	9	11	5	4	29
总计	23	23	13	16	75

e. 第四部分：背景资料（demographic information）

除了上述语言本身的信息外，本调查也同时收集相关的社会背景资料，其中包括出生年份、性别、出生国家、住屋类型、学历、华语与闽南话水平，从中了解本土华语"第五声"与社会因素的关系。

1.3.4　调查过程

本调查以匿名方式设计，所收集的个人资料都视为机密文件。问卷的第一、二、三部分皆全程录音，第四部分则在访谈后由受调查者依据其实际情况加以填写。

1.3.5　调查结果

本小节从语言易位过程中，造成本土华语"第五声"变异的社会制约因素与语言制约因素的调查结果进行分析。前者包括年龄、华语与闽南话水平、性别、住屋类型、学历、语体类型；后者包括本土华语“第五声”与北京标准汉语的声调与韵母以及闽南话入声韵尾的关系。

a. 社会制约因素

i) 年龄

我们把调查对象分成四个历时的年龄层:51—60,41—50,31—40,21—30,而应注意的是以10年为一个年龄层,只是方便叙述。各年龄层之间的界线并非泾渭分明,而是不间断的连续体。

表7　年龄

年龄类型(岁)	调查人数	“第五声”①
51—60	21	29.71
41—50	26	14.57
31—40	20	7.30
21—30	22	0.50

表7清楚地显示读成本土华语“第五声”的数量随着年龄的递减而相对地减少:51—60岁操闽南话者在74个受测入声字中出现本土华语“第五声”的数量最多(平均为29.71字),41—50岁者却明显地降至一半(平均为14.57字),31—40岁者再减少一半(平均为7.30字),30岁以下者出现“第五声”的数量颇低(0.50)。这个调查结果标示着本土华语“第五声”正处于急遽变异的阶段,其变化与年龄层紧密相关。因此,在下文的分析中,年龄层就成为分析的重要参数。

① “第五声”栏中的数字是指在读数字、读词语和读词对三项调查中出现的74个闽南话入声字中读成“第五声”的平均数量。

ii）华语与闽南话水平

由于新加坡福建社群所发出的本土华语“第五声”乃闽南话的移借，因此，受调查者的闽南话与华语的水平理应会影响本土华语“第五声”出现的频率。受调查者以五度语言水平阶①，对自己的闽南话与华语能力进行自我评估，其结果如表 8：

表 8　华语与闽南话水平

年龄类型(岁)	“第五声”	闽南话能力	华语能力
51—60	29.71	1.86	2.00
41—50	14.57	2.26	2.46
31—40	7.30	2.85	2.70
21—30	0.50	3.41	2.59

闽南话能力的程度随着年龄的递减而降低，51—60 岁者总体上自认其闽南话能力属于高水平(1.86)，41—50 岁者属于中高水平(2.26)，31—40 岁者近于中等水平(2.85)，30 岁以下的年轻族群无法流利地说闽南话(3.41)。这个趋势与本土华语“第五声”出现频率的多寡成正比，也就是说，本土华语“第五声”出现的频率随着闽南话能力的下降而递减。可见，闽南话能力乃发出本土华语“第五声”的基本条件，而后者正是方言迁移的“副产品”。既然福建年轻族群已不具备使用闽南话的能力，自然就无所谓方言迁移的现象了！

至于受调查者的华语水平，各年龄层的差异不显著，基本上都

① 五度语言水平阶指：1＝很好，2＝还不错，3＝中等，4＝不太好，5＝不会，也即数字愈低表示语言水平愈高。

自认为至少属于中等水平,此结果与本土华语“第五声”的出现频率没有直接的关系。

iii) 性别

性别差异与本土华语“第五声”出现频率的关系如下表所示:

表9 性别

年龄类型(岁)	性别	调查人数	“第五声”
51—60	男	14	31.00
	女	7	27.14
41—50	男	13	15.07
	女	13	14.07
31—40	男	8	11.75
	女	12	4.33
21—30	男	11	0.73
	女	11	0.27
总计	男	46	15.61
	女	43	9.73

在全部的年龄层中,女性出现本土华语“第五声”的总体频率一般都比男性低,尤其是31—40岁年龄层,两者差异颇悬殊,这似乎意味着女性比男性更有意识地避开闽南话对其华语的“干扰”。

iv) 住屋类型

由于新加坡的公共与私人住屋与总家庭收入有密切关系,这是否与本土华语“第五声”出现频率有关,也值得关注。调查结果如表10:

表 10　住屋类型

年龄类型(岁)	住屋类型	调查人数	"第五声"
51—60	3 房式组屋	0	*
	4 房式组屋	9	31.33
	5 房式组屋	4	30.00
	私人公寓	8	27.75
41—50	3 房式组屋	5	20.60
	4 房式组屋	2	11.50
	5 房式组屋	13	12.69
	私人公寓	6	14.67
31—40	3 房式组屋	0	*
	4 房式组屋	6	5.50
	5 房式组屋	6	9.67
	私人公寓	8	6.88
21—30	3 房式组屋	3	0.00
	4 房式组屋	5	0.20
	5 房式组屋	8	0.75
	私人公寓	6	0.67

从各年龄层而言，住屋类型与新加坡本土华语"第五声"的出现频率并没有明显的联系。

v）学历

由于对老一辈福建华人而言，华语是进入学校受教育后才学习的"外语"，而年青一代所接受的教育系统又与前者有别[①]。因

① 有关新加坡教育制度的变迁，请参酌 Gopinathan(1994)，Goh(1998)。

此,受调查者的学历与本土华语“第五声”出现的频率可能有直接的关系。

表 11 学历

年龄类型(岁)	学历	调查人数	“第五声”
51—60	小学毕业及以下	1	32.00
	未完成中学教育	6	29.50
	中学毕业	6	30.50
	理工学院、高中	4	25.00
	大学及大学以上	4	33.00
41—50	小学毕业及以下	0	*
	未完成中学教育	1	36.00
	中学毕业	4	6.25
	理工学院、高中	12	17.58
	大学及大学以上	9	11.89
31—40	小学毕业及以下	0	*
	未完成中学教育	0	*
	中学毕业	6	13.16
	理工学院、高中	7	2.43
	大学及大学以上	7	7.14
21—30	小学毕业及以下	0	*
	未完成中学教育	0	*
	中学毕业	1	0.00
	理工学院、高中	11	0.27
	大学及大学以上	10	0.80

从各年龄层而观，学历的高低与本土华语“第五声”的出现没有明显的规律可循。

vi）语体类型

三种不同类型的语体形式（读数字、读词语、读词对）与本土华语“第五声”的出现频率关系如下：

表 12　语体类型[1]

年龄类型（岁）	读数字（17）	读词语（42）	读词对（29）
51—60	48.18%（8.19）	26.29%（11.04）	36.10%（10.47）
41—50	25.59%（4.35）	12.74%（5.35）	16.83%（4.88）
31—40	16.47%（2.8）	5.71%（2.4）	5.00%（2.10）
21—30	1.18%（0.20）	0.74%（0.31）	0.33%（0.14）

读数字出现本土华语“第五声”的频率在各年龄层都是最高，而且年龄与出现频率成正比，也即年龄愈大出现频率就愈高，可见，在说使用度极高的入声数字时，年长福建族群（41—60 岁）很容易就发出本土华语“第五声”。至于在有意识地读词语、读词对时，我们在调查的过程中可以看出：年长的受调查者虽尽力避免读本土华语“第五声”，但是统计结果显示他们在读词语与读词对

① 表 12 的数字以平均原始出现次数计算。

时,仍然无法摆脱闽南话的“干扰”(41—60 岁年龄层尤其显著)。反观,福建年轻族群(21—40 岁)在读数字、读词语、读词对三项时,纵然三者之间也有些微的变异,但是他们大体上受闽南话的“干扰”度颇低,尤其是 30 岁以下者,近乎不出现本土华语“第五声”。

b. 语言制约因素

本土华语“第五声”乃闽南话入声移借的结果,分析标准华语与闽南话语言内部成分的关系,借此可以了解方言迁移的内部机制。

i) 本土华语“第五声”与汉语声调

古入声已完全派入现代北京话(也即标准汉语)的阴平、阳平、上声与去声,而本土华语“第五声”乃迁移自祖籍方言的入声,从本土“华语”派入标准汉语声调的分布,可以看出方言移借变异的痕迹。

表 13 “第五声”与汉语声调

汉语声调类型	读“第五声”字的比例	读本调字的比例
第一声(23)	100.00%	0.00%
第二声(23)	91.32%	8.68%
第三声(13)	38.46%	61.54%
第四声(16)	56.25%	43.75%

表 13 的数字显示:把标准华语第一声读成本土华语“第五声”的比例最高(100%),其次是第二声(91.32%)。相对于前二者,把标准汉语第三声的字读成本土华语“第五声”的频率最低

(38.46%)[①]。至于标准汉语第四声，误读比例居第三(56.25%)。

ii）本土华语"第五声"与汉语韵母

标准汉语韵母大致可以分成三大类：三合元音韵母（例字："药"[yau]、"角"[tɕiau]）、二合元音韵母、单元音韵母（例字："俗"[suː]、"福"[fuː]）。二合元音韵母又可分成两小类：前响二合元音韵母（例字："百"[pai]、"拆"[tʂʰai]）与后响二合元音韵母（例字："洁"[tɕieː]、"结"[tɕieː]）。标准汉语韵母与本土华语"第五声"分布的关系如表14所示：

表14　"第五声"与标准汉语韵母

		"第五声"	本调
三合元音韵母(6)		0.00%	100.00%
二合元音韵母(30)	前响(3)	33.33%	66.67%
	后响(27)	81.48%	18.52%
单元音韵母(39)		89.74%	10.26%

三合元音韵母的字从不会被读成本土华语"第五声"，反观，单元音韵母的字读成本土华语"第五声"频率最高(89.74%)，其次为后响二合元音韵母的字(81.48%)，而前响二合元音韵母的字也会出现，但是频率不高(33.33%)。根据Goh[吴英成](1997)对北京话音节结构的分析，传统所谓的单元音韵母与后响二合元音韵母实为长元音，而当读成本土华语"第五声"时，由于音长缩短而较易变成短元音，因此出现的频率才会偏高。

iii）本土华语"第五声"与闽南话入声韵尾

① 此调查结果与陈重瑜(1981)与Chen(1983)(见表2)颇为一致。

本土华语“第五声”的出现频率与闽南话的入声韵尾的关系如表 15 所示:

表 15 “第五声”与闽南话入声韵尾

闽南话入声韵尾	“第五声”	本调
-p(11)	100.00%	0.00%
-t(29)	82.76%	17.24%
-k(35)	65.72%	34.28%

三个闽南话入声韵尾都可能读成本土华语“第五声”,其中,-p 韵尾频率最高(100%),-t 韵尾次之(82.76%),-k 韵尾虽位居第三,频率仍偏高(65.72%)[①]。

1.4 小结

由于新加坡政府自 1979 年起提倡“讲华语运动”,造成华族社群从祖籍方言急剧易位至华语,而直接移借自祖籍方言入声的本土华语“第五声”的分布,也成为研究方言存亡的重要语音标识。

本调查结果清楚地显示:本土华语“第五声”的读音频率随着年龄的递减而相对地减少,同时也与自我祖籍方言能力评估成正比。换句话说,由于操祖籍方言的老一辈华人在说华语时,仍然无法摆脱闽南话的“干扰”,常把祖籍方言的入声字读成其声调变体——本土华语“第五声”,年龄愈大,误读率也愈高。

年轻华人族群在自我祖籍方言能力评估中,承认无法自如地

① 此调查结果与陈重瑜(1981)与 Chen(1983)(见表 2)也颇相近。

说祖籍方言，因此他们自然也就不会受到方言的“干扰”。正因如此，年龄愈轻者，把祖籍方言入声字读成本土华语“第五声”的频率也相对偏低。而这也正标识着年轻一辈的华人已失去言说或理解其祖籍方言的能力，他们觉得最熟悉亲切的语言是“外来”的华语以及西方的英语。

“语言的香火”已不再承传，祖籍方言终将在新加坡成为有名无实的历史名词，而带有“乡音”的本土华语“第五声”终成绝响。

贰 新加坡华语词汇衍变

从语言历时的演变而言，一般多以词汇的变化速度最快，语音次之，语法的稳固性较大，变化较缓慢。词汇是时代的镜子，能直接反映整个社会现象。每当传统的社会结构、社会制度、文化模式发生变动时，顺应此种社会演进的词汇也就应运而生，这点在地寡人杂的新加坡尤其明显。

从莱佛士（Stamford Raffles）在 1819 年登陆新加坡至今，已经 190 年了，所经历的重大历史变革有：大英帝国的殖民统治；日本三年零八个月的大浩劫；新加坡和马来西亚合并后所造成的种种纷争；新加坡独立初期所面临的种种挑战；四十多年国家政治、国防、经济、社会、文化等的重组与发展。

在这个历史过程中，来自不同方言社群的华人不断移居本地，和其他种族的社群共同生活在这么一个特定的地理环境中。不同的风俗习惯、生活方式在密切地接触中，不知不觉地相互影响。华语口语里掺杂着许多移借词对本地人而言是司空见惯、习以为常的事情，但对说普通话的人而言，这简直不可思议。

所谓“移借词”是指一种语言（或方言）的某些词汇被借到另一

种语言(或方言)里,并加以使用。移借词是新词产生的重要途径。世界上的任何一种语言都或多或少带有移借词,任何人企图说解其语言为"纯种",不含有其他外来成分,甚至对外来成分加以排斥的作为,最终必定是枉然的。

今日世界交通便捷,交往频繁,不同的国度、不同的种族间交互影响,所以移借词的输入根本就无法避免。从移借词的结构形态,可以提示我们民族迁徙的痕迹,甚至成为历史的佐证。反之,我们也可以通过对新加坡华人类型的观察,看出新加坡华语中移借词的发展轨迹。

2.1 新加坡华人类型

移民到海外的华人族群,在与当地语言文化接触的过程中,总会经历不同的适应阶段:从初始的调适、进而逐渐融合,甚至发展到完全本土化。本土化过程通常需要经过几代人才能完成,部分海外华裔族群甚至发展出独具一格的语言变体、生活习俗。

以新加坡为例,根据移民的时间先后、从事的职业类型、祖籍语言能力的退化程度、在居留地的文化融合情况等,便可将当地的华人略分为三大类型:土生华人、新客及新新移民。这三大类型的华人正好反映了移民进程的三个不同阶段(新新移民——初始调适、新客——逐渐融合、土生华人——本土化)。在这三类华人中,对新加坡华语特色词汇贡献最大的是所谓的"新客"群体。

a. 土生华人

中国海上贸易发展历史悠久,1405 年郑和率领浩大舰队开始七次下西洋的壮举,更让中国成为当时最大的海上贸易强国。15 世纪,中国福建省与广东省不少商人陆续移居马来半岛,并与当地的马来妇女或异族女奴通婚，生下的儿子称为峇峇(Baba)，女儿称为娘惹(Nyonya)。他们与东南亚其他地区的早期华人移民统称土生华人(Peranakan)，这些华人在家使用祖籍方言或峇峇话，生活力求保存传统的华人礼仪习俗，在服饰及饮食方面，又创造出中马合璧的杂质特色。

明朝中叶以后，倭寇为患，朝廷厉行海禁，不但禁造双桅大船，对通番下洋者的处罚也极为残酷。满清政府深忌汉人在海外聚集将成为反清新势力，在康熙五十六年(1717 年)更实行南洋禁航令，一方面禁止商船到南洋，也谕令南洋的中国商民回国，"所去之人留在国外，将知情同去之人枷号一月，仍行文外国，将留下之人解回立斩"①。清中叶对海上贸易的限制虽然放宽，但对南洋移民仍充满不信任感，限制移民出入国的禁令也更加完备。这种视移民为盗为奸，杀之不足为惜的态度，迫使土生华人只能选择在东南亚居留地落地生根。

1819 年，英国莱佛士将新加坡开发为贸易商港后，英语成为统治者和上层社会的优势，举凡殖民政府广告、法律文件甚至各类申请表格等无不以英文书写。同时又创立英校，以培养本地的行政人员为殖民地政府服务。熟悉英国制度的马六甲、槟榔屿的土生华人纷纷移居到新加坡岛。他们接受英文教育，通晓英语，认同英国殖民者的价值观，在殖民政府部门与商行任职，享受特优的地位与待遇。

自英国殖民地解体后，英校生不再与英国政权有从属关系，转

---

① 见于薛福成"请豁除旧禁招来华民疏"《庸庵海外文编》卷一，转引自庄国土(1989:75)。

而追求"身在何处"(Where you're at) 的本土自主权,他们在政治观念上彻底马来化,在新加坡建国过程中扮演主导地位。

新生代的"英校生"只剩少部分在家仍使用祖籍方言或峇峇话,目前新加坡土生华人主要的家庭及工作语言都是英语,甚至是本土化的新加坡式英语。他们通常无法听说华语,更枉论读写华文,往往得透过英语来认识中国文化。

自 1980 年代末,随着中国经济的崛起,以英语为行政语言的新加坡政府除了以华语作为文化传承的桥梁外,也开始赋予华语经济价值,作为开启中国经贸与投资潜能的工具,但也导致新一波的华社论战:学华语是为了经济利益,或是文化认同?

b. 新客

19 世纪末,清朝式微,鸦片战争惨败后,更被迫签订允许西人在华招工的条约,晚清时期海外华人数量激增达数百万之多,分布区域从南洋到美洲、非洲、澳洲。此时期移民南洋的劳工、工匠、零售商泛称"新客",多半操着原籍地的汉语方言,包括俗称的闽南话、潮州话、海南话、闽北话、广东话、客家话等,相互间的可懂度很低。

这些新客的教育水平低,而且大部分为文盲。他们在血缘、地缘、业缘的基础上,建立同姓或同宗亲组织、同乡会馆与同业会馆等华社组织,通常与祖国维系着较为密切的个人与文化联系。"华侨"也成为重要的革命之母,大力支助孙中山革命党人的民主建国大业。

新客大多让子女接受民办的祖籍方言或华文教育。通商大埠新加坡远在清道光年间,就有华文私塾存在。而后侨领、会馆纷纷致力兴学建校,当时的"华校"一方面教导学生学习中国语言与文化，灌输学生伦理道德思想；一方面也教导他们掌握基本谋生技能。

二战后初期，虽然华校生也认同居留地文化，但是他们仍期盼与"从何处来"的祖国维持着象征性的想象联系，而当时东南亚国家正与欧美列强联手防堵共产思想蔓延，这些自认"中国属性"浓厚的华校生，政治效忠自然受到土生华人及当地其他族群的怀疑。

由于华语在海外移民社会处于劣势，新加坡独立建国初年，许多华校生家长为了不被英文主流边缘化，纷纷把子女送往英校。可是，另一方面，有些华校生也对下一代的不纯、不够中国化感到羞耻及不正当。总之，新加坡的华校生在当地社会处在一种两面受限的矛盾状态：既"太中国化"又"不够中国化"。

c. 新新移民

1980、90年代，在吸引外来人才的全球化潮流下，新加坡政府极力欢迎中国大陆与香港居民移居到新加坡。这些近期来自中国大陆、香港以及台湾的移民，已形成本地的华族"新新移民"，对新加坡华社也带来新"中国属性"的冲击。

近年华文报章出现了大量新新移民的投书，内文往往突显他们出身自正统中华文化的优越感。他们投书批评新加坡华人的西化作风，也鄙视不纯正且被污染的新加坡本土华语。对于要求华语的标准化，他们的呼声也最高。

这些新新移民的不满现象正好反映他们身在异地、心在汉阙的客居心态。其实，对想象中的祖国产生认同，往往是新新移民在居留地被边缘化的一种征兆，他们希望借此得到快乐、尊严以及替代性的归属感(Ang，1992：62)。

2.2 华语变体的衍变与移民文化的进程

华人到海外居住，为了与当地人沟通，便创造了本土语言变体，例如早期土生华人说的峇峇话，便是糅杂祖籍方言及马来语而成[①]。而目前在新马地区通用的本土华语变体则是特有的政经、地理、文化等外在环境孕育的产物，也是一种历史的沉淀物，各类词汇具体反映出不同移民阶段的社会文化变化面貌。如上所述，对新加坡华语的形成贡献最大的群体就是晚清时才开始移居新加坡的"新客"群体。当他们进入新加坡时，本地已经出现了具有文化优势和通用的语言。"新客"群体自然会通过各种方法来调整自己的语言以适应当地的社会环境。其中，最直接的途径就是承用或模拟在文化上占优势或通用的当地语言，借此产生音译外来语借词，以表达新的概念与事物，例如：英语移借词：

表16 英语移借词

	英语	借词	祖籍方言		华语
1	per cent	巴仙	闽	[pa][sian]	百分率
2	upper	盒巴	闽	[aʔ][pa]	上段
3	lorry	罗厘	闽	[lo][li]	卡车
4	licence	礼申	粤	[lɐi][ʃɐn]	执照
5	tips	贴士	粤	[tʰip][ʃi]	小费、提示
6	coupon	固本	粤	[ku][pun]	相当于"券"的凭据

以上反映西方事物或观念的英语移借词，先以早期通行的闽、

① 有关峇峇话特征的论述，参酌云唯利(1996:189—215)。

粤方言词语进行音译，然后才为本土华语所汲取。在新加坡早期（约在上世纪50年代以前）的移借词中，大半为类似上面的间接移借词，其借词并非直接借自原先语言，大多必须先成为汉语方言的借词，然后才转而译成现有的华语移借词。下面举出同样先通过闽、粤方言转译的马来语移借词：

表17 马来语移借词

	马来语	借词	祖籍方言		华语
1	pasar	巴刹	闽	[pa][sat]	菜市场
2	sarong	纱笼	闽	[sa][lɔŋ]	直筒状围裙
3	durian	榴莲	闽	[liu][lian]	热带水果之一
4	kampong	甘榜	闽	[kam][pɔŋ]	村落
5	satay	沙爹	闽	[sa][te]	烤肉串
6	atap	亚答	闽	[a][tap]	一种灌木

这些马来语移借词与当地住民的食品、植物、服饰、景观等有关。可见，音译移借词乃初期移民调适当地文化的语言产物。同时，他们也以祖籍方言词语表达当地的风土民情：

表18 祖籍方言移借词

	借词	祖籍方言		华语
1	地牛	闽	[te][gu]	稽查员
2	角头	闽	[kak][tau]	角落
3	霸位	闽	[pa][ui]	占位
4	烧水	闽	[sio][tsui]	热水
5	割车	闽	[kuaʔ][ts^{h}ia]	超车
6	头先	闽	[t^{h}au][siŋ]	刚才

这些与中国普通话同实异名的祖籍方言移借词，可视为他们开始对当地文化认同的象征，而这些反映早期华人生活情况的移借词后来也融入本土华语词汇。

另外，在以英文为主导工作语言的新加坡当代社会中，也有许多英语新词意译为本土华语词语，例如：

表 19　本土华语词语

	英语	本土华语词语
1	HDB (Housing Development Board) flats	组屋
2	COE (Certificate of Entitlement)	拥车证
3	GST (Goods and Services Tax)	消费税
4	senior citizen	乐龄人士
5	detached house	独立式洋房
6	food court	食阁

这些新加坡 1965 年建国以来的自产特有意译词语，反映本地生活环境与政府推行的政策。从音译转至意译移借词，标志着“新客”群体已从作客心理阶段开始发展至聚合阶段，并被当地的优势语言与文化所融合。

可是，由于对优势语言英语的掌握不足，新客及其后代经常在一个句子里转换或者混杂不同的语码，称之为句内语码转换。代换的项目多为词语，例如：“这份资料是我从 internet 上 download 下来的。”语码转换也可能出现在句间层，例如：“你孩子在外面跟人打架，according to the law，学校 have to 记他一个大过。”（引自《小孩不笨》）这表明说话者已陷入词语匮乏的困境，通常被视为语言不熟练的半语说话者无法有效地使用双语的证据，这点将在

“叁　新加坡华语句法特色——句法实况调查及语码混用分析”中作详细论述，本章第二节“区域语言变体对比”中也有提及。

从音译与意译移借词到句内语码转换，再到句间语码转换的语言衍化，可以看出新客已经进入同化期，并确定落地生根的想法。对第一代移民而言，荣归故乡只是虚幻的期盼，而第二、三代移民对祖辈想象的祖国已感到相当模糊与遥远。

新客的第二、三代移民更努力学习当地主导语言，而且他们也有能力根据不同语域（例如：巴刹、小贩中心、一般商店、百货公司、餐馆、邮局、银行、政府部门等），选择适当的语言对应（Goh，2001）。

由于高度融入当地的主流文化，不管是新客还是新新移民的后裔将越来越流利地使用强势的英语，他们或许还保留少数的祖籍词语以及残余的祖籍“口音”，但随着时间的推移，他们的语言选择将与土生华人越来越难区分。

叁　新加坡华语句法特色——句法实况调查及语码混用分析

前面提到，新加坡华人祖先多来自中国南方，母语多是闽南话、广东话、潮州话、海南话、客家话等南方方言，所以新加坡华人的母语并非华语，而是各种南方方言。新加坡华语方言如此复杂，说话者只要常与其他汉语方言群的成员接触，他也会在某种程度上掌握该方言的特性，所以新加坡华人大多能掌握一种以上的方言，甚至能面对不同的场合、时间、对象自由转换语言讯息。

本地人接触华语是从接受正式小学教育才开始的，而母语经验又根深蒂固地埋在大脑里。此外华文教育在上世纪50年代才开始蓬勃发展，课程设计大都沿袭中国大陆的教科书，根本没有考虑到新加坡特有的社会地理环境、历史背景以及本地人的语言习惯；教师也缺乏严格的语言分析训练，大多数是由一些具有一定华文程度的人士担任，讲授的方式又很刻板；多半没有考虑到学生的母语背景，倘若学生掺杂了方言的句法，也只是作似是而非地浮泛解释，终归无法掌握学生犯错的缘由。所以一方面方言的“干扰”无法避免，一方面又有大量移借词的冲击，新加坡华语自然逐步摆脱正统华语的规范，形成一套有特色的新加坡华语句法。

本节将以十种新加坡华语典型句式为例，问卷调查（1990 年）新加坡教师和学生对每类句式的使用实况，并对新加坡华语句法特征提出学理上的解说。此外，新加坡华语在句法上的另一重要特征是语码混用[①]和由此形成的“罗惹”华语现象，本节也将对此现象进行深入分析。

3.1 新加坡华语句法实况调查

3.1.1 理论框架

本实况调查的理论框架主要是建立在对比分析的基本假设：学习基本上是一种自动习惯的形成的活动，学习者的母语经常会干扰其目标语的认知。所谓“干扰”，从行为主义心理学上说是指新习惯的学习经常会受到旧习惯的影响；从社会语言上看，这是语言相互接触必然产生的现象；从母语的角度着眼，这是一种“迁移”的作用。“迁移”是指将过去习得的行为自动地、潜意识地转移到

① 本书不区分语码混用与语码转换（code-switching），前者指句子与句子之间的转换，后者指句子之内的混用。但是，二者的差异并非泾渭分明，所以我把二者视为同一个概念，统称“语码混用”，详参 Gibbons (1987)；Tay (1989)。

新的行为的学习过程。但是,学习者在学习目标语的过程中难免会产生偏误,这是一种正常现象。偏误产生的原因很多,除了母语干扰目标语外,教学方法的缺失、学习策略的偏差、学习动机不强等,也可能造成偏误。

基于这些前提假设,我们假定新加坡人(无论是受过高等华文教育的知识分子还是学生)在学习华语时,无法避免地肯定会受母语的干扰,再加上新加坡特殊的社会环境,华人在学习华文时其干扰度也相应地提高。

3.1.2 调查方法

3.1.2.1 对象

受试者是于1990年从同校高级中学一年级班上随机抽取的35名学生,年龄介于17至18岁。他们皆修读华文为第二语文,在1988年新加坡剑桥普通教育文凭(普通文准)考试中皆获得优等。另外,我们又随机抽取35名拥有中国文学系文学学士学位的合格教师。

我们选择高级中学一年级学生和中文教师为受试对象是考虑到以下的因素:

a. 两组受试者代表两种不同的常模:中文教师属于新加坡华语群体的典范;高级中学一年级学生属于在新加坡特殊语言环境下学习本地华语的学生群体的模式。

b. 由于"新加坡华语句法问卷"要求受试者判断不同句式范例的正确度、使用度和普及度,换句话说,他们皆需具备判断句子的能力,但并不意味着他们具有描述句子结构的能力。基于这个考虑,我们只抽取获得华文第二语文科优等成绩的学生为受试对象。

c. 由于新加坡华文教师所修读的科系背景并不一致,教育专业文凭也不一样,所以我们只抽取拥有中国文学系文学学士学位的华文教师作为受试对象,这样一来,我们在分析中文教师群体的表现时不会受到其他变项的影响。

3.1.2.2 问卷设计

为了调查目前"新加坡华语"句法使用实况,我们先搜集过去学者的研究成果且加以归纳分类,从中抽取十个典型的句式,下面是对这十个典型句式的简要说明。

1. 副词"先"词序倒装

例句:你去先,我等一下才来。

副词"先"位于被修饰语的后面的用法源自粤语的"先",此乃粤语词序中一大特点。英语"first"的句法亦然,如:You go first。闽南话修饰动词的副词"先"一般可以放在动词的前面,也可以放在动词后面,或许也是来源之一。

2. 副词"多"、"少"词序倒装

例句:你可以买多两张票吗?

副词"多"、"少"在普通话里应放在动词之前,在粤语却相反,放在动词后面。

3. "来"、"去"的及物用法

例句:你明天来我家好吗?

普通话的"来"、"去"除了作补语以外,本为不及物动词,另可加上介词"到",再加上宾语。介词"到"通常出现于动词的前面,但也有人把它移到动词(特别是"来")的后面作补语用。如:他第一次到这个地方来/他第一次来到这个地方(汤廷池,1979:305—306)。但无论在中国大陆、台湾地区还是新加坡,"来"、"去"都变成及物动词,可以直接加上处所词组作宾语。闽南话、粤语、客家话、潮州话、海南话都有“来”、“去”当及物动词的用法。

4. 正反问句(v not v)简化

例句：你玩得高不高兴？

普通话的动词可以放在 v not v 的句法中形成正反问句，然而只有在动宾结构里才可以将双音节的动词分离开来(例如“你放假不放?”)。至于非动宾式的复合词则不能游离来用(例如“打算”、“相信”、“参加”)。形容词在汉语里本来也算是动词的一类，所以也可以应用在 v not v 的架构中形成“新鲜不新鲜”的正反问句。在粤语里，第一音节就算本来是连用的，也可以单独重复，比方，“你听唔听得见佢?”(台湾地区国语要用 v not v 的问话，一定要说“你听得见听不见他?”，因为整个“听得见”跟“听不见”才是词)(Chao，1968：163)。或许受粤语的影响，在新加坡华语以及台湾地区所说的国语中都出现正反问句的简化现象。此种正反问句有其规律性，所有的述语不管是动词、形容词、不及物动词、助动词都可一律应用此规律(魏岫明，1984：72—73)。

5. 特殊比较句

例句：我哥哥大(过)我三岁。

普通话的比较句的方式为“甲＋比＋乙＋形容词”，然而许多汉语方言的比较句的方式为“甲＋谓语＋过＋乙”。

6. 语尾助词“来的”的插入

例句：他是讨厌鬼来的，常常跑来捉弄我。

“来的”用在叙述句中作语尾助词，表示确定的语气，是受到粤语/lei ga/(嚟嘅)的影响。

7. “没有”作补语用

例句：老师，我看没有。(普通话：我看不见)

“没有”作补语系自闽南话。例如,问:你看有(还是)无? 答:看无。此种句法大多数的受访者(98%)认为不正确甚至个人也不说,不过此种句法为中下教育水平者所常用。

8. 动词后状语的重叠

例句:要迟到了,你还走慢慢。

在新加坡闽南话中为了催促对方做某些动作,常用“VAA”的句式。例如:你们要跑紧紧。然而,新加坡华语中出现此种句式用法的频率很低,可能仅局限于说闽南话的人。

9. “大”与“小”的重叠

例句:你大大力咬就会断。

新加坡闽南话、粤语常用“大”或“小”的重叠来加强或减少程度,是典型的新加坡华语句式之一。

10. “有没有”作为语尾助词

例句:我昨天已经告诉你了,有没有?

“有没有”常用在一个独立句子后面,表示要对方对发生过的某事作出反应,说者含有征询的语气。若对方的答案是肯定的,则用“有”,否定则用“没有”。这是受了闽南话“有无”/u bo/的影响,普通话则以“不是吗?”示之。

每个句式各设两题,每题皆有两句,依据随机抽样原则,其中一句为“新加坡华语”句式,另一句则为“规范华语”句式。

受试者依据其切身经验作答,每题答案共分为三类:一、“你认为哪一句正确?”目的在了解受试者的语言判断能力;二、“你个人常说哪一句?”目的在了解受试者的语言行为习惯;三、“你常听到新加坡人说哪一句?”目的在测量新加坡华语句式使用的普及度。

3.1.2.3 调查步骤

实验者把预先设计的“新加坡华语句法问卷调查”分发给受试者后，要求受试者依据个人的切身经验和感受回答全部的问题。由于本调查的目标是在搜集受试者现阶段对新加坡华语句法的判断能力，而每个受试者的语言背景并不相同，回答的结果自然有别，所以受试者不准参酌任何资料，也不许和其他受试者进行任何形式的讨论。作答时间限定为三十分钟。受试时，实验者不需另加指导，也不作任何暗示。

3.1.3 结果分析

3.1.3.1 受试对象的总体反应

表20 受试对象的总体反应

	正确度(%)			使用度(%)			普及度(%)		
	正确（新）	正确（规）	无法判断	常说（新）	常说（规）	不肯定	常说（新）	常说（规）	不肯定
教师	13.43	81.57	5.00	24.00	71.14	4.86	55.00	32.14	12.86
学生	16.00	77.57	6.43	39.71	52.15	8.14	51.14	29.86	19.00

a. 正确度

81.57%的教师和77.57%的学生视规范华语的句式为合法的句式，只有13.43%的教师和16%的学生视新加坡华语句式为合法句式，可见两类受试者皆偏向以规范华语的句式为优势句式，换句话说，他们有能力判断两类句式的差异，并不是任意猜测的。值得一提的是为何教师和学生在判断句子的合法度差距不超过4%，教师既然经过大学中文系和师资训练应更胜一筹，然而结果却并非如此,实待探究。

b. 使用度

71.14%的教师使用规范华语句式,仅有24%的教师使用新加坡华语句式。反观,只有52.15%的学生使用规范华语的句式,却有高达39.71%的学生使用新加坡华语句式。可见,绝大部分的教师视规范华语为正统,他们在使用时也严格恪守而不逾越。学生在使用语言时比较无法摆脱母语的干扰,自然偏向使用不规范句式。但是,与正确度相比,两类受试者对规范华语的取向却有明显下降的趋势,受试的学生使用度的跌幅高达25.42%。

c. 普及度

我们先前假设此两类受试者皆具有语言直觉的判断能力,否则他们所作的反应将无法作为我们对新加坡华语句式普及度的推论依据。

从数据中可以表明,超过一半的两类受试者常听新加坡人说新加坡华语句式,只有约30%的两类受试者常听新加坡人说规范华语句式,这说明了新加坡华语句式的普及度已超越规范华语句式,成为地域语言特征,同时也说明了我们问卷设计中的新加坡华语句式大多具有典型的意义。

12.86%的教师和19%的学生不肯定新加坡人是否常说某类句式,这说明了他们还未意识到新加坡华语句式已广泛使用,换而言之,新加坡华语句式目前还未定型,规范华语句式在新加坡仍是优势句式。

3.1.3.2 受试对象对新加坡华语典型句式的反应

a. 同类句式

表 21 教师对各类句式的反应

编号	句法特征	例句	正确度			使用度			普及度		
			正确（新）	正确（规）	无法判断	常说（新）	常说（规）	不肯定	常说（新）	常说（规）	不肯定
1	正反问句简化	A	13	17	5	18	12	5	22	5	8
		B	12	19	4	18	16	1	21	6	8
2	“来”、“去”的及物用法	A	9	23	3	17	17	1	16	9	10
		B	12	19	4	16	16	3	22	10	3
3	副词“多”、“少”词序倒装	A	10	22	3	13	20	2	17	8	10
		B	2	31	2	3	29	3	11	16	8
4	特殊比较句	A	2	31	2	9	24	2	24	10	1
		B	2	32	1	5	28	2	19	13	3
5	动词后状语的重叠	A	1	34	0	3	31	1	15	15	5
		B	4	30	1	10	24	1	19	12	4
6	“大”、“小”的重叠	A	3	30	2	8	26	1	19	12	4
		B	4	30	1	10	24	1	19	12	4
7	副词“先”词序倒装	A	3	32	0	4	31	0	23	11	1
		B	4	31	0	6	28	1	19	13	1
8	“没有”作补语	A	4	31	0	5	30	0	20	15	0
		B	2	33	0	2	33	0	21	11	3
9	“有没有”作为语尾助词	A	4	29	2	11	18	6	25	7	3
		B	2	31	2	6	27	2	23	7	5
10	语尾助词“来的”的插入	A	0	32	3	2	32	1	17	14	4
		B	1	34	0	2	32	1	13	19	3

表 22 学生对各类句式的反应

编号	句法特征	例句	正确度			使用度			普及度		
			正确（新）	正确（规）	无法判断	常说（新）	常说（规）	不肯定	常说（新）	常说（规）	不肯定
1	正反问句简化	A	17	12	6	20	11	4	21	9	5
		B	21	9	5	25	9	1	15	13	7
2	“来”、“去”的及物用法	A	14	19	2	27	7	1	17	12	6
		B	5	26	4	21	11	3	26	2	7
3	副词“多”、“少”词序倒装	A	7	24	4	10	22	3	12	13	10
		B	5	28	2	6	28	1	8	17	10
4	特殊比较句	A	5	27	3	24	9	2	23	5	7
		B	7	27	1	11	21	3	13	15	7
5	动词后状语的重叠	A	1	34	0	7	25	3	17	11	7
		B	6	28	1	18	14	3	22	9	4
6	“大”、“小”的重叠	A	2	31	2	10	23	2	25	5	5
		B	6	28	1	18	14	3	22	9	4
7	副词“先”词序倒装	A	2	32	1	14	20	1	22	8	5
		B	5	29	1	16	18	1	20	7	8
8	“没有”作补语	A	0	34	1	2	31	2	11	18	6
		B	0	33	1	6	27	2	13	17	5
9	“有没有”作为语尾助词	A	2	27	6	7	16	12	17	10	8
		B	2	30	3	14	15	6	14	8	13
10	语尾助词“来的”的插入	A	3	32	0	13	22	0	22	9	4
		B	2	33	0	9	22	4	18	12	5

从表21和表22的数据可以明显地看出，无论受试对象为教师还是学生，他们对同类句式的两个例句在正确度、使用度、普及度所作的反应基本上是一致的，但是仍有些微的差异。这说明受试对象的语言直觉的判断力是可靠的、一致的，并非无意识的任意猜测，否则，我们就无法以受试者的反应视为分析和推论的依据。

b. 不同类句式

从表21和表22的数据可以清楚地看出，教师和学生对不同类的句式的反应并不是一致的。他们在判断"正反问句简化"和"'来'、'去'的及物用法"这两类句式的正确度、使用度时，选择规范华语句式和新加坡华语句式的两方人数都差不多，实在很难判定高下。当他们在判断这两类句式的普及度时却多偏向新加坡华语句式，这种现象正好表明了两方已达到势力均衡的阶段，根本无标准句式可言，我们未尝不可以兼容并蓄接受两类句式都为合法的句式。

事实上，正反问句简化在台湾地区所说的国语中也有类似的现象（魏岫明，1984：71—73），再说简化本来就符合人们方便的心理，只要把肯定词部分经过逆向的删略即可，无怪乎有些受试者认为不简化的正反问句不够简洁，显得太多余，完全不符合说话者寻求语言简化的心态。至于"'来'、'去'的及物用法"在台湾地区的国语也有类似的现象（魏岫明，1984：78—79，Cheng，1985：365），这可能是受到南方方言的影响，而这种及物的用法在年青一代的华语中显然已占了优势，但是这种现象仍未完全取代规范华语的句式。

其他八个典型的句式，虽然超过半数的受试者在判断句子的普及度上皆认为是新加坡人常说的句式，但是在判断句子的正确度和使用度皆仍偏向规范华语的句式。换句话说,这些句式还没有资格成为合法的句式,只能代表部分新加坡华族社群成员的口语习惯而已。

3.2　"罗惹华语"——新加坡华语的语码转换

"罗惹"(Rojak)是马来文,有"大杂烩"的意思,是流行于新马两地的一种五味杂陈的美食。人们通常借用"罗惹"来形容新马两地华人之间混用几种语言或方言的交流方式。

3.2.1　语码转换的内涵

说话者随着社会环境、言谈对象、心理变化,把一种语言转换为其他语言、方言或同一语言系统的不同语体,从而表达某种附加在语义之外的社会讯息,此种技能称为语码转换(陈松岑,1985:153)。

语码转换是动态且富创意的语言活动。但是,由于语码转换以快速短暂的方式进行,且在同一话题中反复出现,所以,有时会造成某种误解,使人以为这种语言的运用是任意的、毫无规律的,是说话者对语言结构无法掌握的粗制品。但事实并不然,任何语言的语法结构完全依据本身语言规律而定,换句话说,构词、词序、句法等皆属于该语言的内部规律,绝非任意、无控制的结合。相对地,语码转换的发生也只限制在某些特定的句法结构;倘若说话者违背规则,对熟悉语码转换的成员而言是不能接受的。再说,使用语码转换的人需要掌握两种语言或方言且达到某种程度,甚至还包括语码转换规律,他才得以伸缩自如地进行语码转换。

语码转换自有其社会语言功能,它象征同向群体成员之间的认同感以及反映他们的意识形态取向,故绝非低能语言者的副产品。相反地，语码转换表现了在多种语言的社会中，下层阶级成员如何适当组合各种语言以反映整体表现的交际行为(Dulay & Krashen，1982：114－115)。

3.2.2 新加坡华语语码转换背景

新加坡华族学生从小学一年级开始，除了华文科以华文作为教学媒介语之外，学校其余的科目老师必须以英语讲授。学生接触华语的机会与往昔的华校生相比，也就大幅度减少了。每星期上华文课的时间只有三至五小时，除了十所特选中学以华文作为第一语文外，其余学校皆以华文为第二语文，无论来自哪种家庭语言背景，一般掌握英语的能力逐渐高于华语，华文程度大不如往日。许多学生或者青年在华语词汇有限和语文能力不足的情境下，但又为了表情达意，只好退而求其次地把华语与他所熟悉的英语材料在交际活动中互相掺杂。这与早期追求时髦的华校生心态截然不同(上世纪80年代，由于英语社会地位日趋上升，华语与其他语一样难逃受冷落、受压迫的厄运。华校毕业生在找工作时因英语表达能力不足，惨遭种种歧视与不平等待遇。华校生既然无法爬到上层阶级，羡慕之情在所难免。许多华校生在讲华语时，常有意无意地混杂许多英语词汇)。本地的语言土产“罗惹华语”也就在这种形势下蔚然成风。例如：

> “Violence 的家庭就会有 violence 的孩子。Acutually，parents 就是孩子的 role model。”
>
> (暴力的家庭就会有暴力的孩子，其实父母就是孩子的榜样。——《小孩不笨》台词)

又如两位刚从军中退伍的男生在某巧合的场面相遇时寒暄一番：

甲:"你不就是 3 SIR 的 Corporal Lim 吗? 好久不见,现在做什么工啊?"("SIR"英文全名为 Singapore Infantry Regiment)。

(你不就是第三步兵团的林中士吗? 好久不见,现在做些什么工作呀?)

乙:"自从 ROD 以后,我和 Sergeant Tay 都一起到 Telecom 做 technician。"

(自从退伍以后,我和郑上士一同到电讯局当技术员。)

类似的例子不胜枚举。很明显地,此种语码转换现象绝非一些任意、无系统、无意义的言谈格式,它正说明了新加坡青年次文化的行为特征与群体成员的认同感,同时也反映了时下新加坡青年的行为取向。

3.2.3　语码转换的词项

a. 新加坡地名源自英文或马来文

新加坡地名有以英文命名的,如 Mt. Faber, City Hall, Orchard Road, Shenton way;有以马来文命名的,如 Bukit Timah, Jalan Eunos, Telok Blangah, Jalan Sultan;有马来文和英文合成的,如 Jurong Road, Limau Garden, Telok Ayer Street;有华文与马来文或英文合成的,如 Hock Lam Street, Sing Joo Walk, Kampong Hock Soon, Jalan Ang Sian Kong。

新加坡的通讯地址全部以英文书写,就算是以华文命名的地名也无例外,所以新加坡人在言谈中描述地名时,也多用原文,不译成华语名称。

b. 英语称谓

i) 普通称谓：Mr.（先生）；Miss（小姐）；Mrs.（夫人、太太）；Mdm（女士）；uncle（舅舅）；aunt（姨妈）。

ii) 军队称谓：Colonel（上校）；Major（少校）；Captain（上尉）；Lieutenant（中尉）；2nd Lieutenant（少尉）；Sergeant（士官）；Corporal（中士）；Private（士兵）。

iii) 事业称谓：Doctor（医生或博士）；Professor（教授）；MP（member of Parliament，国会议员）。

c. 常见的英语专用名词缩写

CPF　Central Provident Funds 中央公积金

DBS　Development Bank of Singapore Limited 新加坡发展银行

GH　General Hospital 中央医院

MRT　Mass Rapid Transit 地铁

NS　National Service 国民服役

NTUC　National Trades Union Congress 全国职工总会

d. 马来人、印度人、"娘惹"、西洋食物或商品名称与购物场所

马来人、印度人、"娘惹"的食物名称，大多以原文称呼，就算有华语译名，也纯属音译词，例如"罗惹"（Rojak）、"米暹"（Mee siam）、"某某渣渣"（Bubor cha cha）。

在饮食业方面，大多开始走向企业化经营，包括完整严密的管理系统，简便快捷的服务、清新优雅的外观等。这对于生活紧张、忙碌的小市民而言，正好投合了他们的口味。所以"Kentucky"（肯德基）、"McDonald's"（麦当劳）、"A&W"、"Pizza"（意大利脆饼）等到处可见（这正是年轻男女的最佳去处）。近几年，"东潮"和

"西潮"在新加坡风起云涌,加上物质生活水准逐年飞跃,逛购物中心已成为新加坡人生活的一环,也是他们周日或闲暇的主要消遣场所,其中以"Yaoham"(八百伴)、"Yokoso"、"Tang's"(诗家董)、"Daimaru"(大丸)、"Sogo"(十合)、"Isetan"(伊势丹)最负盛名,在消费品方面许多世界名牌货如"Adidas"、"Canon"、"Casio"、"Head"、"Hitachi"、"Nike"、"Nikon"、"Puma"、"Rolex"、"Yashica"等充斥在华丽高贵的橱窗里。有些购物者为了表示身份、地位的与众不同,就以炫耀这些昂贵货作为他们的社会阶级之表征。所以我们常听到许多"贵族"人士竞相炫耀,他们一定以原名直称厂牌,唯恐不如此就会贬低身价。

e. 其他

部分英语动词、形容词、副词以及无法归类的名词也成为转换的词项,但是,说话者的英文词语用法和正统英文用法也不尽相同。

a 甲:"不要小看他哦,他是个电脑博士。"乙:"电脑博士又 so what。"("so what"相近于华语"怎么样")

b "That's why 我不喜欢这个人。"("that's why"相近于华语"这就是为什么")

c "Even 有他在,也帮不了这个忙。"("even"相近于华语"就算")

d "你明天到 PSC interview 要小心啊!"("interview"相近于华语"面试")

e "昨天我与 Miss Tan 一起到 Marine Parade jogging。"("jogging"相近于华语"慢跑")

f "你想 order 些什么东西?"("order"相近于华语"点")

g “我已经 book 羽球场了!”(“book”相近于华语“预定”)

h “他这么做,存心就是想 sabo 我。”(“sabo”是“sabotage”的缩写,相当于华语“加祸”或“破坏”)

i “我明天会去 Marine Parade barbecue,你要不要参加?”(“barbecue”相近于华语“烤肉”)

j “这个玩具真 cute。”(“cute”相当于华语“美丽、逗人喜欢的”)

k “我今天没有 mood。”(“mood”相近于华语“情绪”)

l “这个 size 不适合我。”(“size”相近于华语“尺寸”)

m “这是你 steady 的朋友吗?”(“steady”相近于华语“情侣”)

n “你去 NTUC 买东西先,then 到 Bedok interchange 等我。”(“then”相近于华语“然后”)

3.2.4　语码转换的操作者与情境

新加坡华语语码的操作者有年龄界限,大约从中学一年级至高中左右的知识青年最为普遍。教育程度过低者,由于储存其他语言的词汇非常有限,根本无法伸缩自如地操纵语码转换。受过高等教育者,对于语码转换多怀有偏见,认为语码转换是那些不能控制各种语言的人在任意转移语码下所产生的变态形式,甚至视为语言污染。

然而,社会潮流毕竟无法摆脱,人们在生活中常为了适应不同的情境、不同的对象而转换各种语言句式。语言转换自有其社会功能,一来表示说话者与对方的亲密关系,二来作为社会阶级的表征及显示说话者追随“现代”潮流的趋向(转换词项愈多,表示其愈有现代感)。另外,倘若说话者不想让他人知道说话的内容,也能采用类似的方法。无可否认,语码转换仍为坚持“正统”华语者所排斥,一直是受诟病或攻击的目标。因此许多人随着年龄的增长与身份的升迁而逐渐回避这种用法。所以只有在非正式的场合里才得以使用。

3.2.5　语码转换的基本句法结构

新加坡的语码转换现象可以分为以华语为主体语、英语为嵌入语的华英语码转换,和以英语为主体语、华语为嵌入语的英华语码转换两大类型。由于两者所涉及的语言层面不同,这里只分析以华语为主体语的语码转换。另外,语码转换方式并不是一成不变的,它会随着时间的推移发生一些规律性的转变。新加坡的华语语码转换就很好地说明了这一现象。

最初,新加坡华语的语码转换完全以华语语法为基本句法结构,也保留华语语法没有形态变化的特点,包括:格记号、数记号、"一致"的记号、时式记号(Li & Thompson,1981:11—13;吕叔湘,1980:1—2)。说话者在语码转换时,凡是英语动词时式的标志一律省略。例如"我已经 book 羽球场了!"此句为"完成式","book"应该念为"booked"。由于转换的词项有 90%是以名词为主,仅有少数形容词、副词和动词,所以语码转换的程序并没有多大的变化或特色。换句话说,说话者可以依据个人的需求任意选择适当的转换词项,但要严格遵守华语句法结构。这更证明了语码转换并非任意的,而是巧妙组合华语和英语的结晶品,这正好也反映了说话者交际行为实况和表达说话者追逐"现代潮流"的心态。当然,说话者也可以选择或保留华语的词项,这在讲"正统"华语的正式场合更为重要。说话者为了免遭批评或轻视,自然会有意识地把转换的词控制到最低程度。所以,每一个因语码转换而构成的"罗惹"华语语句,说话者只要把转换的词项转译为华语词项即可还原成"纯"华语句子，这完全视说话者表达时的场合、时间、对象等因素而作相对的变换。

由于新加坡政府推行以英语为主体的双语教育政策，新一代双语人掌握英语的能力远胜于华语，促使新加坡华语的语码转换现象也发生了一些变化。其中一个最明显的特征就是所涉及的转换由词间层上升到句间层。这点我们将在下一节"区域语言政策及语言变体比较"中详细论述。

第二节 区域语言政策及汉语变体比较

语言变体的出现通常和当地的语言政策和语言教育环境有着千丝万缕的联系。本节首先介绍新加坡的语言政策与社会语言变迁概况；其次，比较中国大陆、香港地区、新加坡三地与汉英两种语言相关的语言政策与语言教育；最后将着重比较中国大陆、台湾地区、新加坡三地汉语的语言变体。

壹 新加坡语言政策与社会语言变迁

新加坡自建国以来，虽然国土面积不大，但政治稳定、经济繁荣、社会安定，这些成就该归功于政府积极倡导多元种族政策，平等对待本国各族人民，允许他们保留本族文化、语言和宗教。如果一个国家无法给予少数族群文化安全感，那么他们就会觉得本身的文化传统受到严重的威胁，自然也会对占大多数的种族怀有疑忌和敌视的态度。这样一来，将造成种族骚乱，对于国家的统一与发展无疑是极其不利的。

从语言的角度而言，新加坡社会代表了 Rustow 形容的一个

"包括许多互不相关,具有各自文化系统的语言形式的典范"(Rustow,1968:102)。在新加坡全国人口普查中,一向都把人民归为四大种族(Khoo,1981):华人、马来人、印度人及其他种族(欧亚混血儿,日本人、泰国人、菲律宾人、缅甸人、犹太人、阿拉伯人等)。根据2005年新加坡人口普查,各族人口比例为:华族最大(76.2%)、马来族其次(13.8%)、印度族居末(8.0%)。华族人数虽占绝对多数,但华语却未顺理成章地成为新加坡的强势语言。

1965年新加坡独立法案中语言政策条款(Government Gazette Acts Supplement,No 2,1965,pp.99—100)规定,马来语、华语、淡米尔语与英语为新加坡的四种官方语言。国家领导人在许多重要的庆典都会以英语和三大种族的族群共同语发表演讲。国会议员也可以在国会以族群共同语发言,但毕竟很少见,大多以英语为交流、辩论的主导语言。总之,华语、马来语及淡米尔语的社会语言地位并不高,既不是政府部门的行政工作语言,也非政经活动的主要交际语言。这三大种族的族群共同语主要功能是传承族群文化和促进族群交流,社会经济地位远低于英语。

这种现象的根本原因在于新加坡政府基于历史和经济方面的考虑而制定的语言政策。具体而言,新加坡曾经历英国长期殖民统治,政治、经济、法律等仍沿袭大英帝国体制,英语也自然而然地成为最能适合该体制的语言。更重要的是,英语的经济地位明显高于华语,新加坡出于自身生存的需要,必然会选择英语成为自己的强势官方语言。在新加坡这样一个小国,语言政策可以对社会语言的发展起到决定性的作用。就华族而言,其家庭用语从"脱方入华"到"脱华入英"的变化就充分反映了这一点。

1.1　“脱方入华”

由于早期华人移民多来自中国南方，因此彼此间只能以各自的祖籍方言沟通。特别是1979年以前，新加坡华族社群大多在非正式场合（例如：家庭、小贩中心等）讲祖籍方言：俗称闽南话、潮州话、广东话、客家话、闽北话、海南话等。这些祖籍方言分别隶属于中国南方方言的闽方言（闽南话、潮州话、海南话、闽北话）、粤方言（广东话）、客方言（客家话）。这三大汉语方言群，彼此之间音韵差距颇大，无法进行口头语交际。

为了打破华族方言音韵藩篱，新加坡政府于1979年选择以世界华人地区普遍使用的华语作为本地华族社群的共同语（母语），并修定语言教育政策，规定每位学生在小学一年级时都必须同时修读英文和本族母语，即所谓的“双语教育制度”。除此之外，在华人社群中开展“多讲华语，少讲方言”的“讲华语运动”。前总理李光耀在1984年推广华语运动开幕仪式上的致词表明：“在社会方面，华语能消除方言的障碍，成为不同籍贯的华裔新加坡人相互之间有效沟通的桥梁。此外，华文被列为我国官方语文和联合国语文之一，而且能够以书写的形式来记录，应用自然比方言更广。”

从官方的推广华语委员会为前二十年（1979—1999）“讲华语运动”所提出的口号，我们可以管窥其目标的梗概。

“多讲华语，少讲方言”（1979）；

“学华语，讲华语”（1981）；

“在工作场所讲华语”（1982）；

“华人讲华语，合情又合理”（1983）；

“请讲华语，儿女的前途，操在您手里”（1984）；

"华人·华语"(1985,1990);

"先开口讲华语,皆大欢喜"(1986);

"会讲华语,先讲常讲"(1987);

"多讲华语,亲切便利"(1988);

"常讲华语,自然流利"(1989);

"学习华语认识文化"(1991);

"用华语表心意"(1992);

"讲华语·受益多"(1993);

"华语多讲流利"(1994,1995);

"讲华语开创新天地"(1996,1997)。

从这些口号我们可以看出:"讲华语运动"这二十年间的内涵及目标变化,大致可以分为前十年与后十年两个阶段。前十年"讲华语运动"的目标主要偏重在以华语取代方言作为华族的共同语,目标人群主要是居住于政府组屋区的讲华族方言社群,宣传地点集中在讲方言为主的场合,例如:巴刹、小贩中心、巴士转换站等。

政府利用各种大众传播媒介,包括报章、广播电台和电视网,大力进行宣传,鼓励新加坡华人讲华语。为营造一个有利于使用华语的环境,方言电台、电视节目逐步被淘汰,并且加强制作本地的华语电视剧。此外,当局鼓励在招牌上以汉语拼音与汉字书写食物名称,为新公司、新生婴儿、新街道和住宅区取名时,都以汉语拼音来取代方言拼音。推广华语也能辅助双语教育的施行。新加坡教育部指定华族学生必修的"母语"为华语,而非大多数本地华人所操持的祖籍方言。普及华语,也能营造华族学生学习华语的语言环境,使华语更容易学习。

这种种抑制贬低方言社会地位等做法,让原来习惯讲方言的中老年华人被迫失去方言娱乐节目或熟悉的讲方言生活环境，对他们而言在情感上是一个痛苦的过程。然而就语言计划的成效而言，"讲华语运动"无疑是成功的。官方人口统计数字也清楚地显示：以方言为主要家庭用语的人口由 1980 年的 81.4%急剧下降至 1990 年的 50.6%、2000 年的 30.7%与 2005 年的 23.9%。与此同时，以华语为主要家庭用语的华族人口则迅速增长，从 1980 年的 10.2%骤升至 1990 年的 29.8%、2000 年的 45.1%与 2005 年的 47.2%。（如图 1）

图 1　新加坡华族主要家庭用语比例（华语与方言）

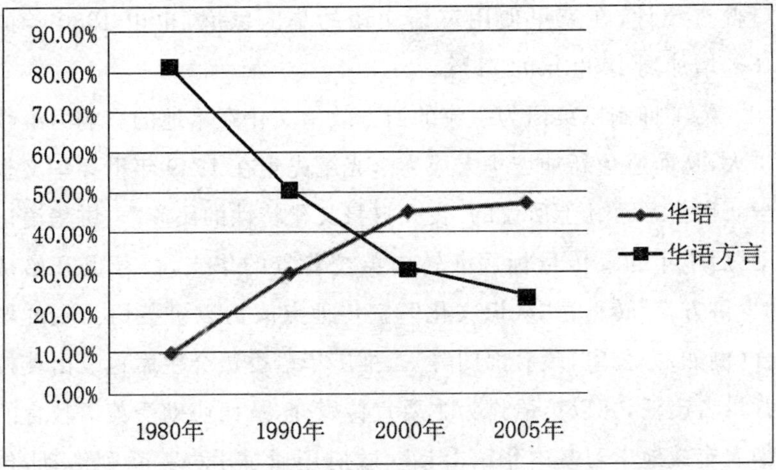

教育部华族小一学生最常用语调查也显示相同的趋势：以华族方言为主要家庭用语的人数由 1980 年的 64.4%锐减至 1989 年的 7.2%，以华语为主要家庭用语的人数则由 1980 年的 25.9%剧增至 1988 年的 69.1%。

这些数字标示着华族家庭用语"脱方入华"的局面已然形成，华人祖籍方言已失去最保守语言堡垒（家庭域）的主导地位，华语

“名副其实”地成为新加坡华族的共同语。李光耀对推展十年的讲华语运动的总结是:“我国华人现在都接受华语为家庭和社交用语。”本书“新加坡华语语音特色”一节中提到的新加坡本土华语“第五声”调查结果也充分显示,年青一代的新加坡华人已经失去言说和理解祖籍方言的能力。

然而,在这期间,政府也同时透过学校所施行的以英语为主的双语教育及行政语言等手段,使英语成为在政治、经济、法律、教育、科技、行政等领域的高阶与强势语言。无论是在工作场合或行政机构等正式情境,英语都被普遍作为主导语言。据 1990 年的人口普查统计,在家里使用英语交谈的华人家庭,也由 1980 年的 10%增加到 1990 年的 21%。

为了抑制以英语为主流的西方政治文化在本地的影响力继续扩大,从而避免新加坡华人成为李光耀先生在 1989 年世界华文教学研讨会开幕礼上所说的“丧失自身文化特性的民族”,“讲华语运动”后十年的宣传目标逐渐转向英校背景的华人,口号也开始从“少讲方言”转移至“认识文化”,宣传地点改为以讲英语为主的场合(例如:办公室,政府部门等)。推广华语委员会主席也改由英校背景者出任,并以英语作为主要宣传媒介,从而协助受英语教育的华人有效地学习基本华语会话。政府还通过举办一系列活动,包括华语辩论会、为商人举办的华语演讲比赛和华语影片首映会、出版《时代英汉常用词手册》等,帮助受英文教育的华族新加坡人使用华语。虽然后十年宣传重心转移,但是各种推广华语的尝试并没有挡住新加坡社会语言“脱华入英”的趋势。

1.2 “脱华入英”

从新加坡官方的人口普查数字可清楚地看出，几十年来，新加坡华族家庭常用语迅速易位，不但经历了“脱方入华”的过程，“脱华入英”也于2004年成为现实，近年来华语在华族社群处于主导地位的优势也开始面临英语的挑战。

由于新加坡曾经历英国长期殖民统治，政治、经济、法律等迄今仍沿袭大英帝国体制；自1965年独立建国后，虽然政府强调双语教育，但在执行中却偏重英文教育，忽视华文教育，各级学校施行的是以英语为主要教学媒介语，族群“母语”仅为一门必修科的非平衡双语教育。再加上政府通过行政手段，使英语一枝独秀，成为在政治、经济、法律、教育、科技、行政等领域的高阶与强势语言。因此，使用英语的华人人数稳定增长，从1980年的7.9％增加至1990年的19.2％，到2000年已达23.9％，2005年则达到28.7％。（如图2）

图2　新加坡华族主要家庭用语比例（英、华、方言）

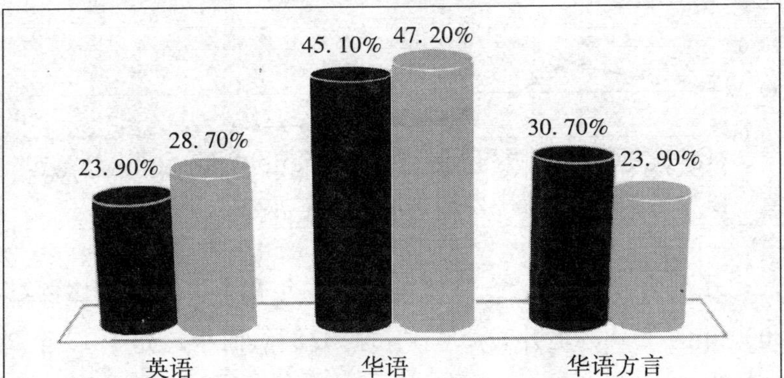

教育部华族小一新生家庭常用语的统计数字(Ministry of Education,Singapore 2004a)则清楚显示,未来华族家庭用语正在“脱华入英”。在家讲华语的华族小一学生,从 1980 年的 25.9%增至 1990 年的最高峰 67.9%,随后便开始逐年递减,2000 年为 45.4%,2004 年为 43.6%。反观在家讲英语的华族小一新生人数却不断向上攀升,从 1980 年的 9.3%增至 1990 年的 26.3%,到 2000 年升至 40.3%,更于 2004 年以 47.3%首度超越华语,处于主导地位。到了 2009 年,在家讲英语的华族小一新生更是多达近 60%。(如图 3)

图 3 小一华族新生的家庭常用语(1980—2009)

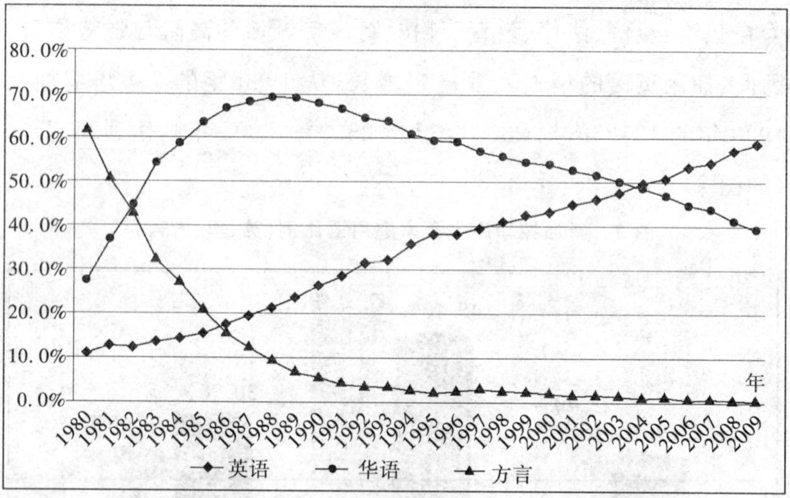

另外,年龄介于 5 至 14 岁的华族少年在家讲英语的比例,从 2000 年的 35.8%上升为 2005 年的 44.8%;而年龄介于 15 至 24 岁的华族青年,在 2000 年只有 21.5%以英语为家庭常用语,在 2005 年则增至 31.2%。我们据此可推断:新加坡华族家庭常用语

“脱华入英”的时刻指日可待。

这种“脱华入英”的趋势，在相差 10 岁的年轻族群间，以超过 10 个百分点的速度推进，虽然目前在新加坡以英语为家庭常用语的华族人口还未超过以华语为主要家庭语言的华人人数，但如果没有其他变数影响，快则十年、慢则二十年，英语将成为新加坡华族最主要的“母语”，而华语则将变成透过课堂学习而来的外语。

1.3　新加坡华人双语形态的发展

新加坡华人在海外华人圈可谓特殊的个案，因为新加坡是中国以外地区唯一一个公民与政府领导层以华人为主轴的国家。这个以华人为主导的政权，能视国家发展需要主动制定合乎生存发展的语言政策，这与其他地区的海外华人被动的语言同化过程有很大的区别(潘翎，1998)。

从早期的两极化华英校教育制度至目前的统一国民型教育制度，新加坡的语言教育衍变的过程，可简化如表 23 所示：

表 23　新加坡华人双语形态的发展

1950 以前		1950		1960		1970—1980		1990
Fh	→	Hf	→	Hyf	→	Hy	→	Yh
Fy	→	Yf	→	Yhf	→	Yh	↗	

(表中大写字母代表常用语言；小写字母则为次用语言。F/f 为祖籍方言、H/h 为华语、Y/y 为英语。)

在第一期时，华人家庭以祖籍方言(F)为主要交际语言，华语(h)与英语(y)次之；

进入 1950 年代的第二期，以华文(H)为主要教学媒介的华校

与英文(Y)为主要教学媒介的英校并存,华英文势力壁垒分明,祖籍方言(f)仍在华族社群语域盛行;

在1960年代的第三期,全国施行双语教育,规定华校学生必须修读英文(y)为第二语言,英校生则修读华文(h)为第二语言;

从1970至1980年代的第四期,华校收生率锐减,并于1987年停办华文源流学校。同时自1979年政府开展一年一度的"讲华语运动",以华语取代祖籍方言,成为华族社群的共同"母语";

1990年代以后的第五期,全面施行以英语(Y)为主要教学媒介,"母语"(华语)(h)仅为一门必修科的统一双语教育制度。由于学生在学校接触英语的频率比华语高,新一代的双语人一般掌握英语的能力自然远胜于华语,以致孳生目前各类华文专才短缺的现象。

贰 中国大陆、香港地区、新加坡三地语言政策和语言教育

有鉴于各自的历史背景、社会族群、政治经济发展的差异,华人居多的中国大陆、香港地区、新加坡三地依据本身的需求制定了相应的汉英语言政策及教育规划。本节将以宏观的语言社会学与通过语言功能分配以影响人们语言行为的语言计划着眼,比较三地在制定语言政策时的差异。

2.1 三地语言景观

由于中国大陆、香港地区、新加坡三地的种族及通用语都有很大差异,所以三地政府在制定因地制宜的语言政策与语言教育体制时,都会考虑种族与通用语这两大因素。

a. 中国大陆

由 56 个民族组成。根据 2000 年中国人口普查公报的统计，汉族人口为115940万人，占全国人口的91.59%。由于汉族人口众多，习惯上把其余55个民族称为少数民族。然而，汉族使用的汉语并非单质性语言。依据声母、韵母、声调的差异可分为七大方言区（袁家骅，1960）：北方方言、吴方言、湘方言、赣方言、客家方言、粤方言、闽方言。由于汉语方言之间的互通性低，因此必须另外制定以北京语音为标准、北方官话为基础的“普通话”为全国共通语言。

b. 香港地区

以汉族为最大民族。根据香港特别行政区政府统计处 2001 年的人口普查数字，以粤语为常用语的人口高达 89.2%，其他汉语方言（例如：客家方言等）只占 5.5%。在港英政府时代，英语长期作为行政、法律、教育的（第一）官方语言。自 1974 年始，官方法令承认（港式）中文为第二官方语言。自 1997 年进入特区政府时代后，在立法、行政、教育等官方领域，都转为以粤语为主导语言。

c. 新加坡

由华族、马来族、印度族三大种族组成。根据新加坡统计局 2005 年的综合性住户调查（General Household Survey），各族人口比例为：华族最大（76.2%）、马来族其次（13.8%）、印度族居末（8.0%）。虽然新加坡官方语言为英语、华语、马来语、淡米尔语，实际上，作为官方的主导语言，英语是一枝独秀。

2.2 汉语与英语在三地的社会语言地位

2.2.1 汉语

汉语在各地的名称与意涵不一。在中国大陆，“汉语”强调其为汉民族的共同语，以区别于其他少数民族的语言，汉语又称“普通话”，强调此语言的普及通用特质。在香港特别行政区，以中国语文的简称“中文”标示，指通用的“粤语”。而在多元种族的新加坡社会，华人以“华族”作为族群的身份表征，与他族（马来族、印度族）形成对照，自然把华人的共同语称为“华语”，以强调海外华人的共同认同。

a. 中国大陆“普通话”

中国大陆自上世纪50年代中期积极推广普通话，1982年中国宪法第十九条规定“国家推广通用普通话”，认定普通话不仅是汉民族的共同语，也是中国境内各民族的通用语，同时也是唯一的对外官方语言。中国外交部以普通话发布新闻，领导人在国外发表演说以及国内接见外国贵宾时无不以普通话交流。

从语言使用场合及其社会功能而观，普通话属于强势的高阶语言。举凡政治、经济、法律、科技、教育、学术、传媒等领域与较正式场合，均以普通话为主导语言。

除此之外，普通话也是中国的输出语言，通称为“对外汉语”，近年中国在世界各地广设“孔子学院”，以扩大中国在国际上的软势力。

至于各民族语言与各地区的汉语方言，属于弱势的低阶语言，局限在非正式场合（例如：家庭域、市场域等）使用。但是，中国政府虽然强调“普通话”的通用价值，并未因此贬低人民大众使用的其他民族语言或者地方汉语方言的地位。

b. 香港地区“中文”

在港英政府时代，香港为英粤双言制社会（邹嘉彦、游汝杰，

2001):英语为顶层语言,粤语为底层语言。在特区政府时代,由于“港人治港”意识抬头,粤语势力继续攀升,成为“港人治港”的语言。而以汉语(即普通话)为常用语的人口,并未因回归而急剧增加,反而出现由1991年的1.1%微幅下降到2001年的0.9%。

c. 新加坡“华语”

“华语”为新加坡四大官方语言之一,所以国会议员可以在国会以华语发言,但毕竟属于少数。在新加坡建国初期,华人多以祖籍汉语方言(例如:闽南话、粤语、客家话等)为主要家庭用语。但后因“华语”被官方界定为华族唯一的“母语”,加上“讲华语运动”推行得十分成功,如今祖籍汉语方言已几近灭绝。

又因华族家庭用语“脱华入英”的大趋势,如今年轻华族人口的华语读写能力普遍低于听说能力,因此近年来华文报纸(《联合早报》、《联合晚报》、《新明日报》、《我报》)的读者流失率比华文电视(第八波道、优频道)、华文电台(FM95.8、FM93.3、FM97.2)的观众和听众的流失率更高。

d. 汉语在三地的社会语言地位

汉语(普通话)在中国大陆是强势的共同语,社会语言地位最高;汉语(华语)在新加坡只是四大官方语言之一及华族社群的通用语,社会语言地位最低;汉语(粤语)在香港的“港人治港”的意识下势力持续上升,社会语言地位居中。

2.2.2 英语

a. 中国大陆

由于美国是当今唯一的超级大国,主导国际外交、军事、经贸等重大事务,所以中国外交部与对外贸易经济合作部在处理美国及其英语体系联盟(英、澳、纽等国)事务时,英语显得格外重要。

另外,到中国投资的外资企业也多以英语为交际语言。由于外资企业的薪资远远高于国资企业与民营企业,英语也自然成为向上的社会经济流动阶梯(Zhao & Campbell,1995)。

b. 香港地区

在港英政府时代,英语是顶层语言,犹如“英女王皇冠”,是上对下与下对上的“皇家”语言。进入特区政府时代,仍保留英语作为特区政府行政语言的地位。然而,曾是特首顶头上司的港督已不存在,至高无上的英语光环也就开始褪色。但由于香港为金融、贸易、制造业等领域的区域中心,所以英语仍是重要的对外经贸语言。

c. 新加坡

英语虽是新加坡四大官方语言之一,但是英语一直是政治、经济、法律、教育、科技、行政等公共领域的高阶语言与强势语言。无论在私人企业或者行政机构等正式情境,英语都被视为主导的行政语言与工作语言。除此之外,英语也是跨族群的共同语,以及外交与经贸的交际语言。

d. 英语在三地的社会语言地位

英语在新加坡是强势的工作语言与行政语言,社会语言地位最高;英语在中国大陆只是外交与外经贸的对外语言,社会语言地位最低;英语虽然在香港地区不如港英政府时代风光,但依然是经商通用语,社会语言地位居中。

2.2.3　汉英社会语言地位差异

汉英在三地的语言地位差异如表 24 所示:

表24　三地汉英社会语言地位差异

	汉语	英语
“高阶”	中国大陆	新加坡
“中阶”	香港地区	香港地区
“低阶”	新加坡	中国大陆

汉英在中国大陆与新加坡的社会语言地位正好相反：汉语是中国大陆的“高阶”语、新加坡的“低阶”语；英语是新加坡的“高阶”语、中国大陆的“低阶”语。汉英在香港地区皆为“中阶”语。

2.3　汉语与英语在三地的语言教育地位

2.3.1　汉语

a. 中国大陆

汉语（普通话）不仅是“语文”科的教学语言，也是数理、人文科目的教学语言，汉语属于第一语言教学。

b. 香港地区

由于香港地区采行两文（英文、中文）三语（英语、粤语、汉语）政策，“（粤语）中文”科是属于汉语方言教学，而非中国大陆的普通话教学。因此，还得另设偏重粤普转换的口语“普通话”科，作为与中国大陆沟通的交际语言。从语言习得角度而言，（粤语）中文属于第一语言/（习得）母语教学，同时也是其他学科的教学语言。

c. 新加坡

华语为华族族群“母语”，也是必修“母语”科。对以华语为家庭常用语的学生而言，华语属于第二语言教学；对以英语为家庭常用语的学生而言,华语属于外语教学。

2.3.2　英语

a.　中国大陆

英语属于外语教学。过去,英语科的起始点为中学一年级;目前,在小学阶段就学习英语。

b.　香港地区

在小学阶段,英语属于第二语言教学。在中学阶段,"英文中学"改以英语为第一语言及教学语言;"中文中学"仍以英语为第二语言。

c.　新加坡

英语作为第一语言教学,也是数理、人文科目的教学语言。

2.3.3　汉英双语类型

汉英在三地的汉英双语类型如表25所示:

表25　三地汉英双语类型

	汉语	英语	双语类型
中国大陆	L1	FL	CL1＋EFL
香港地区	L1	L2	CL1＋EL2
新加坡	L2	L1	CL2＋EL1

汉英双语教学模式在中国大陆与新加坡正好相反:汉语在中国大陆属于第一语言教学、在新加坡属于第二语言教学;英语在新加坡属于第一语言、在中国大陆属于外语教学。从双语教学模式而言,(粤语)中文属于第一语言;英语属于第二语言。

2.4 汉语与英语在三地的未来地位

2.4.1 汉语

a. 中国大陆

由于中国大陆经济的强劲发展以及城市流动人口的增加,(普通话)汉语仍为强势主导语言,而且还逐步扩大到汉语方言与少数民族语言的堡垒——家庭域,以致出现汉语方言与少数民族语言流失的危机。

b. 香港地区

为强调“港人治港”的主体性以及顾及大部分市民的利益,香港特区政府不可能放弃粤语的主导地位,但随着香港地区与中国内地贸易频繁,港府仍需致力于培养一定数目的普通话专才。

c. 新加坡

目前处于变动关键期的华族社群,随着华族家庭常用语“脱华入英”的趋势,华语可能变成透过课堂学习而来的外语。所以,新加坡政府近年来积极透过各种新政策,希望能栽培“双语双文化人才”,保留拥有英汉双语的人才优势。

2.4.2 英语

a. 中国大陆

随着中国大陆日渐开放,学习英语的人数不断攀升,英语成为主要对外语言的趋势不变。

b. 香港地区

大英体制遗留下的英语优势正逐渐丧失。特区政府应继续积极栽培一定数量的香港本土英语专才,并将香港打造成“中国对外窗口”,成为中国英语专才的天堂。

c. 新加坡

英语不仅继续成为强势主导工作语言、跨族群语言、“国家语言”,而且还可能取代华语,成为华族第一习得语言。

2.5 小结

由于语言政策是国家人力资源发展计划的一部分,所以必须从当地的历史背景(包括殖民宗主国影响)、社会阶层以及政治考量等大情境着眼分析,并非由语言本身特质决定。

语言政策的改革,通常带有彰显主体认同的意义,也势必牵涉国家人力资源的重新分配。所以被改革者常因此觉得被边缘化,并诉诸“命运共同体”或文化保存等论点加以反对。例如:特区政府虽明文规定采行“两文三语”政策,但为强调“港人治港”的主体性,也为顾及大部分(粤语)中文教师及市民的利益,所以妥协地选用粤语为主要教学及行政语言。因此,英语与汉语(即普通话)无法获得更多教育资源。

由于语言政策从计划到执行所涉及的面广且深,所以必须由跨政府部会的参与者共同策划,而非单靠教育机构推动即可。由于语言政策必须经过几代人的语言行为的改变才能看到成效,所以语言计划必须考虑对国家未来的长期影响,而非着眼于眼前的利弊权衡。

最后以新加坡的实例作结,双语政策经过四十年的推动,英语成为社会强势语言已见成效,甚至将取代华语成为华族的家庭常用语。新加坡政府基于华语的文化认同及经济效益,正投入大量资源希望培养“双语双文化人才”,但成效必然限定在少数人,所以新加坡华族家庭常用语“脱华入英”的趋势已无可转变。

叁 中国大陆、台湾地区、新加坡三地汉语变体比较

立基于“中国人”这一“想象共同体”[①]的认同之上，新加坡华人原先总认定自己与中国两岸三地的华人（甚至全球华人）皆属同文同种，应当很容易进行血浓于水的交流与合作。但是，近年来中国大陆、台湾地区、新加坡三地的政经接触却出现许多不愉快的摩擦，其中两岸谈判的僵局、新中苏州工业园合作开发案的触礁，以及新加坡电信收购香港电信的投标失败案，都是明显的例子。

新加坡贸工部部长杨荣文曾直言：“苏州的经验显示，跟在中国的华人比较起来，我们已经变得多么不同。追根究底，苏州的问题是一个文化的问题。”（《联合早报》1999 年 6 月 19 日）对中国抱着亲切好感及热烈期待的新加坡华人，在现实商战中频频受挫后开始认知：虽然新加坡和台湾地区的华人多数是来自中国东南沿海的移民，在宗教、文化或语言上容或相似，但数百年来由于各自不同的历史命运，加上华语与当地通行的华族方言以及外族语言的融合等因素，中国及海外华人早已衍生出不同的族群认同、生活价值体系及语言变体。

姑且不论新加坡华人与中国大陆、台湾地区华人的差异，即使是同居于新加坡岛国的黄皮肤黑头发华人，也戴着不同的面具（文化认同）。中国大陆和台湾地区的华人还都利用汉语来陈述各自的文化故事，新加坡便出现一批不会或不愿说华语的“英校生”，他们以血统、姓氏、习俗、信仰为族群的核心价值（Pakir，1993：85）。这些“同种不同文”的华人，英文读写能力十分强，家人多以华族方

---

① 此概念源自 Anderson（1991）。

言沟通。他们与新加坡另一批“华校生”形成强烈对比,后者趋向以语言(华语)作为建立与传递族群认同的主要指标,将华人定义局限在(中华)文化认同:说华语、写华文、读中文书籍、了解中国历史(Pakir,1993:85)。比起新加坡华校生以严格的同“文”定义“中国人”,我们可以说英校生的自我认定较偏于“人类学的”[①](黄锦树,1998:112)。

本节分别论述华语在中国大陆、台湾地区及新加坡三地的社会地位,并以实例举证三地的词汇变化及不同的语码混杂方式。由这些语言变体的实例,我们可以很清楚地看到:即使是使用同样的文字,鸡同鸭讲的文化沟通障碍仍随时可能发生。

3.1 汉语在三地语言社群的地位

由于华语在新加坡和中国大陆的语言社群地位在上节已有涉及,在此不再赘述。本节着重讨论汉语在台湾地区的语言社群地位。

来自中国大陆的国民党政府自 1949 年退守台湾地区后,强力推动在各领域(例如:法律、科技、学术等)与正式场合以汉语为主导语言,汉语同样也成为学校的主要教学媒介语,当时在校内以闽南方言交谈的学生还会受到严厉处罚。由汉语被称为“国语”一词可想见,推广时期行政当局曾极力赋予它不容挑战的正统地位。

直至近年来台湾地区本土意识兴盛,原处受压抑地位的本土汉语方言(尤其是闽南话与客家话)开始被赋予高度的政治内涵,

---

① 这与马来西亚晚期移民(华教运动的倡导者及支持者)以文化来定义种族,而土生华人(Baba, peranakan)(较早移民的华人)则以最宽泛的标准来定义华人(如肤色、生活习惯)相似。有关马来西亚华人文化论述,详参黄锦树(1998)。

成为争取族群认同的利器。本土汉语方言的使用也不再局限于非正式场合，连国会殿堂、广播电台、电视台等正式场合也可使用。但是，其使用场域及普及度与国语相比较，还是颇受限制①。

目前在新加坡这个双言制社会(diglossic society)里，英语与华语具备不同社会语言功能：英语的实用功能高，普遍应用于日常的工作环境，而且被定位为进入国际社会的桥梁，属于高阶语；华语则偏向文化传承的情感功能，属于低阶语。相对而言，中国大陆和台湾地区则是汉语体系内的双言制社会，在两地，基本上汉语还是高阶语，各地的汉语方言则属于低阶语。

3.2　汉语变体：三地汉语词汇比较

词汇是语言符号中最敏感且变化最大最快的部分，也最能具体反映出社会文化变化的面貌。中国海峡两岸与新加坡特有的华语词汇或以同名异实的形式出现，或以同实异名的形式存在，然而这些相对应的词汇相互之间却是无法任意替代的，因为它已经深深地打上该社会特有意识形态的烙印。三地的华语甚至还出现不少自产的特有词汇，反映了该社会特有的政治、经济、文化风貌。即使一样是方块字，但在其他地方硬是无法找到任何对应的词汇。

3.2.1　同实异名的词语——本土认同的标志

华(汉)族的共同语及演奏的传统音乐，三地便出现名称迥异的词汇：

---

① 有关台湾地区社会语言、语言政策的探讨，详参黄宣范(1993)、曹逢甫(1997)。

中国大陆	台湾地区	新加坡
汉语、普通话	国语	华语
民乐	国乐	华乐

各地选用的名称可谓社会意识形态沉淀的结果。中国大陆称之“汉语”强调其为汉民族的共同语,以区别于其他少数民族语言;称“普通话”则与传统名称——“官话”相对,强调此语言的普及通用特性,乃人民大众的语言,不具任何特权性质。台湾地区称之“国语”乃沿袭国民政府时的名称,当时强调其作为“国家语言”的地位。在多元种族的新加坡社会中,华人以“华族”作为族群的身份表征,与他族(马来族、印族等)形成对照,自然把华人的共同语称为“华语”,以强调其海外华人的认同。许多词语(例如:华裔、华社、华校、华教)也以“华”作为词素,以突显其民族性。

以此类推,三地炎黄子孙也以各自的语言意识形态为中国民间乐器演奏的音乐命名:“民(族)(音)乐”(中国大陆)、“(中)国(音)乐”(台湾地区)、“华(族)(音)乐”(新加坡)。

“旧词语”的存留更替也体现三地的社会心理:例如:清道夫(台湾地区)、清洁工人(新加坡)、清洁工人或环卫工人(中国大陆)。新加坡及中国大陆以新词替换旧词意味着社会观念的转变,而台湾地区沿用“清道夫”此一旧词则意味着传统的承继。

外来新事物[①]的译名本应比较中立,但是某些译名与当地的

---

① 新近科技词语(例如:“Internet”)在三地的名称也不一:在中国大陆的译名就有大联网、互联网、因特网、英特网、交互网、网际网、网际网络等十余种之多,“(中国)全国科学技术名词审定委员会信息科学新词审定组”还为此进行汉语定名工作。台湾地区大多用“网路”(例如:“网路情报杂志”),新加坡则多用“网际网络”。三地译名不一,似乎不涉及文化认同的差异。但是,倘若未能加以规范化,这将直接影响世界各华语使用地区的交流。

社会心理发生联系后，就会有不同的“文化”内涵。例如：德国生产的“Mercedes-Benz”便有不同译名：奔驰（中国大陆）、宾士（台湾地区）、马赛地（新加坡），由此可看出象征财富和身份的名牌汽车在三地有不同的含义。

3.2.2　同名异实的词语——文化分化的标志

同名异实的词语有两种类型：一种是一地已经消失的义项仍在另一地存留使用，例如：“检讨”一词原本有两个义项，可指正面或负面的“对事情进行反思”，在中国大陆，目前此词汇大多只使用负面的“对错误的反思”义项，而在台湾地区与新加坡此词汇的两个义项还被存留。另一种是原来通用的词语在一地加入新的义项，而在他地则仍用原来的义项，例如：“同志”一词原指“志同道合的人”，新加坡也以“同志”作为称谓，但是仅用于政党内部。在中国大陆也作为人民之间的称呼，而在台湾地区则新增“同性恋者”的意思。

3.2.3　自产的特有词语——本土社会文化的镜子

三地自产的特有词语或流行语，最能反映三地特定社会生活的变迁，而且在其他地区常常无法找到对应的词语，因为它与特定地区的政治、经济、文化生活紧密相连，可谓社会文化的镜子。

中国大陆的一些用语，例如：集体领导、半边天、红卫兵、臭老九、五讲四美等，记录了当时的变革情况。三十年改革开放的脚步也留下许多语言印记：“经济特区、万元户”等反映改革开放初期的社会生活；“房改、下岗、机构改革、创收、国有企业关停并转”则是近年来改革深入的写照。

从台湾地区流行语就可管窥当地的“花花世界”，其中包括台语（闽南话）流行语：“盈盈美黛子”（形容这个人太闲没事做）；数字流行语:“119”(求救代号)、“520”(我爱你);日语转换的流行语:“秀斗”(脑筋短路、迟钝的意思);歧义流行语:“淑女”(“俗”气的“女”人);洋腔流行语:“BMW”(Big Mouth Woman;形容大嘴巴的女人)。

新加坡建国以来的自产特有词语中,“人民协会、公民咨询委员会、居民委员会、社区发展理事会、集选区”反映本地的政治生态;“组屋、大牌、小牌、建屋发展局”反映政府推行的住房制度;“拥车证、限制区、现金卡、阅卡器”反映政府特有的交通管制方法;“乐龄”(指老年)词汇链——“乐龄中心、乐龄公寓、乐龄村、乐龄网、乐龄俱乐部、乐龄周、乐龄综合服务中心”反映政府提倡的“关怀”与“分享”政策。

3.3 语码混用:由句内层扩散至句间层

新加坡政府从2000年四月起展开“讲正确英语行动”(Speak Good English Movement)。这个语言行动的对象是针对40岁以下的学生与工作人士,希望纠正他们所说的不合规范的“新加坡式英语”(Singlish)。其实在一个双语或多语的社群中,说话者很容易在交际中,同时(掺杂)使用两种或者以上的语码或者语言变体,就是我们上节提到的语码转换。

在各地的汉语变体中,混用或者转换的语码是不同的语言(华语、英语及马来语),有时语码混用也可以是不同方言变体或者语体。例如在中国大陆、台湾地区、新加坡三地,经常出现汉语对话中同时夹杂汉语方言发音的词汇与句子;或者是汉语方言对话中夹杂以汉语发音的词汇或者句子。这两种语码混用的类型都非常普遍,但是其社会语言功能并不相同。

就以台湾地区为例。2000年领导人选举期间,外省籍候选人宋楚瑜为了争取本省(闽南、客家)族群票源,在汉语演讲中有意无意地夹杂以闽南话、客家话发音的词汇与句子,象征他对本省族群成员的认同。另一方面,由于汉语在台湾地区属于强势语言,许多新兴词汇为本省语言所无,因此,后来当选为领导人的本省籍候选人陈水扁在以闽南话发言时,也必须夹杂以汉语发音的词汇与句子。在中国大陆,这种汉语夹杂方言或者方言夹杂汉语的语码混用现象在各汉语方言区也非常普遍。由于这属于同一语言中的方言与方言之间的语言混用现象,华人都不觉得怪异或者不自然。

然而,当属于不同语族的语言(例如汉语夹杂英语)互相混用时,许多提倡"纯净"语言的卫道者就会大加斥责,认为这是语言能力低落者的副产品,这也正是新加坡社会不断出现讲正确英语或讲标准华语相关呼吁的原因。

其实,"新客"初到新的语言环境中,为了适应新的语言情境需要而采取语码混用的语言交际策略也颇为自然与普遍。例(1)是一位年轻的留美中国学生的语言实录(钱宁,1996:152—153):

(1)一个24岁的北京钢铁学院的毕业生,1988年到美国明尼苏达州某大学攻读金属切割专业。半年后,给当年的同学们写了下面这封信:

"嗨,各位,本人经过一番苦学,混了两个'B',便开着新买的旧丰田皇冠车东进。第一站Chicago,在一家Big Boy的店里吃了一顿自助餐,因service颇差,决定不给tip,以示无产阶级的志气。本想去城中听一场音乐会,结果拐进了那里的'42街',无非是从topless到bottomless,一看就全明白了。第二站到了 Pittsburgh,车 park 在繁华之地,行李未取出,回来时发现车窗被砸,行李被盗。Shit!初步估算,损失达500美元。”

例(1)显示这位“新客”为了描写新语言环境中的新事物,直接以当地通行词汇(英语)加入汉语句子,其中以名词(例如:Big Boy,Chicago,tip 等)为主,较少动词(例如:park)。但是,整个句子仍严格遵守汉语的句法结构。换句话说,这位“新客”所代换的词项并非任意的,而是为了表达他追逐美国潮流的心态。

在新加坡这个多元语言的社会中,华英(或者英华)语码混用[①]的现象更是屡见不鲜。例(2)是两位华族小姐在地铁站交谈时的对话:

(2) 甲:Miss Tan, weekend 我和 Miss Ong 一起到 Orchard Road Centre Point 的 Robinson shopping,then 我们又一起去 McDonald's 吃 hamburger。

乙:哎呀! 都没 page 我,我也想去 McDonald's 买 Hello Kitty拥猫证。

初到新加坡的中国海峡两岸旅客乍听到例(2)的对话,或许还以为他们正在以英语交谈。这种本地独有的杂烩式华语特质我们在第一节中已作详细论述,在此不再赘述。但是值得一提的是,新

① 新加坡的语码混用现象可以分为以华语为主体语(host language),英语为嵌入语(embedded language)的华英语码混用;和以英语为主体语,华语为嵌入语的英华语码混用两大类型。由于两者所涉及的语言层面不同,所以在分析语料时应该分开处理。详参 Myers-Scotton(1993),Tay(1989),王晓梅(1999)。

加坡教育部自上世纪70年代末期，逐渐取消以往华英校有别的二元学制，转而在中小学广泛推行英语为主要教学媒介语，"母语"沦为一门必修科目。教育部原先的构思是期望通过新的双语教育制度培养出大量左右逢源的双语人。但是目前却出现许多双语水准皆属二流的"灰色阴阳人"①。

现在新加坡学生讲华语时经常出现语码混杂的情形，多半是因为无法找到相应的华语词汇，他们常在华语句式中掺杂新加坡社会通用的英语词汇，杂烩式华语成为新加坡社会不同于其他华语地区的独特语言现象。例(3)是新加坡大学生在校园讨论课业的对话实例：

(3)在大学学生餐厅里，两位被作业压得透不过气来的学生正在交谈②：

甲：这个 assignment 的 deadline 是几时 huh?

乙：好像是下礼拜一，你还没有 start 咩[mie[1]]?

甲：Where got time，这样多东西做，这个 semester really like hell。

乙：Aitsai(劝人要保持冷静、镇定)，还有三个礼拜，think about 你的方帽子 lor，then got motivation。

值得注意的是例(3)与例(1)(中国留美学生)及例(2)(新加坡

---

① 如果将以往分别接受华校及英校教育的华人以黑白两色作比喻，接受双语教育的年青一辈，相较之下，华语能力比以前的英校生强，英语比以前的华校生流利，然而总体而言，中英语言能力的表现却不突出，因此可称之为介于中间灰色地带的双语人。

② 这份语料由林惜莱提供。

华校生)所使用的语码混句式有明显的差异:中国留学生及华校生的混杂只停留在句内层,代换的项目多为词汇。现在新加坡学生的杂烩华语句子成分,不仅在句内层,同时在句间层也存在代换成分,例如:“Where got time,这样多东西做,这个 semester really like hell”同时包含从主体语(华语)对译的子句:Where got time(哪里有时间);华语子句:这样多东西做;英语为主体语,华语为嵌入语的混用语码:这个 semester really like hell。

句间语码混用现象已不是为求时髦地任意代换词汇而已,说话者其实已陷入词汇缺乏的困境,这种句间语码混用现象,通常被视为语言不熟练的半语说话者无法有效地使用双语的证据(Holmes,1992:40—53)。

3.4 小结

相对于中国大陆的“正统”汉语,台湾地区及新加坡华语因为社会环境的不同而出现丰富多元的(词汇、语音及语法)变体,我们应以平常心看待。就如同英语一样:随着19世纪英国的对外军事扩张与殖民统治,加上20世纪美国崛起成为军事与经济超级强国,散布至全球各地的英语已逐步从英式英语衍生成今日的各种英语变体:美式英语、澳式英语、纽式英语、印度英语,甚至新马英语(Crystal,1997)。

区域语言变体自有其存在的文化认同价值,同时也必会造成部分的沟通障碍,但是透过入境随俗的学习管道及编纂各地特有词语词典(例如:汪惠迪[1999]《时代新加坡特有词语词典》)等方法都可稍稍弥平。最危险的沟通陷阱莫过于武断地以“正统”汉语为圭臬,把本土语言变体视为离经叛道的不入流语言,或故意忽略各地汉语背后不同意识形态的指涉，这种采取强硬的“定于一尊”做法，不但无法促进三地的实质文化交流，反而使彼此的关系渐行渐远，阻碍全球汉语的平稳扩散。我们应正视三地汉语及其内在的意识形态早已转变的事实，并进一步在促进语言沟通（求同）与保留本土意识（存异）间取得适当的平衡。

在新加坡，以英语作为主要交际用语的人口持续增加已是不可挡的大趋势。但是，从年青一代句间语码混用现象来看，他们这些双语不熟练的半语说话者，虽然在新加坡国内进行人际沟通不会出现太大的问题，但是在与其他地区的华人进行涉及专业范畴的沟通时，这些华语词汇匮乏的“半桶水”双语人恐怕就会左支右绌、处处碰壁。

肆　“国际规范汉语”形成及发展的趋势

成为各地区华人族群语言标志的区域汉语，有时候确实会成为各区域的语言交流屏障，但是这些沟通障碍并不难排除，透过卫星传送到全球各地的各种汉语影视娱乐节目，使我们逐渐熟悉各区域汉语的其他说法。同时规范汉语也借由报纸、教科书或其他印刷品，在不同的汉语地区继续以书面形式出版。一般而言，书面语体的差异比口头语体更小。

另外，透过入境随俗的学习管道及编纂各地特有词语词典①

---

①　由联邦出版社（Federal Publications）、阁楼哈乐出版社（Chambers-Harrap Publishers）与新加坡国立大学英国语言文学系共同编纂了《时代阁楼必备英语词典》（Times-Chambers Essential English Dictionary）（简称《时代》），编辑在考虑新马地区英语学习者的需要后，特地添加1000个本地区常用英语词条，让学习者借以分辨国内与国外地区英语的应用。

等方法也都可弥平这些沟通困难,例如:汪惠迪编撰的《时代新加坡特有词语词典》(1999)便试图协助新加坡或其他地区的华人穿透这样的语言屏障。该词典把新加坡本地特有的1560个词条加以分类解说,有助于其他地区的华语使用者了解新加坡华语特有词汇,进而欣赏其丰富有趣的区域语言色彩。

目前,汉语乘着中国经济腾飞的东风风靡全球。对汉语的这种境况,部分以汉语作为母语者可能觉得五味杂陈。一方面他们为汉语的崛起感到骄傲;一方面又对其他地区的使用者"滥用、污染"汉语而忧心忡忡。其实,要成为全球语言,就得接受这种语言各式各样的使用方式。一位南洋作家想利用汉语散发原汁原味的南洋经验,绝不可能照搬中原区域的词汇或语法,具备弹性及流通性的汉语才能使自己不断壮大,登上国际舞台①。

以新加坡为例,平常新加坡人和亲友聊天时,总爱使用新加坡本土或杂菜式的华语,其中充满浓烈的"乡音"、本地化的华语语法以及熟悉的特有词汇。当新加坡人远离家乡或在某些国际交流场合,与来自其他国家或地区的华人交谈时,便会试图使用该地区的区域汉语或较"正式"的"国际规范汉语",其语音较接近北京话,词汇较为通用,也较符合规范语法。这样的"国际规范汉语"并非单指北京的区域汉语,事实上,它还处于孕育成形的阶段,随着越来越多以汉语为媒介的国际会议举行、越来越多风行于全球汉语市场的电视节目、歌曲、畅销作品出现,这种可被各地华人接受的"新汉语"将越来越"有模有样",不过这种"国际规范汉语"的出现并非要消灭或排挤区域汉语的存在,它将不断从各种区域汉语中汲取

① 有关南洋作家在以"外来语"——华语创作的争论,参酌黄锦树(1996,1998)。

丰富的成长养料，并与区域汉语相辅相成，在谋求全球沟通了解与区域认同间达到动态的平衡。

第二章 汉语全球化与新加坡华语的定位

人类历史曾无数次证明,唯有具备坚实的政治、军事或经济基础,一种语言才能成为世界性的交际媒介。例如,希腊语、拉丁语、汉语和西班牙语曾经在不同时期分别远播到中东、欧洲、日本/韩国/越南及美洲,所凭借的就是强大的政治、军事及经济实力。在过去一个多世纪,英语也基于同样的原因在全球迅速发展。随着19世纪英国对外军事扩张与殖民统治,英语遍布全球;加上20世纪美国崛起并在二战后成为超级大国,使得英语进一步提升为首个全球语言。

21世纪之始,中国再度崛起,成为世界经济强国,不仅在政治、经济上,同时也从语言层面影响全球。作为中国大陆和台湾地区官方语言以及海外华人通用语的汉语,正逐渐对英语一枝独秀的局面形成挑战,成为第二个最有潜力取得全球性地位的国际语言。在这样的国际形势下,新加坡应扮演什么样的角色?新加坡华语又该何去何从?针对这些问题,本章将从全球语言视角论述汉语的国际传播,并探讨新加坡在全球汉语圈中的定位。

第一节　汉语全球化

壹　全球汉语的崛起

克里斯特尔（Crystal,1997:7)认为:“一个国家的语言是否能成为全球语言,与该语言内在的结构性质、词汇量大小、是否曾为伟大文学作品的书写工具、是否曾与伟大的文化或宗教联结都无关联”,甚至与该语言母语使用者人数的多寡都没有太大的关系。我们不妨借助克里斯特尔的观点来审视一下汉语是否正在走向全球化。

1.1　中国崛起与汉语全球化

1.1.1　全球语言的定义

在阐述汉语全球化现象之前,有必要为全球语言下明确的定义。要成为全球语言,需要符合以下两个基本条件:

首先,要得到世界各国的官方认可。克里斯特尔(Crystal,1997:2)认为,当一种语言取得一种“每个国家都认可的特殊地位”后,才能成为名副其实的全球语言。可以通过两种方式取得这个“特殊地位”,即将该语言设定为正式的官方语言,或列为学校里优先教授的第二语言。

其次,需要有不断壮大的非母语使用者人数。如前所述,母语使用者的数量并不能成为该语言是否是全球语言的标准。如果以母语使用人数为标准,拉丁语永远也不曾成为国际语言。尽管罗马帝国全盛时期控制了大约590万平方公里的土地,是世界古代史上版图最大的国家之一,但真正的罗马城邦人却远远少于他们所征服的人;相反,虽然把汉语作为母语的人口众多,汉语到目前为止还不是国际性语言。

因此,在非母语社群传播的广度与渗透的深度,才能真正体现语言的全球性地位。如果英语仅仅作为母语使用,它将永远无法企及全球语言的地位。一种语言作为母语而被广泛使用,即使人数众多也没什么了不起。只有当大量非母语使用者出现时,该语言才有权问鼎全球语言的宝座。非母语使用人数是一个相当重要的指标,它能随时反映出全球化语言地位的起落。

1.1.2 中国崛起的冲击

20 世纪 80 年代,中国政府开始进行重大的政策调整,国家发展重心转向经济建设。随后的三十年间,借助全球化的推动,中国经济乘势而起,创造了令世人瞩目的经济奇迹。到 2007 年,中国的国民生产总值(GDP)超过 3 万亿美元,成为继美国、日本、德国之后的世界第四大经济体。美国卡内基国际和平基金会经济师盖保德(Albert Keidel)在近期的一份报告中预测(法新社、彭博资讯 2008 年 7 月 10 日报道),受强大的内需带动,中国经济将在 2035 年超越美国;到了 2050 年中国的 GDP 将达到 82 万亿美元,而美国则为 44 万亿美元,中国将一跃成为世界第一大经济体。

过去三十年间,中国经济的快速发展已然成为推动世界经济和贸易增长的火车头之一。如果说上世纪"闭关自守"的中国是"潜龙勿用"力不足飞,那么今天"改革开放"的中国经济已逐步走向"飞龙在天"。尤其是在 2008 年发生全球金融海啸后,欧美自由资本主义备受道德质疑,这促使发展经验不同的中国能在国际组织中发挥更大的影响力,并在利用中国外汇盈余加快全球经济复苏的同时，让汉语国际传播再度迎来新机遇。

在国际贸易、全球化市场雏形渐显之时，中国把握良机，实行改革开放，吸引外国制造商来华投资建厂。低廉的劳动成本使外资蜂拥而入，中国则凭借外国的资金资本、技术资本和人力资本，迅速成为"世界工厂"。随着全球经济衰退，坐拥13亿人口的中国正积极扩大内需，逐渐蜕变成一个庞大的世界消费市场，并在世界政经舞台更主动地善尽国际成员的义务。

在积累一段时间的经济成果之后，中国开始从资本、技术输入国，转型为经济输出国，进一步加强自己的世界影响力。近年来，中国在海外投资的规模和范围日渐扩大，人民币汇率走势的升降对全球宏观经济的影响力也大增。

正如克里斯特尔(Crystal，1997：8)在分析英语全球化的过程时指出："任何一种语言，一旦被这些呈爆炸式增加的国际活动所集中使用，都会突然发现自己拥有一个全球性地位。"在中国经济全球性扩张的同时，汉语也伴随着人员、资本、物资和技术的流动而遍布世界各地；人们依赖汉语所带来的经济利益，这进一步提升了汉语在全球的市场价值和国际地位。

中国经济为全球经济增长或复苏提供动力的同时，也为汉语、汉文化的传播奠定坚实的基础。汉语冲破地理屏障，对世界语言板块分布产生重大影响；它逐渐由国家、区域语言成长为国际语言，即将壮大成为继英语之后又一个全球语言。

1.1.3　从全球英语到全球汉语

明确了解全球语言的标准之后，我们发现英语早在20世纪之初就已走上了全球化的道路。据克里斯特尔(Crystal，1997：57—60)统计，世界上至少75个国家和地区将英语作为第一语言，或官方语言,或学校优先教授的外语。截至 1995 年,全球以英语作为第一语言或第二语言的人数超过了 5.7 亿;以英语作为外语的使用者为 12—15 亿,估计可达世界总人口的四分之一,并且这个数字还在稳定增长。

在美国强大的经济实力支持下,20 世纪英语发展取得空前成就,并已经渗透到国际社会的各个领域,包括学术、教育、信息、商业、媒体、娱乐、旅游以及互联网,英语无可争议地成为现今最强势、最具影响力的国际语言。

从母语或外语使用者的人数,以及在国际上各官方领域所扮演的角色等方面来看,英语已经不再是一国一地的语言,它是一种世界通用语,也毫无疑问地成为第一个全球性的语言。随着经济全球化进一步加深,加上以英语为主要媒介的互联网、电讯科技等的推波助澜,英语作为第二语言和外语的人数会因此继续激增,可以预言,在今后相当长的时期,英语的霸主地位将难以动摇。

然而,随着中国经济影响力日增,汉语国际化的脚步随之加速。目前,以汉语作为外语的学习者暴增。汉语在众多领域也得到更广泛的使用,尤其是在信息技术及大众传媒等领域,汉语扮演着越来越重要的角色。按上节所述,汉语的广泛传播预示着 21 世纪另一个全球语言正在崛起。

1.2 汉语全球化的迹象

1.2.1 以汉语作为外语的学习者人数飞涨

过去三十年来,国际汉语教学在中国境内和境外都蓬勃发展。1997 年,在中国大陆的留学生大约是 43000 人,而到了 2005 年,就激增了三倍,达到 14 万人,其增长速度已经远远超过了中国

GDP的增长速度。境外的国际汉语教学同样如火如荼。成立于1987年的世界汉语教学学会目前有来自42个国家的1135个注册会员；全球把汉语作为外语学习的大学生人数，以及参加由中国对外汉语教学领导小组办公室（简称“汉办”）主办的汉语水平考试的考生，同样在过去十年快速增长。可见，国际汉语教学发展势头良好，汉语的国际地位日益提高。

中国“和平发展”战略的确立为汉语国际化提供了宝贵机遇。从2004年起，由汉办推动，在世界各地建立了百所“孔子学院”。孔子学院的成立在某种程度上参照英国文化协会（British Council）、德国歌德学院（Goethe Institute）以及法语联盟（又称：法国文化协会，Alliance Française）的模式，致力于“传播中国语言文化、支持当地汉语教学”。根据汉办官网提供的数据，截至2008年12月，已经有249所孔子学院在78个国家和地区开班授课。目前并没有官方统计的学生人数，但据窦德龙（2008）统计：截至2007年年底，全世界125所孔子学院共有46000名海外学生。

世界各国的政府或民间团体也看到了汉语的未来前景，认为汉语是“带来机遇的语言”，开始鼓励本国人民学习汉语。美国官方制定了一系列法案和计划，包括“国家语言旗舰项目”（National Flagship Language Initiative），该项目将汉语列为“急需语种”（critical need language）。2006年，美国大学理事会（College Board）正式设立AP中文课程，将汉语列为美国高中重要的外语课程。除了美国之外，其他国家也有越来越多的学校随即开设汉语课程，汉语热自此席卷全球。据估计，目前全球以汉语作为第二语言和外语的学习者已经超过了4000万人，到2010年，这个数字可能达到1亿。其发展速度之快，可谓惊人。

汉语作为外语学习的人数激增与过去十年中国经济增长同步,再次印证了克里斯特尔所提出的经济发展带动语言发展的观点。由此可见,语言的强势传播与语言内在特质的关联并不大,因为语言本身的特质不管如何具有美感、有文学或文化价值,而愿意花钱、花时间去学习一门外语的人并不多。影响语言学习动力更多是外在因素。以汉语的学习为例,目前席卷全球的"汉语热"多半是由经济因素所驱动,外语学习者之所以选择汉语,无非是为了提升就业的筹码,或在市场竞争中处于更有利的地位。

1.2.2 汉语信息技术产业的发展

除了国际汉语教学之外,汉语全球化传播也体现在其他领域。比如汉语在传统上由英语主导的信息技术产业中的应用也日渐蓬勃,主要表现为汉语互联网、汉语搜索引擎网站(雅虎、谷歌、百度、蕃薯藤、搜狐等)大量出现,以及包括视窗操作系统和微软文字处理系统在内的各种美国开发的主流软件都配有汉语版本。

汉语信息产业的蓬勃发展,至少说明两个问题。首先,受经济利益驱使,中国市场的吸引力足以使传统上由英语主导的信息产业界开辟新航道,开发原有产品的汉语版以满足中国用户的需求。因此,汉语受中国经济的依托,不再只是单纯的交流媒介,其本身就是一个商机无限的市场,它的市场价值和地位也日渐提升。

其次,计算机与英语之间原有的紧密联系被打破,互联网技术的发展也冲破了地域屏障,汉语连同其他区域语言得以加速发展。其影响是双重的:一方面,对使用汉语的非母语族群来说,汉语信息产业的发展,使人们更方便、更广泛地使用互联网,那些在中国寻找商机的人士可以通过互联网与中方直接沟通,收集第一手资料。在商业竞争日益激烈的今天,熟练掌握商业伙伴的语言,会取得事半功倍的效果。因此，对汉语课程的需求自然越来越高，无形中对汉语的传播起到积极的作用。另一方面，对快速壮大的海外华人社群而言，汉语互联网科技的发展使海外华人与祖籍地、社群与社群之间的联系更为紧密，成为汉语传播的另一途径。

1.2.3　大众传媒

a. 汉语电视频道

电视媒体近期的发展在中华语言与文化的传播过程中起着举足轻重的作用。其发展可分为两个阶段。

第一阶段始于上世纪 90 年代，当时，全球汉语频道比如中央电视台、亚洲无线卫星电视台、凤凰卫视中文台、中天电视亚洲台、MTV 中文台等大量涌现。这些以中国大陆、台湾地区、香港地区，即所谓的"大中华地区"为基地的影音媒体，通过通讯卫星向全球华人提供了大量高质素的汉语节目，内容涵盖广泛，资讯方面包括新闻、时事、纪录片，娱乐方面有电影、综艺及音乐电视。尽管这些中文频道的内容、焦点各有不同，但最终目标只有一个，即放眼世界，针对不同收视族群，提供多元化的汉语电视节目，并凭借"大中华地区"的软实力跻身国际媒体的行列。

第二个阶段大约开始于 21 世纪初，具体体现在海外各地成立了许多面向当地华人受众的区域汉语频道，例如：美国的中文电视、中国之星电视台、今日世界电视公司中文频道，澳大利亚华语电视台、泰国中文电视、日本的大富电视等。这些中文频道无一例外地为散居世界各地的海外华人提供服务。

全球及区域中文电视媒体纷纷抢滩华人市场，说明中国开放后，大量涌出的移民导致海外华人社群急剧扩张，市场潜力无限。和互联网一样，中文电视媒体全球化将会推进汉语的国际化，从而提升汉语的语言地位。

b. 印刷媒体

海外中文印刷业的发展可追溯到百年以前。目前仍在出版的印刷媒体有500多种,其中日报和周报100多种,各类刊物230多种。过去十年间,中文印刷媒体最显著的变化即是出现了相应的网络电子版,使更多的读者能第一时间了解最新资讯,冲破了传统印刷媒体受限于时间和地域的藩篱。如今,互联网上的汉语日报、周报、周刊或周末版的报纸杂志林林总总,例如,www. people. com. cn[人民网]、www. infzm. com[南方周末]、www. zaobao. com[联合早报网]、www. yzzk. com[亚洲周刊]以及 www. chinatimes. com[中国时报]。

一个值得重视的趋势是,国际重量级的非中文媒体也推出网络汉语版,例如:BBC 汉语版(http://www. bbc. co. uk/china/)、路透社汉语版(http://cn. reuters. com/),旨在对广大中国境内外的华人展现西方视角。所有这些巨大的变化意味着汉语媒体已在全球初步形成一个跨地域、跨文化的信息平台,这对提升汉语的国际地位,加速全球化传播起到积极作用。

1.2.4 汉语目前的地位

中国强劲的经济增长与语言教学、信息科技、大众传媒等软实力在全球范围内的扩散,让世界感受到了中国的存在。与此同时,汉语快速向世界各地各个领域传播。《新闻周刊》(2005年5月9日)与《时代》杂志(2006年6月19日)分别特别报道了汉语全球化趋势,并着重讨论掌握汉语的重要性。美国金融投资大师罗杰斯(Jim Rogers)在其新书《中国很牛》(*A Bull in China*)中也告诫读者,"我能给你们的最好建议就是,让你们的子女、孙子都学汉语。这将是他们一辈子最重要的语言。”

汉语发展的速度的确惊人。以这个速度发展下去，假设中国在国际政治经济等领域都取得强势地位，在可预见的将来，汉语估计会像英语一样成为真正的全球语言。当然，以目前世界经济、政治、人口的发展状况来说，推测汉语将取代英语的重要性或许为时尚早。但可以肯定，汉语绝对有潜力发展成为继英语之后，另一个国际强势语言。

贰　全球汉语三大同心圈与国际汉语教学

2.1　全球汉语三圈理论

汉语纷繁的使用现状可以用卡奇鲁（Kachru，1985，1992）的语言三圈模式进行描述。根据语言在不同国家和地区习得和传播的方式，以及在居留地的功能域，该模型将语言的使用分为三个同心圈，即内圈（inner circle）、中圈（outer circle）及外圈（expanding circle）。汉语使用的三圈模式如下图所示：

图 4　汉语三大同心圈

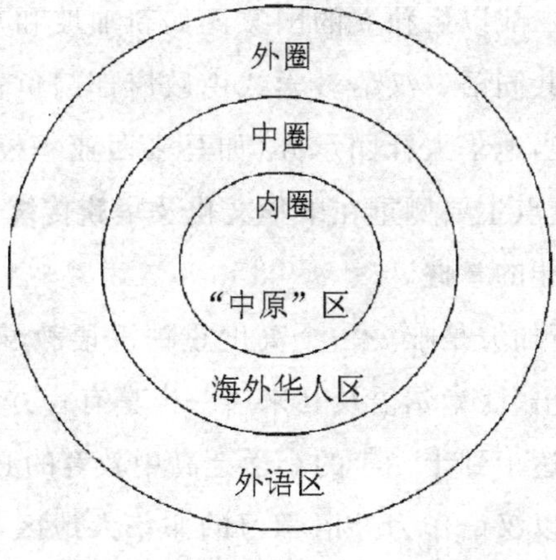

内圈指传统的“中原”地区,包括中国大陆与台湾地区。内圈的特点是汉语不但是行政(包括官方部门和私人企业)、教育、法律、传媒、科技、经济等各领域与正式场合的强势主导语言,同时也是多种方言背景下的国家共同语。尽管香港在1997年已经回归,但考虑到其复杂的社会语言环境、英国殖民地历史,尤其是当前汉语的实际用途,香港目前暂时还不能算作内圈的一部分。

中圈指在不同历史时期由移民所形成的海外华人社群。中圈的特征是多语社会。汉语在中圈从最初阶段就开始成为不同背景移民的共通语,之后又通过民办教育得以传播。由于各海外华人社群在历史发展、汉语教学背景及其同内圈的亲密程度上都不尽相同,因此汉语在各个华人社群中扮演的角色、汉语使用者对汉语的掌握程度也相应地有所不同。在美国、欧洲、泰国、菲律宾、缅甸及其他地区的华人社区中,汉语不是所在地的主导语言,它的使用主要局限在华人家庭和华人社团内部,汉语课程处于主流教育之外,由私人组织设立的华文学校提供,并在课外时间进行。所用教材通常由海外汉语机构提供,内容取材于台湾地区或中国大陆。

但一些在二战以后独立的国家比如新加坡和马来西亚,汉语是华人族群的共同语。汉语教学或由政府部门负责(比如新加坡教育部),或由当地华人社团承办(如马来西亚华校董事联合会总会)。其教学重点主要侧重在中华文化及华族传统价值观的传承,而不在语言技能的掌握。

在中圈,新加坡是唯一一个高度重视汉语教学的国家。华语在新加坡同英语、淡米尔语及马来语一样享有官方语言地位,而且是华族学生长达十到十二年的小学至高中教育的必修科目之一。

外圈是指以汉语作为外语学习的非华人地区,其范围包括日韩、北美、欧洲以及越来越多的将汉语列为大学外语课程的地区。外圈范围的大小可以是一种语言全球地位很好的体现，但是该语言的崛起原因还是要到内圈去寻找。内圈是语言传播的大本营，也是语言传播的源头。语言全球化的程度终究取决于内圈的实力能在多大的程度上传播到中圈和外圈。

这种实力主要从军事和经济两个方面得以体现。近十年汉语地位的明显提升是基于中国经济实力的增强。海外华人经济实力的提升有目共睹，汉语中圈已经被广泛认为是一股不可小视的经济力量。但是，从本质上讲，中圈并不具备在全球范围内提升汉语国际地位的能力。内圈经济实力的增长才是全球汉语地位提升的关键因素。过去二十年间中国经济的高速发展，像一块无法抗拒的磁石吸引着无数以其他语言为母语的人来学习汉语。中国的经济经历了三十年才走到了今天，这也解释了为什么汉语的全球地位近十年才得以突飞猛进的提升。这同时表明汉语作为全球语言仍处在起步阶段，还有更多相关的内部问题亟待解决。

2.2　国际汉语教学

国际汉语教学虽始于上世纪 50 年代，但真正大规模的学科发展却是在中国改革开放之时。80 年代，首批包括北京语言大学、北京大学、北京师范大学、复旦大学、华东师范大学、厦门大学、中山大学和暨南大学在内的中国知名学府相继恢复或开设对外汉语教学课程，大量招收外国留学生。从此，中国对外汉语教学的学科雏形开始逐渐形成。经过十几年的快速发展，对外汉语教学发展出了完备的课程体系和相应的教学资源，这为国际汉语教学崭新的“请进来”时代奠定了坚实的基础。

在"请进来"阶段,国际汉语教学的学生人数激增。这些学生主要是来自中圈和外圈的青少年和成年人。他们渴望更深刻地了解中国这个国家及其语言。这个阶段有几个特点:

第一,学习者的学习动机强烈、目的明确。留学生学习汉语的动机有两类:第一类通常称为"工具性动机"。他们的目标是学会汉语,能够与中国商业合作伙伴交流与沟通;另一类叫做"结合性动机"。他们希望学好汉语后能够在中国生活、学习和工作。

第二,良好的学习环境。留学生在目的语社会环境中学习汉语,无论在语言输入量、运用汉语的机会方面都比非目的语环境占优势。不管教学方法和教学质量如何,由于以上两个特点,学生的学习效果通常比较理想。

21世纪,在内圈对外汉语教学飞速发展的同时,中圈和外圈对学习汉语的热情也成燎原之势。此时,国际汉语教学从"请进来"时代步入了"走出去"时代。必须特别强调的是,由于各圈学习者的组成、学习条件、社会环境不尽相同,传统的内圈教学经验并不能直接应用于中圈和外圈。以新加坡华语教学为例,如今由于过半的小学生来自讲英语家庭,华语老师不可避免地要处理英语产生的语言干扰、负迁移等问题。另外,由于华文课是唯一以华语为教学媒介的科目,这导致学生在学校接触华语的频率远远少于英语。整个社会以英语为主导使学习华语更加艰难。学生能够使用华语的机会有限,致使华语熟练程度降低。部分来自讲英语家庭的孩子因在学习华语时遭遇种种挫折,甚至失去学习华语的动力。

从新加坡的情况可以看出,社会语言环境对汉语学习十分重要,中国境外的汉语教学效果与这些国家不同的社会语言环境息息相关。将内圈的汉语教学经验照搬到中圈和外圈并非明智之举,因此对中外圈汉语教学而言,因地制宜,寻找恰当有效的教学方法,就越发显得重要。

汉语国际化方兴未艾,汉语作为第二语言或外语习得的研究尚不充分。为了优化学习效果,应该在国际汉语教学研究及推广的各个方面加大资源投入,包括课程大纲的制定、教材的编写、教学及测试手段的改良。只有更加专业化和正规化,国际汉语教学产业才能应对汉语学习者日益增多的挑战。也只有这样,才能使国际汉语教学真正推动汉语的全球化。

叁 汉语国际传播的阻力

总体而观,强劲的内在经济动力和全球化的外在环境造就了汉语传播的良好条件。但是我们也应该清醒地看到,汉语在传播过程中还存在着一些不确定的因素和阻力。其中既包括一些语言内部的问题,也包括一些人为的障碍。

3.1 历史遗留的内部问题

中国大陆与台湾地区的历史对峙以及意识形态的分歧,导致汉语内部语码系统不统一。例如:简体字和繁体字、汉语拼音和注音符号的分歧。目前中国大陆使用的是简体字和汉语拼音,台湾地区使用的是繁体字和注音符号。书籍、报刊、词典、教材等在两地的版本都不一样。从母语教学的角度看,这些人为的差异可能对学习者的影响并不大,但是对从未接触过方块字的外国学习者就会造成不必要的学习障碍,直接影响到学习和沟通的效果。

简繁体字的分歧也反映在电脑编码系统上。目前电脑上使用的汉字编码系统主要是中国大陆的国标码[GB2312]和台湾地区的大五码[BIG5]。国标码是中国大陆1980年公布的,它是第一套简体汉字电脑国标代码,随后台湾地区也推出了繁体字的大五码。长期以来两者并不兼容,造成使用不同编码的电脑用户在浏览对方网页、阅读对方邮件时经常面临"乱码"的困扰而造成不便。虽然近年来国标码经过内码扩展和升级,开发出[GB18030]国家汉字标准系统,解决了近三十年来简繁体字识别、转换的问题,但是这套系统并没有被台湾地区所接受。这些人为因素对汉语的全球化传播带来了负面的影响。国际间交流最重要的是双方能够沟通并理解对方。该采用哪套系统标准并不由某一方决定。目前这种内部语码障碍问题只有通过两岸协商才可能圆满解决。

3.2 区域语言变体规范化引起的外部问题

由区域汉语变体规范化引起的外部问题也可能不利于汉语传播。语言在非母语环境下传播的必然结果就是产生区域变体,形成不同地域色彩的语言形式和用语习惯。区域语言变体如果置之不理可能产生跨区域沟通障碍,更有甚者,可能造成区域间的误解与矛盾。众所周知,语言与本土认同、文化认同息息相关。区域语言的规范化长期以来都是"说起来容易做起来难"的棘手问题。以英语为例,努力规范英语的尝试早在18世纪就开始了,然而从未成功过(Graddol,2000)。长达两个世纪的英美两种拼写系统并行的情况,足以说明各国都在有意地创造和维护国家语言认同。因此解决这个矛盾的努力最终将只是枉然。

从英语全球化的经验来看,在处理区域汉语变体的规范化问题时,要小心应对本土认同与国际交流之间的关系。然而,特别值得注意的趋势是：长期存在的语言、疆域、文化认同之间的紧密联系，目前正面临全球化的挑战，这对语言全球化的影响也相当深远。互联网之类的现代交流工具的盛行使语言冲破地域屏障，也使人际沟通变得更方便快捷。随着时间的推移，随着“地球村”的逐渐形成，地理疆界将变得模糊，而人类也会越来越认同地球公民的身份。如此一来，地区语言变体可能出现自我调整，最终形成一种混合语，替代所有区域变体，并为所有人广泛接受、使用。可能衍生出的这种混合汉语，也就是第一章提到的“国际规范汉语”，会有效消除疆域的阻隔与国家认同的羁绊，成为全球化的动力。

3.3 全球汉语服务业的品管问题

目前，全球汉语服务业面临教学课程质量控制不足、汉语教师供不应求、汉语水平测试缺乏一套通用大纲和国际标准等棘手问题。中国经济快速发展，使国际汉语教学课程和汉语教师需求激增。国际汉语教学作为一个产业，还处于发展的初始阶段，对突如其来的需求表现得措手不及，这导致世界范围急需合格的教师有效开展教学。由于缺乏专门的组织监督汉语服务业，汉语课程的质量以及学习效果千差万别，这样一来将会对汉语学习、汉语全球化产生消极的影响。

除了汉语课程水准不一，世界各地的汉语测试领域的竞争也相当激烈。汉语测评主要是为了评估非母语使用者的汉语掌握水平，通常是大学入学或工作申请的条件之一。由于这是全新待开发的领域，加上经济诱因，因此有越来越多的组织、大学纷纷设计自己的汉语水平测试，其中一些例子包括：

表 26 世界汉语水平测试

测试名称	英文简称	组织
汉语水平考试	HSK	北京语言大学
华语文能力测验	TOP	华语测验推动工作委员会
美国大学入学考试中文专科测验	SAT II	美国大学理事会
高中先修课程考试——中文	AP Chinese	美国大学理事会
美国大学生中文能力测验	CPT	美国应用语言学中心
国际文凭组织——汉语	IB Chinese	全球的国际学校
中国语检定考试——日本	CPT－J	日本中国语检定协会
中文沟通能力测验	TECC	日本中国语交流协会

没有公认的国际标准,致使各组织采用的评估准则、评分系统大相径庭,因此测试出来的结果,通常也只得到本国或特定小区域的认可。对以汉语作为外语的学习者来讲,没有一个像托福那样得到广泛认可的汉语水平测试,确实是很大的缺点。尤其是在全球化的今天,去异国求学、求职都变得非常普遍,因此要清除汉语传播道路上的各种障碍,就必须设定通用大纲和国际标准。协调出这样的标准并非易事,像"以谁的标准为标准"、"为什么采用该标准"和"怎样制定这样一套理想的标准"一类的敏感问题都必须认真思考,小心应对。

3.4 小结

近年来,由于中国崛起的冲击,汉语也顺势向世界各地传播,挑战英语独霸的全球语言地位。尽管汉语传播速度可观,但不可能立即取代英语成为唯一的国际语言,而且"在日新月异的 21 世纪，任何语言都不可能复制英语崛起的历史过程”（Graddol，2000：58）。

越来越多的语言学家认为，未来全球化社会即使不是多语社会，至少会是双语社会，越来越多的人除了精通自己的母语之外，至少会熟练掌握一门第二语言。

汉语全球化发展前景将取决于中国经济发展情形。如果中国经济继续稳健增长，汉语地位必将继续提升，汉语作为外语学习的课程需求也会持续上升，汉语全球化的进程会进一步得以巩固，在21世纪国际语言格局中，汉语将会具有相当的竞争力。

全球汉语的崛起对全世界汉语工作者来说是一个巨大的挑战。他们不仅要努力熟知各圈汉语使用者的特点，而且要为不同类型的学习者拟定不同的教学策略，以加速汉语全球化的进程。

第二节 本土认同与国际接轨的平衡点——新加坡的经验

壹 新加坡华语的定位

本节将从两个方面探讨新加坡华语的定位。一方面，具有本地特色的新加坡本土华语和杂菜式华语与内圈使用的汉语确实有很多不同之处。因而有了各种批评其“不标准”的声音。但是不容忽视的是，人们明知“不标准”，还是执意使用。可见本土华语及杂菜式华语必有其存在的价值。从心理角度讲，它是新加坡华人增强本土认同感的重要基石。从实用价值来看，本土华语及杂菜式华语是新加坡华人之间进行交流的有力手段。另一方面，新加坡华语必须在汉语全球化的浪潮中找到自己的位置。新加坡特殊的地理位置和它在东西方交流中所扮演的独特角色决定了新加坡华语不应也不会仅仅限于本土交流。为了保证与内圈甚至外圈进行有效、顺畅的交流，有必要对本土华语及杂菜式华语进行一些规范化处理。换言之，新加坡华语的规范化会有利于其在国际交流中的作用。

1.1　新加坡本土华语及杂菜式华语的存在价值

选择讲标准华语或新加坡本土/杂菜式华语，其实是带有极浓厚的族群认同感情。但是与其陷入纠缠不清的优劣意气之争，不如理性地借助社会语言学的学理辩证，检验新加坡本土华语及杂菜式华语到底有无存在价值？华语是否只能定于一尊？华语教育或媒体工作者是否真的要视这些华语变体为“洪水猛兽”赶尽杀绝？

1.1.1　新加坡本土华语及杂菜式华语存在的必然性

首先，我们一定要认清华语并非一种单质性的语言，而是内存不同性质的语言变体。由于政经、移民等因素，形成今日的北京汉语（普通话）、台湾汉语（国语）、新加坡华语以及世界其他地区的汉语。但是在这多元的全球汉语圈中，除中国海峡两岸拥有普遍使用汉语的环境外，包括新加坡在内的其他海外华人地区所使用的汉语都不免混入当地的语言。

其次，本地华语学习者并非处在真空状态，家庭中常用的华语方言及本地通行的马来语、英语无法被隔绝，它们不断地影响华语学习者，终于衍生出新加坡本土华语甚至杂菜式华语的特质，进而得到本地华人潜在的政治与文化认同。总之，在多语言环境下，经过政经、地理、文化等外在因素的长期衍变，新加坡华人使用“独树一帜”的新加坡本土华语和杂菜式华语是十分自然的，本地人实在不必因为这些语言“渣滓”而妄自菲薄。

当出现语言变体时，人们总以好坏、对错两极的价值标准评断各种语言变体。而这些价值评断，其实无法从语言变体本身找到证据来回应，人们的评断其实是反映他们自身主观的意识形态。我与学生陈碧珊曾以新加坡小学华文教师与南洋理工大学国立教育学院中文系大四学生为对象，调查他们对各种华语变体的态度，从中就可以看出部分新加坡人对这些语言的意识形态。

调查显示，在语言变体本身特质方面，受试者在“句法正确”、“语音标准”项目上给予北京标准汉语和新加坡标准华语正面肯定，新加坡本土华语与新加坡杂菜式华语则取得负面评价。至于在工具价值方面，受试者对北京标准汉语、新加坡标准华语在“政治影响”、“实用价值”项皆持正面态度，对杂菜式华语则给予负面评价。至于在语言变体的情感方面，受试者在“优美自然”项目上评定两个标准变体高分，两个本土变体低分，这意指前者为优美自然的高阶变体，后者则为粗俗拗口的低阶变体。同样在使用者态度方面，受试者在权势量的众选项（自信、威望、学养、学历）上也给予两个标准变体高分，两个本土变体则取得低分。不过特别值得注意的是：在共聚量的选项（感觉亲近、风趣幽默）上，受试者赋予新加坡杂菜式华语使用者高分，其他变体的使用者则偏向低分。

我们可以清楚地看出两个标准华语变体在语言的标准、工具价值、权势量方面都取得高分，但是在共聚量项目却偏低分，而两个本地土产所取得的分数正好相反，较具亲和力和认同感。而这也解释了为什么新加坡高层反对使用土产杂菜式语言，但使用该类语言的电影《钱不够用》或电视剧《鬼马家族》仍广受欢迎,引起大部分人的热烈共鸣。

1.1.2　杂菜式华语与开放“中国属性”

新加坡的讲华语族群与讲英语族群在对待本土华英语长期发展出来的区域语言特征的不同态度,颇耐人寻味。英语学界在处理标准英语与本土英语的分野时并无高低之分,甚至积极整理新马地区常用英语词语,介绍给国内外英语学界。例如由联邦出版社、阁楼哈乐出版社与新加坡国立大学英国语言文学系共同编纂的《时代阁楼必备英语词典》(简称《时代》),就考虑到新马地区英语学习者的需要,特地添加 1000 个本地区常用英语词条,让学习者借以分辨国内与国外地区英语的应用。

相反,新加坡华语教学界终日以中国社会科学院语言研究所编纂的《现代汉语词典》为圣经,不但无法编纂出一本收录新马华语适用于本地区学习者的华语词典,本地华语报章还不时可以看到部分学界人士忧心忡忡地执笔“指责”不合乎正统的新加坡本土华语,其中 1998 年年初《联合早报·交流版》上刊载的诸阳《坚持讲标准、规范华语》一文颇具代表性。他在文中断言:“那些在新加坡待的时间越长的中国人,其华语的‘新加坡化’却越严重了。他们的(华语)表达法走上了改正归‘邪’的轨道。”这种将新加坡本土华语视为邪道的心态,对比英语学界努力研究新加坡本土英语的自信做法,实有天壤之别,而背后隐藏的文化意识形态,是否正因为本地受英文教育者力图与欧美殖民母国平起平坐,而受华文教育者却仍孺慕正统中原文化,自惭南洋多化外之民呢?

其实,鼓吹讲纯正标准华语的新加坡人纯属少数,或限于特定行业(尤其集中于华文教学与媒体界),他们绝对不能与充斥街头市井的讲新加坡本土华语的主流社会相抗衡。所以中国“新新移民”余尤红也在《联合早报》上投书《讲标准华语？不如入乡随俗！》，谈到在长期遭受本地“老客”华人的讥讽，例如他用“碍耳”的京片子点菜，致使“八宝豆腐”被误为“沙煲豆腐”，而老客认定他那口带有很浓“中国腔”的标准华语正是罪魁祸首，加上累积其他中国朋友求职交友不为本地人认同的经验，这些“人在屋檐下”的中国新新移民，不得不与英美人士一样入乡随俗，讲起“老客”间风行的本土语言。

然而，并不是每个人都能设身处地地考虑到海外华人“身在何处”的实际处境。中国作家王安忆在一个关于汉语问题的座谈会上，曾公开表示她“为新加坡担心的是在于它没有一个彻底的纯粹的语言”，并认为“新加坡的问题并不是说不说华语的问题，而是它必须要有一个完整的语言的问题。这语言应当不仅是工作的、科技的、实用性功能的语言，还是文化的、情感的语言。所以，假如它能够将英语掌握得如同英语社会那么纯熟与精深，就不必非要说汉语”。（王安忆，1996：218）

王安忆建议没有能力讲纯粹华语的新加坡华人干脆放弃汉语，努力改学纯正英语，她内心充满着对使用混杂语言的新加坡华人的怜悯（或鄙视）。这些尊崇“正统”的中国人无法了解新加坡华人为何不要求自己讲一口“标准”、高纯度的汉语或英语，甚至还自认中英夹杂的语码为本土特色①。他们无法了解本土化的语言夹

① 对于新加坡式的英语大行其道，新加坡政府虽然承认这是新加坡多种语言接触的自然结果，但认为这不利于与讲英语的世界接轨。于是自2000年开始，新闻及艺术部每年举办“讲正确英语行动”（Speak Good English Movement），并以“Speak Well. Be Understood”作为宣传标语，借此打击新加坡式英语，以鼓励新加坡人讲正确英语。

杂现象,其实正反映多元文化的本质,身具多元文化属性的人不见得比单一属性的人低下。不觉得"羞愧"的新加坡或其他海外华人,甚至认为自己可以善用跨边界的游动优势,"颠覆"原来祖国或当地国的语言霸权,创造多种文化或历史诠释的可能性。

以活跃于国际剧坛的新加坡剧场导演王景生为例,今年六月他受委托策划德国柏林"正在过境"(In Transit)艺术节;紧接着他导演的音乐剧《牛郎织女》也在美国林肯中心开演;他的最新作品《寻找:哈姆雷特》(*Search: Hamlet*)近日也在丹麦成功演出。王景生接受新加坡华文媒体专访时却表示,他渐行渐远后,越发感觉到本土化的必要。他说,在国外看戏,当演出能让他更了解作品来源地的情况时,往往特别感人,而"我的作品,也在叙述我所来自的地方的人类处境"。[①]

兼通中英双语的王景生正是因为他杂质的新加坡本土特色,才能在国际剧坛占有一席之地。再以在美国声名大噪的华裔美籍作家谭恩美(Amy Tan)、徐忠雄(Shawn Wong)、汤亭亭(Maxine Hong Kingston)、赵健秀(Frank Chin)等人为例,他们的作品以英文为主要基调,书写漂泊离散、喜忧参半的华裔家族史,其中大量出现斜体拼音式的华语、中国俗语或俚语,这种杂质英语明示了使用语言的主权及创造语言的能力。他们自外于"标准"英语的书写,容许不同的声音发表不同的意见。华美作家的作品说明了族裔属性及语言应该无所谓标准或单一[②]。

如果说以标准华语作为检验"中国属性"纯度是语言霸权,以

---

① 《联合早报》2002 年 9 月 9 日艺苑版。

② 有关华美文学的论述,参酌张琼惠(1997)。

传统中华文化为量尺更是缘木求鱼的做法。“中原文化”本身就是不断演化的,它曾因五胡乱华、五代十国、元、清等异族入主中国,形成不同历史时期(例如:东汉的洛阳文化、北宋的东京文化、清朝全盛时期的北京文化)的文化特质。自19世纪中叶,中国被列强的坚船利炮敲开大门后,从维新到五四运动的百年反思中,西方民主科学的思潮成为中国现代化的最大动力,中国共产党更彻底接受起源于欧陆的马列主义,还曾发起运动破除四旧(旧文化、旧习惯、旧风俗、旧思想)。以正统“中原文化”为名的中国属性早已沧海桑田、几番更迭,海外华人移民又怎么可能寻回梦中那飘渺的原乡?

不必讳言,因新加坡建国初期的政策,导致年长一辈的受华文教育者至今仍存有被镇压的阴影。而被边陲化的他们,也只能以“数典忘祖”反击受英语教育的主流族群,镇日忧心于华族母语及中华文化的流失,会影响年青一辈的种族认同意识(李元瑾,2002)。这个撕裂的旧伤痕必须被正视,简单响亮的爱国口号,或回归传统中华文化的梦想,都不可能让伤口愈合。其实,唯有尊重多元文化的差异,让中国属性成为开放的身份意符,才是最后可能和解的方案,对新加坡的讲华语社群/讲英语社群如此,对海外华人/中国人也同样适用。而新一代新加坡或其他地区的华人,族群认同已不同于他们的祖辈,不管是王景生或谭恩美,都得重新寻求自我的文化定位与认同。

中国属性的意义并非单一及一成不变,更不存在预设的正统实体。中国属性不该以中心及边缘的远近关系,简单地按照华语能力或本土化程度区分高下。它应该开放为中国及海外华人共有,而且需要跟着个人或群体与环境、经验的相互作用,不断重新被界定、被表达(Ang,1992:53;潘翎,1998:114)。或许新加坡人的华语程度有高有低,但他们都可以很自信地表明自己是“新加坡华人”,也不会因此对自己的文化源头何在而感到困惑。新加坡华人不必像其他地区的华人移民常常困扰于会不会说纯正的中国话。从这个意义上讲,杂菜式新加坡本土华语的存在丰富了中国属性的内涵,更让它多了份务实弹性及创造活力。

1.2 新加坡华语变体规范化探讨

如上所述,在新加坡华语与英语都不是单质性的语言,内部都存有不同性质的变体。单就华语变体[①]而言,大体上可分为:“新加坡标准华语”、“新加坡本土华语”、“新加坡杂菜式华语”以及外来的“北京标准汉语”。

在探讨新加坡华语规范化问题前,我们需先肯定语言规范化是一项必要的工作。在跟世界其他华人地区的人交流时,讲标准华语确实会更简易有效。不过,我们必须清楚地认识:所谓的“标准语”只是个理论上的术语和理想。这是因为“标准语”其实是个因时、地而异的相对值概念,在现实社会中是难以具体实现的。换句话说,随着时间的迁移、环境的变迁和使用社群语言习惯的改变,“标准语”也会做出相应的适当调整,而不是一成不变的。

中国“国语推行委员会”在1932年公布以北方官话为国语的基础方言;中国大陆在1955年的“全国文字改革委员会议”和“现代汉语规范问题学术讨论会”规定普通话以北方话为基础方言,以典范的现代白话文著作为语法规范。问题是北方官话的规范语法

---

① 有关新加坡华语变体的分析,参酌陈碧珊(1999)。

是什么？何种典范的现代白话文著作才是标准？规范语法到底是应该根据几十年前的早期白话文著作为基准，还是以现在的北方的口语语法为基准？何况，早期制定的句法标准经过几十年时间变迁肯定有所变化，现在可能需要重新修订。可见目前所谓规范汉语句法"都只是在理论上存在的抽象物，从来就没有标准说话者可当模范"(李英哲，1988)。

但这并不表示我们提倡"无标准主义"，而是我们应该考虑到语言的适当性和有效性。值得注意的是，来自不同华语言族群的新加坡华人真正的母语(或称第一语言、本族语)应该是祖籍华语方言，而新加坡政府却特别选择华语为华人的母语教学媒介语与华族共同语(而非当时新加坡最通行的华语方言闽南话)，很明显是要便于与前述的全球汉语圈交流，也因此在课堂或传媒上，不断强调为了能与汉语地区(包括中国大陆、台湾地区)进行文化交流以及商业交往，一定得向规范汉语靠拢。

此外，从语言学的角度来看，世界上的语言及其变体都是一律平等的，并无优劣、好坏、高低、对错、美丑之分。因此，所有对各语言变体的两极价值判断，皆是社会所赋予的，与语言或其变体本身无涉。我们有了以上基本的概念，才可以正确地看待杂莱式华语与标准华语在新加坡社会的互动与影响。

1.2.1 规范化的准则

我们可从四个不同的角度来探讨规范化的准则：

a. 钦定主义与描述主义

语言的"钦定主义"(prescriptive approach)指的是把语言看成是一个固定不变的系统。从这一观点出发，语言的语音、词汇和句法特征以一套规定的系统为标准。这类语料规划(corpus planning)的做法,被看成有助于建立共同语(例如:标准汉语、标准英语),以促进彼此间的交流和信息的传递。

然而,从“描述主义”(descriptive approach)的角度而言,语言和社会与文化有着密不可分的关系。语言是社会与文化的表征,是用来描述社会与文化的载体。由于在现实生活中这三者都不是处于真空的状态,它们在持续不断的发展和变化的过程中,就形成不同地域色彩的文化和语言特色(例如,新加坡本土华语词汇:巴刹、组屋等[①])。换句话说,各种语言变体的产生,都有其社会与文化的历史为背景。正因如此,语言的变异和语言的规范化就成了一对矛盾的统一体:语言变异的存在展示了社会文化的真实面,同时却又需要面对语言规范化的问题。

因此我们必须认清,以同一个标准把所有的语言变体相提并论,是不明智且不合时宜的观点。举例来说,新加坡华语里的各个变体在性质上有着根本的差异,代表了不同的社会特征,我们理应针对其使用场合、使用对象和课题的不同,以不同的标准来衡量。

b. 本土标准与外来标准

在选择规范化的准则时,往往基于现实的需要加以考虑,大致可以分为由外引进的外来标准(exonormative standard),和以具有相当稳固本地基础的本土标准 (endonormative standard)两种做法。前一套规范标准关注对外的交流,而后一套规范标准则以保留本土意识为主。

华语是新加坡社会的官方语言之一,以北京标准汉语为规范

① 有关新加坡本土华语词汇特征的描述及其与中国大陆普通话、台湾地区国语与香港地区中文的差异,参酌汪惠迪编撰的《时代新加坡华语特有词语词典》(1999)。

的变体确实有助于促进新加坡讲华语社群与世界其他华人地区的交流，而具有高度沟通性的新加坡标准华语，不但带有本土文化意识，还与北京标准汉语保持相当的共同性，也一样可以充当本地华人和其他地区华人沟通的媒介。

至于新加坡本土华语和杂菜式华语，我们也不可全盘否定。这点在前文（本章“第二节 1.1 新加坡本土华语及杂菜式华语的存在价值”）已有讨论，不再赘述。值得一提的是，即使是身在海外的新加坡华人，也颇注意保留本土口音，而不会一味模仿“标准汉语”的口音，这就显示了新加坡华人的自我认同。

因此，我们建议，源自本土的新加坡华语变体和外来的北京标准汉语应该同时并存于新加坡的使用环境中，使各个变体得以在各自的使用领域里发挥不同的语言功能。如此一来，规范化的准则便是分层次地把多种标准并存于社会中，这才是合乎新加坡华语使用环境的适当处理方法。

c. 书面语体与口头语体

由于使用形式与情境的不同，各种汉语变体都可以发挥不同的语言功能，这可直观地表示为图 5（其中纵轴表示情境的正式度，横轴表示语体形式）。

如图 5 所示，北京标准汉语与新加坡标准华语多用于正式的情境，如学术研究、政治、经济、法律领域以及与世界其他华人地区的沟通与交流上。这类语言的规范要求高，且多采用书面语体形式。也有以口头语体形式出现的，例如：学术讲演与时事新闻的播报等。

新加坡本土华语与新加坡杂菜式华语两个变体则是以非正式场合的口头语体形式为主。由于其本土成分浓厚，因此时常出现

图 5　新加坡华语变体使用情境

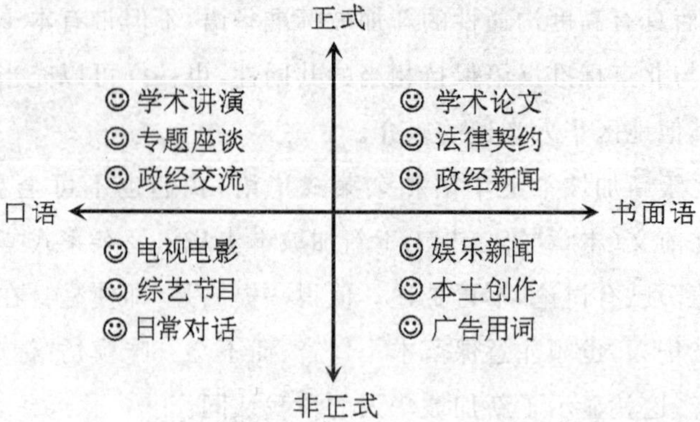

在本地华人的口语中，作为促进圈内人在日常生活里交际的用语，也常被应用于娱乐新闻和消闲节目上。本地的流行歌曲和通俗娱乐杂志有时也运用这两种变体，以达到娱乐和修辞的效果。

d.　高层语与低层语

高层语(acrolect)与低层语(basilect)原是多语社会对语言变体所作的区分。在以讲英语为基础的多语社会中，学校里教的语言是标准英语，教育程度高的人所讲的话接近于标准英语，即高层语；没有受过教育或只受过一点教育的人所讲的话是混杂度高的低层语；其他人所讲的话介于两者之间，即中层语(mesolect)。

新加坡社会中各种华语变体使用情况与此类似。北京标准汉语是各种汉语变体的“母体”，在全球汉语中处于最核心的地位，具有最为广泛的沟通性；带有本土意识的新加坡标准华语是与北京标准汉语最接近的变体，也是新加坡华族社会的共同语；而新加坡本土华语和杂菜式华语，则是新加坡多元语言社会特征的产物，二者皆以标准汉语为基础，但在语音、词汇和语法上带有浓厚的本土色彩或夹杂其他语码。新加坡学校所教授的是标准华语，在各种学术、政经活动中也主要采用标准汉语。因此，教育程度越高，社会地位越高者，接触标准汉语的机会也越多，其语言使用也较接近标准汉语，也即所谓的高层语。反之，没有受过教育或低教育程度的人则较常使用本土华语或杂菜式华语，相应地可定为低层语。其他人所讲的介于两者之间，称为中层语，简单表示如下：

图 6　高层语与低层语

语言变体	说话者
高层语	社会地位和教育程度较高者
中层语	
低层语	社会地位低的文盲或低教育程度者

在新加坡，华语仅仅是一门学科；英语则是主要的教学媒介用语，也是政治、经济、法律等领域的主要用语。因此，受强势英语的渗透影响，本土华语、杂菜式华语的存在在所难免。倘若单以标准汉语为规范的样本，要受教育程度不一、甚至是来自不同语言源流的新加坡人讲标准华语，这种做法本身就是不切实际的。

由此可见，要清楚地界定规范化的准则绝非易事。在确立标准的过程中，我们必须考虑许多事项：采用钦定主义或描述主义为准则、采用外来标准或本土的标准、确立书面语体与口头语体和划分高层语与低层语等。总之，新加坡推广华语理事会在推广标准华语之余，应求同存异，考虑目前与未来的需求，作出适当的调整。

1.2.2　新加坡华语变体的规范化

我们认为新加坡华语变体的规范化可以从以下两方面进行：

a.　依语言变体的功能分工使用

语言变体的功能既然是根据其使用场合来分配，我们便可以依照其功能来制定规范的准则。我们可先把华语变体分为正式体和非正式体两大类,再进一步探讨其各自的标准。经过此划分之后,属于正式变体的有:北京标准汉语和新加坡标准华语,而属于非正式变体的有:新加坡本土华语和杂菜式华语。

北京标准汉语和新加坡标准华语的主要特点在于二者均是高度规范的汉语变体。因此,这两个变体可作为促进国际间交流的正式用语。至于在社会中属于较正式的情境,如政府部门的行政工作、报章的时事新闻、电台的时事节目,都可以选用这两个变体作为交际的媒介。此外,华文教学也应以新加坡标准华语为依归,不但可用它进行汉语教学,更须以它作为规范的书写语体检测学生语言学习的能力。

对于新加坡本土华语和杂菜式华语,就目前的情况而言,其功能仍然停留在非正式场合的口头语交际上。其实,这两种变体的口头交际功能,正是其“生命力”所在。在非正式的语言情境中,例如:巴刹(指市场)、小贩中心和邻里杂货商店等,这两个变体显然比以上两个高度规范的变体更为人广泛使用。而且,本地的媒体在处理通俗、娱乐的报道时也使用这两个变体,借此拉近与读者之间的距离或提高新闻的娱乐效果。可见,我们对这两个变体不应过于要求高度规范,因为这毕竟是使用于非正式场合的口语交际汉语变体。

多数新加坡华文教师都认为新加坡本土华语和杂菜式华语极不规范,对这两个变体采取排斥的态度,而完全忽略其交际的功能。事实上,全方位语言能力的培养不应该忽略口语交际能力的训练,更何况使用新加坡本土华语确实有助于口语交际和信息传递,也可视为培养本土意识及促进本土认同的一种手段。

综上所述，正式的标准汉语变体和非正式的本土华语变体的规范准则，可依照各自的语言功能加以明确的分工。我们只有灵活地处理各华语变体的规范问题，才可兼顾内在与外在的需求，从而得到双向的受益。

b. 依语言变体的使用者划分规范内容

根据语言变体的使用者来作为其规范的内容，也可进一步把各汉语变体划分开来。依语言使用者来划分，北京标准汉语和新加坡标准华语的使用者多为从事特定专业工作者，例如教育工作者、学术研究员或时事新闻从业员等，这两个正式的汉语变体可谓汉语知识分子专属的语言变体。

反观，新加坡本土华语和杂菜式华语的使用者则是经常讲华语的人士，不论是受过高深教育的知识分子或是受教育不多的华人，都经常在非正式场合使用，这可说是属于大多数讲华语族群的变体。

1.3　小结

处于海外华人区的新加坡华语，必须兼顾本土意识与外在沟通性需求，不能只顾规范化而一味否定本土华语变体的存在价值，其规范化的尺度必须适当地调整以兼顾这两方面的内容。

一方面，我们得采取谨慎、稳妥、尊重、宽容的态度让新加坡本土华语及杂菜式华语顺着自然的趋势发展，只要不影响交际、不会造成任何误解，我们就不要轻易去排斥，也不必急于去纠正，让新加坡本土华语及杂菜式华语成为培养新加坡华人的本土意识及促进他们的本土认同的有力手段；另一方面，这种不合规范的华语句法对新加坡人在国际间的文化交流确是一种障碍，所以作为教学媒介语之一的华语,基本句法结构必须以北方官话的句法为准则,但也应该采取一种灵活和务实的态度,在执行时有某种程度的弹性。

新加坡华语变体依据其使用情境的不同而有各种不同的语言表达形式,这完全不违背语言发展规律。唯有如此,新加坡华语方可在保存其区域语言特色的同时,将新加坡在华语变体规范化方面所积累的宝贵经验,提供给其他背景相似的国家借鉴,这对加速全球使用汉语地区之间的沟通,也起着直接又正面的影响。

贰　新加坡在全球汉语教学中的定位

全球汉语的崛起,虽然带动中圈与外圈学习汉语人数的剧增,然而,全球汉语毕竟是晚近的现象,许多以汉语作为第二语言与外语的教学研究亟待开展[①]。例如:因为内、中、外三圈学习汉语的环境与经验并不相同,外圈与中圈学习者所面对的汉语学习问题并不一定是内圈学习者的语言学习障碍。例如部分来自以英语为主要家庭用语的新加坡华族学生,在学习华语的过程中,无可避免地必须面对英语的干扰[②]。因此,新加坡的华语教学工作者必须采取不同于中国的教学策略,来满足当地不同类型学生的需求。不仅是教学法,华语作为第二语言的学习者(外圈和中圈)对教学工具、教材也都有别于第一语言学习者(内圈)的要求。

身处中圈的新加坡,特别能体会推广全球华语过程中的种种语言屏障与学习者面临的难题。因此,新加坡应利用这一优势,积

① 有关汉语作为"第二语言"教学应成为自主学科的探讨,参酌 Teng(2000)。

② 参酌 Goh & Ng(1999)对新加坡教育部特别为华语能力差的学生而开设的华语 B 课程的分析。

极担任内圈与外圈的沟通桥梁，主动整合全球汉语圈。

2.1　打造新加坡成为国际汉语中转站

在汉语全球化的大环境下，以专为汉语作为第二语言或外语学习者而设的“汉语水平考试”为指标，这个考试至2004年底已在中国大陆设立56个考点，在全球38个国家和地区设立了100个考点；截至2005年12月，已有来自120多个国家的100万人次参加了考试(数据源自汉语水平考试官方网站)。另外，全球已有85个国家的2100余所大学开设汉语课程，学生近3000万。以汉语作为第二语言/外语的课程设计、教材开发、教具制作、师资培训等周边市场的商业潜力，也非常可观。

瞄准全球迅速成长的汉语教学市场，大中华地区的中国大陆已有300余所大学设立对外汉语学院；每年接收外籍学生七八万；对外汉语教师则有5000多人。而台湾地区的大专院校近年更极力抢攻这个对外汉语教学市场。

至于新加坡，虽然各公立、私立机构近年也努力开办短期华语课程(例如：中华总商会企业管理学院文化语言中心就开设了各类成人华语课程，每年招收近千名学员)，但相对于第二语言/外语教学巨大的市场潜力，新加坡的投入显然是杯水车薪。

海外汉语学习市场在不断扩大已是不争的事实，此时新加坡人当务之急是正视新加坡特殊的地理社会环境，并找出在多元语言环境下华语作为第二语言或外语学习的有效策略，而非迷信中国大陆或台湾地区的汉语“正宗”灵丹。新加坡应把握时机，以多年珍贵的海外汉语教学经验为基础，充当各汉语圈研究学习的交流平台。广邀内中外三圈专家学者，探讨影响汉语国际传播的诸多问题，就第一语言与第二语言学习、繁体字与简体字、注音字母与汉语拼音、大五码与国标码、译名统一等议题，进行建设性讨论及提出解决方案，相信这样才能加速全球汉语圈的沟通与整合。

新加坡要在方兴未艾的汉语全球化浪潮中大展拳脚，应当从教学法、教材和师资培训三个方面入手。

首先，新加坡必须凭借自身特殊的语言环境，发展出一套行之有效的汉语作为第二语言的教学法。相对于以汉语为主要工作语言的海峡两岸地区，新加坡社会以英语为主要工作语言，这个“弱点”常让有意学汉语的外籍人士视新加坡为次等选择。如果不想再捡拾汉语教学市场的残羹剩饭，唯有本地汉语教育界发展出一套颇具特色的对外汉语教学法，才有可能反败为胜。

其实，冷静回头检视新加坡自身的强项，作为国际化程度极高的区域枢纽，截至2001年底，在新加坡的6000多家国际企业中，就有六成在本地设立区域总部。这些从事化学、电子、工程、生物科技、资讯通讯、供应连锁管理及商务服务的跨国公司，让新加坡成为外籍人士在亚洲的荟萃之地。而这群在新加坡工作的外国人，就可成为新加坡对外华语教学机构的招生对象，同时也是很好的教学试验对象。针对他们的实际需要，教学相长，发展出一套具有本土特色的华语作为第二语言或外语的教学法，自然能水到渠成。

在尝试建立这种特殊的教学法时，我们首先要认清新加坡在整个汉语圈的位置。如前所述，新加坡位于汉语圈的中圈，与内圈的大中华地区在汉语使用情境上有相当的差异。前者以英语为主，汉语为辅；后者则以汉语为主，英语为辅。因此，我们不妨充分应用本地主导工作语言英语，作为外圈学习者初始阶段学习华语的辅助工具，同时再结合成人学习语言重分析、轻记忆的学习策略，设计出华英双语的教材及其相关的语言操练活动。

这种华英双语并用的教学法（第四章将进一步论述说明）将能使新加坡的“弱点”转为强项，让华语从零起点开始的外圈人士，借助原来熟练的第一语言，很轻松地踏出学习华语的第一步，并凭新加坡的双语华语教学特色，建立起本身独有的市场。当然，这类课程必须由兼通双语的受训华文教师指导，否则恐怕无法达臻预期的语言学习效果。

针对外圈学习者的特点，本地的华语课程必须采取日常生活交际功能（包括打招呼、介绍、询问、请求、说明、通知、转述等）与语言技能（包括语音、专业词汇、语法、汉字、语用等）相结合的教学方法，让他们一方面能在实际生活中学以致用，同时又能灵活地掌握基本语言规律。

其次，新加坡必须开发出真正适合外圈学习者的华文教材。中国海峡两岸地区因政治或者文化认同的目的，一向积极经营海外汉语市场，尤其是欧美各地的侨校与中文学校。但这些中文学校大多照搬“母国”教材与教学法，并以中华文化传承为主旨，忽略汉语乃海外华裔学习者的第二语言，教材内容大多也与移居地的生活脱节，很难引起学习者对汉语的兴趣，尤其是汉语对从小生长在海外的第二、三代华裔学习者已属第二语言，中文学校的仿“内圈”教学效果也就大打折扣。

这种脱节现象在新加坡华文教材中也有所体现。这是因为这些教材[①]多半也是参考内圈的中国大陆《语文》、台湾地区《国语》

① 例如：新加坡教育部课程规划与发展署编写的《小学华文》、《中学华文》、《中学高级华文》；台湾地区侨务委员会出版的《幼童华语》、《儿童华语》、《初中华文》、《高中华文》；中华人民共和国国务院侨务办公室委托暨南大学华文学院编写的《中文》教材。

的教材,内容以“文以载道”为主轴,并以编选的范文(例如:以强调“人要做有用的人,不要做伟大、体面的人”的许地山《落花生》与歌颂父爱的朱自清《背影》)作为“传道”的教材。同时,相关的教材也致力发扬中华文化“国粹”(例如:现代汉语“古董”:成语、谚语、歇后语;经典唐诗;民俗艺术:舞狮、剪纸、中国结、篆刻等),并把华文课当成认识中华节庆(例如:农历新年、中秋节、端午节)的平台。

但是,身处中圈的新加坡人毕竟比同圈的海外华人幸运。华裔学子必修华语被视为国家教育政策重要一环,并有国内外专家学者针对华语作为第二语言的教学法进行研究。新加坡经长期独自摸索所编撰的华语教材,纵然许多缺失有待改进,但毕竟不同于内圈推出的各类华文教材。这是专为多语社会需求而发展的,其独特性国人绝对不可妄自菲薄。新加坡在这方面所累积的宝贵经验,对中圈的海外华人或外圈的非华人学生都是学习华语的重要借鉴,有极高参考价值。如果善加利用,新加坡一定可以编制出适合各类外圈学习者的教材。这方面最有潜力的是为初学者设计的起步教材。具体而言,为了让这些初学者活学活用,教材可适度加入新加坡特有词语与本地生活情境,而非在“传统中国文化”内画地自限。当然为了让学习者日后能进一步与内圈沟通,也应适度补充与中国政经社会相关的华文辅助材料。

最后,在双语师资培训方面,南洋理工大学国立教育学院中文系作为新加坡唯一的华文师资培训基地,近年来为新加坡中小学培养了大量的华文教师。这些教师接受的专业训练与中国两岸三地的汉语教师不同,他们在教导新加坡家庭语言背景各异的学生后累积了独特的教学经验。在汉语全球化的今天,这样一批拥有双语能力的高素质华文教师,相信在世界各地都是广受欢迎的。

因此，就培养华语作为第二语言的专业教师而言，新加坡华文教师培训机构十分有希望成为全球双语师资的重要基地，特别是内圈的对外汉语教师。

以上谈及的三个方面内容可以总结为下图：

图 7　新加坡在国际汉语教学中的中转站地位

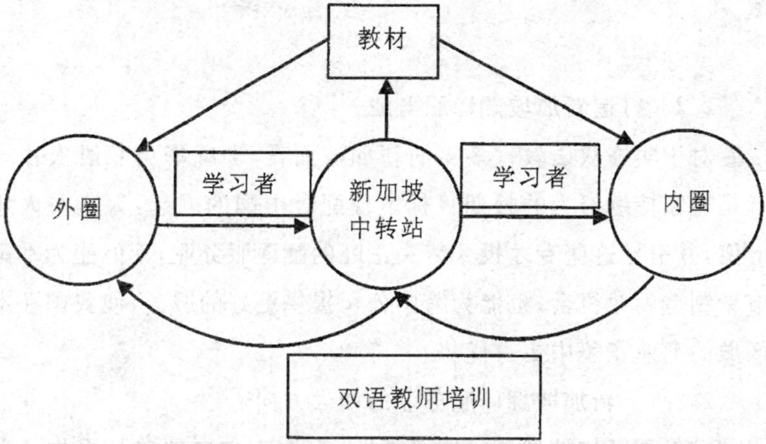

如图所示，新加坡在国际汉语教学的三个方面都可以起到中转站的作用。新加坡优良的双语环境为外圈学习者进入内圈提供有利的跳板。外圈学习者经由中圈转入内圈的学习效果会远胜于直接进入内圈。同样地，来自内圈的对外汉语教师可以在新加坡先行适应英语生活和工作环境，学习有效的双语华文教学法，对其日后在外圈开展教学大有裨益。另外，新加坡依据本地实际教学经验打造的华文教材，既可以在外圈的中文学校使用，也可以在内圈的对外汉语教学中得到应用。

新加坡拥有相对优势的英语和华语环境，东西方文化在此汇聚。正是由于拥有良好的双语环境，华文媒体和英文媒体都很活跃,华族家庭的语言背景也各不相同,既有以华语为家庭常用语的学生,也有以英语为家庭常用语的学生,这都为华语作为第二语言研究提供了多元的研究样本和“实验室”。因此,新加坡华语教学学者应该充分利用这一“天然”优势,在华语教学研究上下工夫,努力提升研究水平,使新加坡成为海外汉语作为第二语言的研究重镇。

2.2 打造新加坡翻译服务业

对于实施双语教育多年的新加坡而言,训练华英双语人才本就是国家持续努力的长期目标。现配合中国的崛起,为这些人才增值,并引导这些专才投入势头正旺的翻译服务业,不但能为本国市场制造就业机会,也能为跨国公司提供更好的服务,使我国在本区域的商业竞争中更占优势。

2.2.1 新加坡翻译服务业的两大方向

在发展新加坡的翻译服务业时,有两大方向要确切把握。首先应树立专业形象,以袪除本地翻译工作者为兼职业余性质的刻板印象,进而将新加坡发展成为翻译服务业的区域枢纽。换言之,翻译服务业必须在达臻一定的经济规模下,才能进一步形成产业聚落,成为区域媒体总部、跨国会议等相关行业的独特立基点,吸引相关外商来新加坡投资,或让现有的跨国企业加码投资。

第二个方向是先以华英翻译服务领域为核心业务,倘若我们能发挥本地华族的双语优势,加强资讯、科技、医药、专利权、商业、媒体与艺术等领域的华英翻译服务,将能使新加坡发展成为华英翻译服务的区域枢纽。除此之外,新加坡的翻译服务业还可继续利用本地其他种族的双语优势,进一步为跨国公司进军印度、印尼等区域国家提供所需的服务。

2.2.2　新加坡翻译服务业的现状

a. 缺乏统一规范翻译市场的机制

目前，新加坡华英翻译服务业的水平偏低。近年来因翻译失准而传为笑柄的新闻事件，正反映了政府单位或相关机构对语言不够敏感，以及本地翻译工作者双语能力不足的事实。另外，由于部分翻译工作委托外地翻译机构进行，外地译员不了解本地民情，因而未能顾全本土语言特色，以致错误百出。

b. 翻译成品质量良莠不齐

我国的翻译服务业缺乏完善的组织。翻译公司大多缺乏有效的品质管理和完善的翻译程序。此外，翻译服务业的译员水平未经鉴定，翻译服务的成品质量参差，缺乏可信度。

2.2.3　新加坡翻译服务业的优势

a. 善用海峡两岸资源，共创双赢的华英翻译服务业

新加坡是一个以英语为主要工作语言、华语为华人族群必修母语的双语社会。相对于新加坡以英语为强势语言，海峡两岸地区则以汉语为主要工作语言，新加坡与大中华地区的汉英双语人才正好形成互补。因此，新加坡应善用跟两岸友好的中立地位，同时与双方进行双赢的合作计划。

以汉译英的业务而言，新加坡比海峡两岸地区占更大的优势。本地有一群英语优于汉语的双语人才，这些人才可作后援，协助海峡两岸商家“走出去”。而以英译汉的业务来说，海峡两岸地区较占优势，新加坡可吸引这些地区的汉英双语人才作后援，从而协助世界各国进军海峡两岸汉语用语区市场。

由于中国正迅速地与世界经济接轨，英汉翻译成为目前主要

的业务项目。在不久的将来,当中国企业有能力将其业务国际化时,汉英翻译便将逐渐加重份额。倘若能同时发展这两类事务,新加坡便能从现有以至未来的商机中获得最大的经济利益。

b. 高度国际化都会商业环境

新加坡经济稳健成长,并与东西方主要经济体有着密切的商业联系。由于我国具有完善的法律体系,并能有效地维护知识产权的利益,目前在我国立足的6000多家国际企业中,就有六成在本地设立区域总部,这显示新加坡具有优越的国际商业环境以及良好的信誉。

c. 完备的软硬件基础设施

完备的软硬件基础设施,包括便捷的海陆空运输及普及的互联网使用,为新加坡发展成为翻译服务业枢纽提供了重要的基础设施。翻译服务业的发展也将进一步协助新加坡成为各种会议与博览会的区域枢纽,未来各种以英语、华语、马来语或淡米尔语为商业用语的会议都可在此举行。

2.2.4 其他国家翻译服务业的分析

世界各地的翻译服务水平各异。先进国家如英国、美国和澳洲等的翻译服务业比较发达。这些国家主要从事的翻译业务为英语对其他外语。而在这些翻译服务业较发达的国家里,一般设有大学翻译课程及认证机构。此外,当地的翻译协会也有紧密的联系网络。这些专业机构能促进翻译服务业的稳健发展,尤其是认证机构更承担鉴定翻译水平的重要任务,借此提高翻译服务的信誉。

在汉英翻译业务上,可能成为新加坡对手的地区,主要为中国的海峡两岸和香港,不过这些地区目前尚缺乏所需的基础设施及完备的发展环境，他们也还没有设立认证机构，即使有翻译协会等组织，也都比较偏重于学术方面的研究工作。因此，倘若新加坡能尽速借鉴翻译先进国家的经验，迎头赶上，应该能具备领先优势。

2.2.5 四个交叉的发展战略

a. 设立大中华地区翻译服务业协会

大中华地区翻译服务业协会是结合翻译公司和个人工作者的专业组织。除了来自新加坡的会员外，协会也应该广邀大中华地区的翻译工作者加入。如此一来，才能奠定新加坡作为翻译服务业区域枢纽的前沿地位。

b. 设立翻译服务业认证机构

这个专业机构将负责鉴定翻译工作者和翻译公司的资格，并协助他们获得国际同行组织的认可。翻译服务业认证机构也可以邀请世界各地的翻译专家组成专业顾问团，协助我国翻译服务业的发展。

c. 吸引外来翻译企业来新落脚

我们可借助欧美地区翻译企业的专业知识，发展本地的翻译服务业。同时，吸引国外信誉良好的翻译企业到我国开业，必能为本地翻译服务业的发展工作起带头作用，并提供所需的基础设施。

我们也可与外来翻译企业组成联营企业，并以新加坡为营运总部。以中国大陆为例，由于中国大陆有丰富的译员资源，且成本低廉，我们可在中国大陆设立区域办事处，负责外部采办的工作，而新加坡的营运总部则负责交易流程，品质管理等工作。这个联营模式将能充分利用新加坡在企业管理方面的专长、中国大陆的广大人力资源以及他们在翻译领域的专业知识。

d. 培训本地的翻译服务人员以提高翻译水平

我们必须设计一套完善的翻译培训课程，在选定的翻译领域里培养本地的翻译人员。具体的课程包括由高等学府开办的高级学位汉英翻译课程。除了本地大学本科生以外，我们也可以吸引拥有专业学士学位的中国大陆和台湾地区毕业生到新加坡来接受培训。

另外，我们也应开设中学中英翻译课程，让学生从中学就接触中英翻译，以配合本地培训双语人才的政策。这样的接触也能够提高学生对于翻译的认识，并培养他们对翻译的兴趣。同时，这也将形成一套渐进式的培训课程，让双语教育的学生从中学到大学都能接受翻译的训练。

2.2.6　小结

近年来，亚洲的经济结构有了很大的变化，中国的崛起虽然给亚洲国家带来一定的挑战，但是也同时出现了许多新的商机。进入21世纪后的新加坡，正面对如何继续吸引外资，让跨国企业愿意留在新加坡等严峻考验，而结合我国良好的商业环境和国人双语能力的两大优势，全力打造高增值的翻译服务业，就是我们的因应策略之一。

高素质的翻译企业，将能为国际企业提供更好的服务，有利于新加坡成为区域语言的中转站，以及双语服务的品质管理中心。倘若新加坡能成为欧美等英语用语区与中国海峡两岸汉语用语区之间往来的沟通平台，便可吸引更多国际企业把区域总部设立在本地，进一步巩固我国作为亚洲区域枢纽的地位。

目前，贸工部已成立一个由南洋理工大学校长徐冠林教授领导的“翻译服务业委员会”，这个委员会的成员来自南洋理工大学、贸工部下属的经济发展局、国际企业发展局、标准生产力与创新局，以及新闻通讯及艺术部等单位。结合产官学界的力量，推动新加坡成为翻译服务业区域枢纽的远景，应是指日可待。

第三章　多语环境下新加坡华语教学的微观研究

本书的第一、二章曾多次提及新加坡特殊的社会及语言环境。这种环境为新加坡的华语教学带来了许多有别于其他国家和地区的特点和问题。正因如此，对新加坡华语教学中各类问题的探讨和解决方案的提出都应服务于这种特定的社会语言环境。在这样的大前提之下，本章首先借助偏误分析来揭示新加坡华语教学中较常遇到的问题并提出相应的教学建议。本章随后的内容针对新加坡华文教学中颇具特色的一系列问题展开论述。各节的具体分析和讨论分别以汉字、词汇（词典）和语法教学中争议较多的问题作为切入点。

第一节　偏误研究

在学习语言的过程中，无论是说本族语的人或者学习外语的人经常会出现各类的偏误。这种现象是难免且不足为怪的。教师对待偏误的态度并不相同：一种是听其自然，不给予具体分析，学生无法意识到偏误的问题所在；另一种则不厌其烦地把不合语法的句子加以订正并依据本身的判断提出改正的句子，却未曾为学生指出偏误的性质，故学生无法从改正后的句子中归纳出一套规律，结果还是头痛医头，脚痛医脚，学生兴趣索然，学习信心受打击。

在上世纪70年代以前，许多从事外语教学的研究者认为学生在学习外语或者第二语言的过程中所产生的偏误是不正常的现象，老师应设法使学生尽量避免偏误。由于当时行为主义的习得观念非常普遍，研究者多以基于行为主义的结构语言学为理论依据而提出对比分析。对比分析者认为学习基本上是一种自动习惯形成的活动，偏误的产生是由于学习者在学习目标语时受母语习惯干扰所致。在对比分析中，研究者的主要工作是把学习者的母语和目标语进行系统的比较，试图寻找出二者的差异，以预测学习者在学习时可能会出现什么偏误和可能遇到的困难。他们假定：学生在接触外语时，会觉得其中有些特征容易学，有些则难学。那些与母语相同的地方，他们觉得简单，不同的地方他们就觉得难(Lado，1957：2)。但是，实际情况并非如此，许多偏误无法从母语干扰目标语来作解释。再说，偏误产生的原因很多，除了母语干扰目标语外，教学方法的缺失、学习策略的偏差、学习动机不强等，也可能造成偏误。

70年代以后，许多外语教学研究者有鉴于对比分析的局限性，加上乔姆斯基转换生成语言学的冲击，认知心理学也随之抬头，就提出了“偏误分析”(error analysis)理论。偏误分析者认为偏误的产生在语言学习的过程中是一种正常现象。人们通过系统的习得程序对目标语的规则进行有原则的但却不正确的归纳与推论而产生的一种语言系统，塞林克(Selinker，1972)管它叫做“中介语”(inter language)。这个语言系统既不同于学习者的母语，又有别于他所学的目标语,而是介于二者之间。但它不是固定不变的,而是随着学习者连续不断地进行有原则的猜测,久而久之,慢慢地朝向目标语的正确规则靠拢。

过去以华语偏误为研究课题的文献,多为研究者平日把学生所犯的偏误日积月累地记录下来,并加以整理,再依据偏误的性质分别列入不同的语言层次:汉字、语音、词汇、句法等,进一步提出改正后的句子及简要的分析说明;对汉字偏误也只是系统地罗列说明或者制成各类的错字表以资使用者参考(胡林生,1981:78—89;陈绥宁,1984:257—270;卢绍昌,1984:276—291;叶汉源,1985;佟慧君,1986;钟秋生,1989;孙钧锡,1990:119—309);贺上贤(Ho,1979:63—79;贺,1987)和鲁健骥(1984:44—56;1987:122—132)的论文都以实例阐述了外国人学习华语时产生的偏误:有的是因过度泛化(over generalization)而产生的偏误,有的是教学诱导偏误(induced errors),有的是学生母语干扰而导致偏误,有的是目标语和母语不相称而产生的偏误;谢月馨等(1988:85—87)还进一步以量化法提出各类汉字偏误的比重。但是他们并没有具体地提出偏误的类型和来源,无法给偏误的现象提出学理上的解说。

本节分为两部分。第一部分从汉字本身的结构出发,通过实验测试,分析学生的汉字偏误及其表面策略形式,探讨两者之间的关系,进而寻求汉字偏误的来源;第二部分以学生华文作文中的偏误为对象,根据不同的语言层次(汉字、词汇、句法)分门别类,论述各层次偏误与学习策略的关系。这些反馈信息正好为我们提供研究汉字特质、提高教学效果以及设计教学大纲的重要参酌依据。

壹 汉字偏误研究

汉字偏误即通常所谓的错别字。无论是第一语言学习者还是第二语言或外语学习者，他们在学习语言的过程中经常会出现各类的偏误，这是一种自然且无法避免的正常现象。但偏误的产生不是任意的，而是有原因可考、有规律可循的。本研究以偏误分析为基本的理论依据，以新加坡华族学生为调查对象，通过两次实验测试，探讨新加坡华族学生——修读英语为学校第一语文，华语为学校第二语文者，在汉字学习过程中所产生的偏误的特点、原因和规律，并进一步探讨其偏误与学习策略的关系，使其为现代汉字教学提供改进的依据。

1.1 现代汉字的内在问题

1.1.1 字形字义的衍化变形

从殷墟的甲骨文字形推断，汉字已有三千多年的历史。汉字从甲骨文衍变到小篆，小篆经隶变为隶书，隶书又孳生楷书，成为现代汉字的圭臬。由于汉字是一种表意的语素文字，本身就有表意作用，这使它具有超方言和超时代的特质。可是随着汉字的长期衍化，字形的原貌已经改变，与其所代表的语素意义大多失去原有的联系而成为空泛的记号。再说，随着汉字的发展，各期都出现一字多形的异体字现象（蒋善国，1987:83），现代汉字也不例外，这些包括正体、俗体、古体、今体、繁体、简体等，又加上汉字的印刷体和手写体早有分歧，形符位置又不固定，这对学习汉字者构成多重的记忆负担，并且容易造成字形混淆。

1.1.2 同音字的数量多

现代汉语里有字的音节(不计声调区别)大约400多个,加上四声的区别大约1200多个。一般常用字典收字大约八九千个,可是实际情况并非平均分配。在《新华字典》(2008年双色版)里,读eng(平声)的汉字只有"鞥",读yì的汉字就有"义、艺、意、易、异"等72个字,另外又有15个异体字,这种多同音字的现象在学习者学习和记忆汉字时容易造成混淆,孳生写别字的现象。所以学习者经常把音同或音近的甲字当成乙字而造成偏误。

1.1.3 声旁表音功能低

汉语从上古音衍变至中古音,中古音衍变至现代音,各期的音韵结构有别,可是汉字的声符并没有随着语音变化而做相应的调整,这样一来许多"声旁"成为语音"化石"被保留下来,失掉其原来的表音功能,因此现代汉字声旁的有效表音率只有39%(周有光,1986:144),"秀才识字读半边",三个字只能读对一个,而且声调不准,这也无形中增加学习汉字者的记音负担。

现代汉字中,有90%以上是形声字(孙钧锡,1990:46;蒋善国,1987:134)。形声字是最能产的一种造字方式,它由形旁和声旁两个载体构成。"形旁表义,声旁表音",这是自汉代《说文解字》以来,人们对形声字的普遍看法。但是,随着汉字经历三千多年的衍化,字形的原貌已经变更,因此形旁所代表的语素意义大多失去原有的联系而变成记号字,加上古今语音的衍变、声符形符位置的不固定和配置方式的多样化(裘锡圭,1990:165—167),造成形声字的声符不能精确地表示字音,估计跟声旁声韵相同(包括调异的在内)的形声字,在全部形声字所占的比重不会超过五分之一,而且同声旁的形声字往往有多种读音的现象(裘锡圭,1990:169—

170)，加上义符不能具体地表意，因此学习者在学习和记忆形声字时，往往因“过度泛化”而导致偏误。

由于汉字本身存有的这些内在问题不可能完全匡正，这无形中增加了学习者的记忆负担，在这种情况下，他们只好诉诸主观对汉字规则的认识进行有原则却不正确的归纳和推论，因此汉字偏误现象最为普遍。

以下的实验(1991年)分为两部分，第一部分是对汉字偏误的总体考察，第二部分是对形声字偏误的具体分析。

1.2　汉字偏误总体考察

1.2.1　分类

首先，将学生的汉字偏误依据偏误的性质分为两类：不成汉字的“错字”和把甲字当成乙字的“别字”。

其次，从汉字的结构及其蕴涵的信息量多寡把汉字偏误的本字分为独体字和合体字。独体字指汉字的一个字只有一个单独的形体，形构不能再分析（例如：夜）。合体字指汉字由两个或两个以上的单字拼合而成的一个汉字。我们可以从合体字的构成方式再分成两类：一类是从组合的两个成分上显示字义，这类字文字学称为会意字，我们管它叫做“合体字一”(例如：连)。另一类是由两个成分组成，一个成分表示义类，另一个成分表示字音，即上文所说的形声字，我们管它叫做“合体字二”（例如：恼）。

第三，我们把学生所犯的偏误原字和本字之间的具体表面策略形式分为五类：“添加”了某些不必要的或不正确的成分；“遗漏”了某些必要成分；“选择”了一个不正确的成分；某些成分的“次序”安排不妥当；“生造”一个新字。

1.2.2 方法

a. 对象

受试对象均是从高中一年级随机抽取的30名学生,男女生各半,年龄介于17至18岁之间。他们皆修读英语为学校第一语言,其他学科(例如:化学、数学、经济、历史等)也以英语为教学媒介语。所以他们接触英语的机会自然比较多。虽然新加坡教育部规定华族学生皆必须修读华语为学校第二语言,但是每星期上华语科只有三个小时,比之英语,他们在学校使用华语的机会自然偏少。

b. 材料和步骤

实验者预先录制一则130字的短文作为实验导引刺激物,受试者依据个人听到的字音全部以汉字记录下来,不准以其他语言或汉语拼音字母代换,也不许留空。由于本实验的目标是搜集受试者现阶段掌握汉字的能力作为分析学生汉字偏误的依据,所以受试者不准参酌任何资料,也不许与其他受试者进行任何形式的讨论。受试时,实验者不需另加指导,不作任何暗示。

实验采用听力测试作为导引方式是基于以下因素:

i) 听力测试能够有效地引导受试者衍生足够数量的汉字偏误以便进行分析。

ii) 受试者的汉字偏误范围受到控制,这样才能进行同类等量的分析。

iii) 听力测试短文中的汉字的使用频率受到控制,皆属高频率的常用字。

1.2.3 结果分析

a. 汉字偏误性质

表 27　汉字偏误性质的百分数

字构	独体字	合体字		总数
		合体字一	合体字二	
错字	(16)4.40％ 例字：㑲、㖡(夜)		(25)6.80％ 例字：绨(稀)	(41)11.20％
别字	(46)12.70％ 例字：相、向(象)	(12)3.30％ 例字：缅、免(棉)	(265)72.80％ 例字：脑、闹(恼)	(323)88.80％
总数	(62)17.10％	(12)3.30％	(290)79.60％	(364)100％

由上表可见，从汉字的结构着眼，属于合体字二的偏误居首(79.60％)，其次是独体字偏误(17.10％)，合体字一偏误居末(3.30％)。由于合体字二占现代汉字总数的90％以上（孙钧锡，1990:46；蒋善国，1987:134)，加上其蕴藏的信息载体量（义类和字音）较大，所以偏误也自然居多。

从汉字偏误性质而言，属于别字偏误者高达88.80％，而且独体字、合体字一、合体字二皆有此类偏误，这主要归结于现代汉字的同音字数量多，所以学习者经常把音同、音近的甲字当成乙字而形成偏误。例如把音同字“相、向”当成“象”，把音近字“缅、免”当成“棉”。此种偏误现象中合体字二尤为偏高，占72.80％，这主要是因为合体字二由表义类和表音的两个成分组成，信息载体量大，而声旁表音功能又不高，所以偏误也相对偏高。例如把音近字“闹”字当成“恼”，或把音同声旁同的“脑”字当成“恼”，可是，代换字绝非任意的，学习者必定以其习用字代替。至于因形体相似而产生的错字偏误只占11.20％，而且唯独合体字一没有此类偏误，这或许是因为合体字一偏误数量只占 3.30%的缘故使然,再说独体字与合体字二此类偏误的比重也不大,这正好说明因汉字形近相混所构成的学习难度较音同、音近代换为低。

b. 表面策略形式

表 28 汉字偏误表面策略形式的百分数

字构	独体字	合体字		总数
		合体字一	合体字二	
添加	(10)2.80% 例字:清 (青)	—	(51)1.35% 例字:罩 (罩)	(15)4.15%
遗漏	(1)0.25% 例字:春 (春)	—	(1) 0.25% 例字:爰 (缓)	(2) 0.5%
选择	(46) 12.70% 例字:长 (常)	(12) 3.30% 例字:联、练 (连)	(265)72.80% 例字:庞、隆 (笼)	(323)88.8%
次序	—	—	(1)0.25% 例字:顶 (顶)	(1) 0.25%
生造	(5) 1.35% 例字:晬 (夜)	—	(18) 4.95% 例字:晵 (傍)	(23) 6.30%
总数	(62)17.10%	(12) 3.30%	(290) 79.60%	(364) 100%

从表 28 的数据中可以明显地看出受试者多因“选择”了一个不正确的成分而孳生偏误,而且独体字、合体字一、合体字二皆有

类似的现象，这与别字因现代汉字的同音字数量多，故受试者只好“选择”与本字音同、音近字加以代换是同出一辙的。至于受试者“添加”某些不必要成分和“遗漏”某些必要成分乃是由于形近和笔画繁杂衍生而成。合体字二形符位置的不固定也孳生因“次序”安排不适当而产生的偏误。由于汉字的长期衍化，部分形声字的义符不能具体地表意，例如“傍”字，在实验中恰好有位受试者用形声字的造字法：从日旁声，生造“𣈑”字，这个字虽然富有创意且合理，然而汉字的字形乃是约定俗成的，所以仍被视为错字，可是这也间接地反映因汉字本身存有的内在问题而孳生的流弊。

1.3 形声字偏误考察

从以上所做的汉字偏误实验可以看出，合体字二（形声字）的偏误居于首位，占 79.60%，这是“过度泛化”的结果。本实验在汉字偏误的基础上进一步探讨形声字偏误的特殊性，以管窥其真相。

1.3.1 分类

首先，我们依据偏误的性质把学生的形声字偏误分为不成汉字的“错字”和把甲字当成乙字的“别字”；其次根据构成形声字的两个载体的成分，把形声字偏误分为声符偏误和义符偏误。偏误原字和本字之间的具体表面策略形式的差别与上述实验相同。

1.3.2 方法

a. 对象

受试者的人数、年龄、性别比例、语言背景等取样方法均与以上所做的汉字偏误实验相同。这批受试者都在 1990 年新加坡剑桥（普通水准）考试中，华文科成绩得优等，其学校第一语言和教学媒介语为英语。

b. 材料和步骤

受试时,受试者依据实验者预先设计的35个形声字填充题,并在附上字音的空格中填入适当的汉字,不准以其他语言或汉语拼音字母代换,也不许留空。其余测试步骤与上述实验相同。

1.3.3 结果分析

a. 形声字偏误类别

表29 形声字偏误类别的百分数

	数目	百分数	字例	
			原字	本字
错字	79	18.33%	晿	傍(晚)
别字	352	81.67%	欧	殴(打)

从形声字偏误类别着眼,把甲字当成乙字的“别字偏误”高达81.67%,而因形体相似而生造的不成汉字的“错字偏误”却只占18.33%,这些数据与以上汉字偏误实验的结果雷同。“别字偏误”尤为偏高,这主要归结于取同声符的形声字数量多,容易造成混淆,所以受试者经常把音同、音近的甲字代换为乙字而产生偏误。例如,把音同的形声字“欧、沤”或音近的形声字“呕”当成“殴”。而“错字偏误”则与一些形声字的义符不能具体地表义有关。例如“傍”字,此次实验中又有四位受试者依据形声字生造“晿”字,由此可见,约定俗成的形声字字形纵然已失去其表义功能,也得保留原貌,无形中也添加了许多累赘的汉字记忆条规。

b. 形声字偏误性质

表 30　形声字偏误性质的百分数

	数目	百分数	字例	
			原字	本字
义符	307	71.40%	湖	糊(涂)
声符	123	28.60%	慌	惶(恐)

从形声字偏误的性质来看，属于“义符”的偏误高达 71.40%，而属于“声符”的偏误只有 28.60%。在形声字中，声符相同而义符相异的同音字很多。例如，同取胡声的同音形声字就有“湖、葫、瑚、糊、蝴、猢”等九个字。虽然在造字之初，一般都能说明该字的意义类属，但随着汉字的衍变，绝大多数形声字的形旁只是跟字义有某种联系，而有不少形声字的形符甚至已经丧失原有的表意功能而变成记号字，这些字无形中增加了学习者的记忆负担，尤其是形容词“糊涂”的“糊”字为何义符取米，虽然我们可从“糊”之引申义推想，但是，这并不是一条通则，只是个例，学习者无法据此延伸。“声符”的偏误主要归结于现代汉字同音字数量多，所以学习者才把音近字“慌、荒、恍”当成“惶”。义符偏误远多于声符偏误正好说明因形声字义符复杂相混所造成的学习难度较音同、音近字代换为高。

c. 表面策略形式

表 31　形声字偏误表面策略形式的百分数

序号	字例	表面策略形式				
		添加	遗漏	选择	次序	生造
1	傍(晚)					4
2	(同)胞	3	7			

（续表）

3	辨(别)		8	6		
4	苍(白)	2	4			4
5	(理)睬	2	8			1
6	提(倡)	3	3	4		4
7	钞(票)	6	1	1		
8	嘲(笑)	1	6	3		
9	订(立)	5	1	15		
10	赌(博)	2	3			2
11	(模)仿	4				
12	锋(利)	1	1	8		5
13	副(本)	1		12		2
14	(竹)竿	6	8	1		1
15	(鱼)缸	2		3	3	6
16	旱(灾)	2	2	10		3
17	狠(毒)	16				
18	糊(涂)	11	6			
19	惶(恐)		2	10		1
20	(实)践	3		8		2
21	(关)键	2	2	5		2
22	检(查)	7		2		
23	(拒)绝	1		6		1
24	(布告)栏	2	1	5		4
25	聆(听)	14	2			2
26	盲(目)	2	1	2		5

（续表）

27	（气）恼	4		1		4
28	殴（打）	22		1		3
29	偏（重）	7	1			1
30	（国）旗	4				10
31	（环）绕	5				1
32	惋（惜）	6	3	2		1
33	（领）悟	4		1		2
34	稀（少）		1	5		3
35	（繁）殖	12	2	5		2
	总数	162 (37.67)	73 (16.98)	116 (26.98)	3 (0.70)	76 (17.67)

（表内数字均系偏误的数目，括号内的数字指百分数）

从表31的数据中可以看出，“添加”某些不必要的或不正确的成分而产生的偏误居首（37.67%）；其次是“选择”一个不正确成分（26.98%）；第三是“生造”一个新字（17.67%）；第四是“遗漏”某些必要成分（16.98%）；某些成分的“次序”不妥当则居末（0.70%）。受试者“添加”和“遗漏”某些成分是由于义符不能具体地表意、相邻的合成词词素义符的类化、义符形近和笔画繁杂衍生而成。由于现代汉字的同音字数量多，所以受试者只好“选择”与本字音同、音近字加以代换。至于“生造”乃是现代汉字本身存有的内在流弊，无法解决，受试者只好诉诸主观的推断而生造新字所使然。形声字声符、形符位置的不固定则衍生“次序”安排不当的偏误。

1.4　小结

从以上分析中我们可以清楚地看出:学生的汉字偏误的产生同他们对汉字系统所作的不完备假设而采取的表面策略形式有直接的关系。换句话说,他们的汉字偏误的缘由乃是在先前旧有的学习经验中,对汉字进行有原则却过度泛化的表现,而不是盲目地任意猜测,而现代汉字本身所存有的内在问题更加剧偏误问题的复杂化。形声字偏误正是这种过度泛化的结果,体现了汉字偏误的复杂性和规律性。

本研究的对象是以华语为第二语言的新加坡学生。他们在学习汉字过程中出现的偏误特点和规律,与以华语为第一语言的中国学生以及使用汉字的日、韩学生有无不同?倘若不同,又有何内在差异?有待深入研究。掌握了其特点和规律,又应当采取怎样的教学策略?也都是值得进一步探讨的课题。

本研究的结果对把华语作为第二语言的汉字教学很有参考价值,主要体现在以下方面:

第一,汉字偏误分析能提供反馈信息,教师从中了解学生学习汉字的进展、难点和应该采取何种相应的补救教学。本研究发现由于合体字二即形声字在汉字中数量最多,加上蕴藏的信息载体量也较大,所以此类偏误也最多,而且形声字中,义符复杂相混所构成的习字难度较音同、音近字代换为高。教师在教导学生识字时必须突出此难点,并告诉学生应该避免采取哪些不正确的泛化,这样才能达到预期的教学效果。

第二,教师可借此审查汉字教学大纲中,哪些部分在教与学的过程中有不足之处,以便采取相应的补救措施。本研究发现汉字同音字数量多,而且不少形声字的义符不能具体地表意是孳生别字与错字的重要因素。所以教师在设计识字教学大纲时应该将此列为教学核心。

第三,教师可借此了解学生学习汉字,尤其是学习形声字的障碍点和病源,以便找出偏误的订正途径。本研究发现学生对汉字过度类化采取的表面策略形式有:添加、遗漏、选择、次序、生造,教师可借此拟制订正的途径。

贰 作文偏误研究

我们知道新加坡华族学生以英语作为学校第一语言,也就是说他们接受的是字母文字教育,对于汉字这种古典书写符号,在学习过程中难免会产生各种偏误。上面的两个测查结果就是目前新加坡学生汉字学习整体程度的体现。然而,学习华语不是单纯地学习汉字,还包括词汇、语法等,更重要的是要学会怎样运用这些语言知识。作文偏误分析就是一种能够对华语知识进行全面检查的有效手段。本节的这一部分内容通过对学生作文中出现问题的分析,提出新加坡华语教学的改进建议。

2.1 理论框架

首先,蓓特(Burt,M. K.)和琦菠斯基(Kiparsky,C.)二氏提出整体/局部的偏误分类模式,此模式以偏误影响接收信息——听话者或阅读者的交际程度的差异为准则。整体偏误是指偏误在某种程度上影响句子的组织以致阻碍交际的正常进行;局部偏误则指偏误只影响句子中的某个单一成分,但是并不构成说本族语的人对话语的理解产生困难。我们依据此模式对学生作文中的偏误进行分类。

其次,我们依据学生的原话和重构过的话语形式之间的具体表面策略形式差别来分析偏误,这类差别可以分为四种:“选择”了一个不正确的成分;“遗漏”了某些必要成分;“添加”了某些不必要的或不正确的成分;某些成分的“次序”安排不当。(Corder,1973:277)

根据许多偏误分析研究(Richard,1973a;贺上贤,1987)显示学习者在学习第二语言过程中所产生的偏误和学习策略有密切的关系,其策略有:泛化、归纳、母语的迁移等。

有鉴于新加坡特殊的语言环境,我们也从偏误来源着眼,增添同语言之间的内部偏误(interlingual errors,指因受汉语方言干扰而产生的偏误)、语言之间的外部偏误(intralingual errors,指因受英语干扰而产生的偏误)以及过渡性偏误(transitional errors,指学习者对目标语的规则进行不正确推论而产生的偏误)。

最后,我们把以上不同的项目分别列入不同的语言层次:汉字、词汇、句法。根据上述的理论框架,我们从学生的作文中搜集偏误的语料,然后系统地分门别类,并进一步加以分析(于 1990 年实验)。

2.2 实验方法

2.2.1 对象

受试对象是从同一所中学四年级快捷班随机抽取的 30 名学生,年龄介于 16 至 17 岁。与上节汉字偏误分析中涉及的研究对象相似,他们都修读英语作为第一语言,其他学科也都以英语授课,故他们在学校接触英语的机会自然很多。反观华语,虽然华族学生根据教育部规定皆须修读华语作为第二语言，但是每星期上华语课的时间为三至四小时。一些学生也选读以华语来授课的道德科目，比之英语，他们在学校使用华语的机会自然少得多。

由于华族学生多以汉语方言为家庭用语，尤以操闽南话者最多，故我们为了简化分析工作，只抽取以闽南话为家庭用语者为代表。我们把30名受试者分为两组，共中一半在家常讲闽南话；另一半则常说英语。

2.2.2　材料

我们从希尔（Hill，1960）《图片作文手册》中摘取图片故事八。这是一套八张描述小孩骑脚踏车经历的图片。受试者依据个人对图片的理解做一篇短文。

我们采用看图作文作为实验导引刺激物（elicitation stimuli）是考虑到以下的因素：

a. 受试者描述的范围受到控制，但是仍然有足够的空间让他们依其创造力表达图片蕴涵的意思；

b. 受试者必须提供一定数量的信息方能传达其旨意给读者；

c. 图片故事能提供视觉信息给实验者作为评估受试者交际能力深浅的框架；

d. 图片故事能让受试者衍生足够数量的偏误以便进行偏误分析。

2.2.3　步骤

实验者分发指定的图片给受试者后，要求受试者先把全套图片按照顺序略看一遍，然后以华语描写图片的图景，不准以其他语言代换。由于本实验的目标是搜集受试者现阶段的语言能力梗概，故受试者不得参阅词典或其他资料，也不能和其他受试者进行任何形式的讨论。为了方便批阅和总计,受试者每描写完一张图片就另设新段。作答时间限定为 35 分钟,字数不拘。受试时,实验者不需另加指导,不作任何暗示。

2.3　结果分析

2.3.1　语言范畴的偏误的分类模式

表 32　语言范畴的偏误百分数

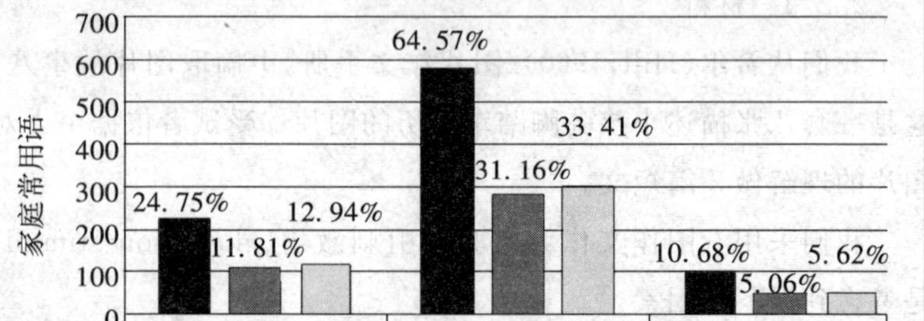

	汉字	词汇	句法
■总数	220	574	95
■闽南话	105	277	45
■英语	115	297	50

表 32 说明不论受试者的家庭常用语是属于何种语言,词汇层的偏误者居首,其次是汉字层,句法层居末。华语的词汇量大,又易受汉语方言和英语的干扰,故词汇层的偏误占最多。在受试者所误用的词汇中,有一部分的偏误可以从闽南话和英语词汇里找到转换的痕迹。

2.3.2　整体/局部偏误的分类模式

表 33 说明局部偏误在任何语言层次的百分数皆比整体偏误大。在汉字层,由于汉字偏误只是字形的误写,读者仍能从上下文语境中推测出该字的原形,不会影响交际的进行,故在汉字层没有

表 33 整体/局部偏误的百分数

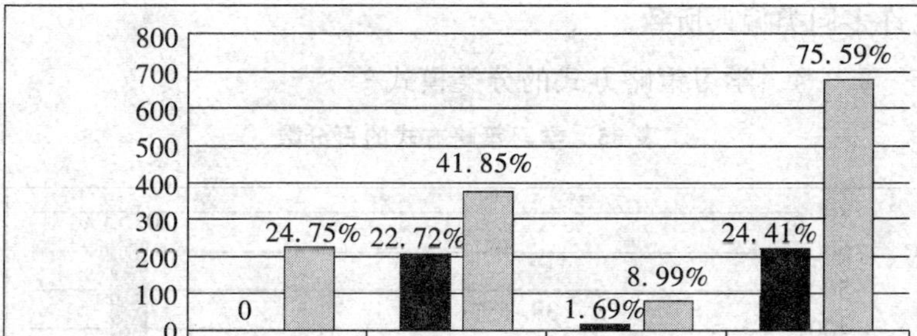

	汉字	词汇	句法	总数
■整体偏误	0	202	15	217
■局部偏误	220	372	80	672

出现整体偏误是一种正常现象。在词汇层,整体偏误和局部偏误占最高,句法层则居最低。

2.3.3 表面策略形式的分类模式

表 34 表面策略形式的百分数

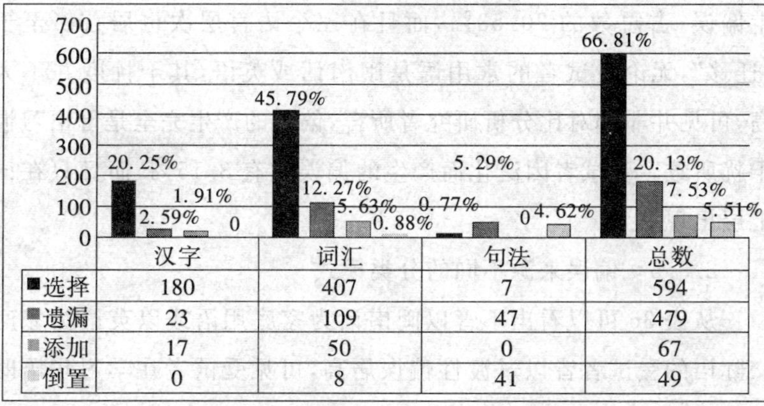

	汉字	词汇	句法	总数
■选择	180	407	7	594
■遗漏	23	109	47	479
■添加	17	50	0	67
■倒置	0	8	41	49

表 34 表明表面策略形式以“选择”一个不正确的成分居首,“遗漏”其次,“添加”第三,“倒置”居末。然而“倒置”在句法层的百

分数比其他两层皆偏高,此乃许多受试者受英语语序的干扰而产生许多同类偏误所致。

2.3.4 学习策略方式的分类模式

表 35 学习策略方式的百分数

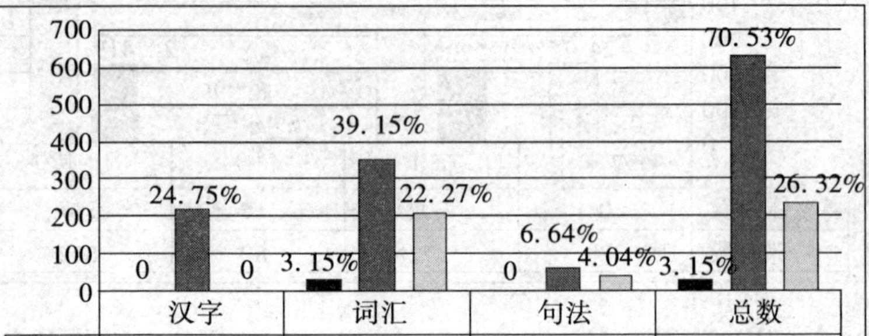

	汉字	词汇	句法	总数
■泛化	0	28	0	28
■归纳	220	348	59	627
■迁移	0	198	36	234

从表 35 的数据中可以明显地看出:受试者多因归纳有误而产生偏误,占总数的 70.53%,而且在三个语言层次也居首。至于"迁移",无论受试者的常用语是闽南话或英语,其干扰度并不太高,可见并非如对比分析研究者所言,偏误的产生完全是母语习惯干扰所致。受试者因泛化而产生的偏误只有 3.15%,而且只在词汇层出现。

2.3.5 偏误来源不同的分类模式

从表 36 可以看出不管以闽南话为家庭用语或以英语为家庭交际语的受试者皆以过渡性偏误居高,可见受试者在学习华语时的确对目标语的规则有系统却不正确的归纳。母语的习惯仍然对学习者学习产生一定程度的干扰,但是比重不大,尤其是英语,或许是它与华语隶属不同语系的缘故。值得一提的是以闽南话为家庭用语的受试者也受英语的干扰而产生偏误，此乃他们在学校皆修英语作为第一语言，故难免受其影响。至于以英语为家庭用语的受试者也受闽南话干扰产生偏误，或许是由于闽南话是新加坡人最通用的汉语方言，语言相混的现象在新加坡也很普遍，故此种偏误乃属正常。

表 36　偏误来源不同的百分数

语言层次	同语言之间的内部偏误		语言之间的外部偏误		过渡性偏误	
	闽南话	英语	闽南话	英语	闽南话	英语
汉字	(0) 0	(0) 0	(0) 0	(0) 0	(105) 11.81	(115) 12.94
词汇	(104) 11.71	(26) 2.93	(6) 0.66	(63) 7.09	(167) 18.79	(208) 23.39
句法	(5) 0.55	(0)0	(13) 1.46	(19) 2.14	(27) 3.04	(31) 3.49
总数	(109) 12.26	(26) 2.93	(19) 2.12	(82) 9.23	(299) 33.64	(354) 39.82

（表内数字均系百分数，括号内的数字指偏误的数目）

2.4　小结

本项研究虽然尚属初步的研究，有待他日继续探索，但是其结果对以华语作为第二语言的教学仍具有参考价值。

偏误分析能提供反馈信息，教师可从中了解学生学习的进展、学生学习的难点和应采取何种相应的补救教学。本研究发现学生在词汇层所产生的偏误居首，主要是由于他们在学习过程中常因对华语规则的归纳有偏差以及母语习惯的迁移所使然。教师在改正偏误时,必须抓住偏误的缘由对症下药,这样才能达到预期教学效果。

从整体/局部偏误的百分数表(表 33)可以引导教师先改正在词汇层占 22.72%的整体偏误,因为这类偏误将直接削弱作文中基本概念的表达和阻碍交际的进行。过后教师才改正那些频率最高的局部偏误,这样处理无形中可以减轻教师批改作文的负担。

教师可以借偏误分析的结果找出他所依据的教学大纲中,哪些部分在教与学的过程还有不足之处,还需要进一步的认识。他可以决定是否需花更多的时间讲授原订的项目,或者重新设计新的教学大纲。当教师在设计矫正性的教学大纲或者重教旧课的计划时,偏误分析的结果提供给他许多可信的依据。本研究显示在 30 名学生的 889 个偏误统计分析中,属于母语影响的只占 26%。而学生对华语的规则作有原则且系统的不正确归纳所产生的过渡性偏误则高达 73%,故教师在设计教学大纲时应以此为参考资料。

教师倘若能把改正的形式同学习者学习策略的偏差(泛化、归纳、迁移)以及表面策略形式(选择、遗漏、添加、倒置)一并阐析,并且把重点放在频率高的部分,比之纯粹将学生的作文偏误改正,更有助于解决学生的疑难,并使他们发现一些有关华语的规则。

第二节 汉字教学

在信息化时代,如何利用电脑加快学习过程、巩固记忆成为学界研究的焦点之一。本节将简单介绍目前各种汉字输入法的特征及局限性,总结电脑汉字识别的研究成果,论述如何将手写汉字识别应用在识字教学上，获得传统识字教学无法企及的效果。另外，新加坡虽推行简体字教育，但由于与台湾、香港等地文化交流频繁，在坊间或图书馆能看到不少繁体字出版物。新加坡学生在这样的特殊环境中，能否写简识繁，左右逢源，将是本节的另一探讨课题。

壹 手写汉字识别与识字教学

在进行华语识字教学[①]时，华语课程设计者与教师大多偏重向学习者讲授现代汉字结构的一些观念，其中包括笔画、笔顺、汉字部件等。无可否认，这些汉字分析的知识对我们认识汉字内部结构虽有裨益，但是目前学术界(喻柏林等，1992；张武田等，1992；彭聃龄等，1997)对汉字识别的基本单元，以及汉字正字法(orthographic rule)在汉字识别中的作用等课题都处于探索的阶段，还未取得共识。因此我们实在很难论断这种汉字结构分析的教学法，对学习者识字有任何实际的帮助。

为了让学习者巩固对汉字的记忆，目前华语教师多半要求学习者单调死板地抄写所学过的生字，以此作为增强汉字记忆的主要手段，过后再以听写作为检测的方式。于是许多学习者为了达到教师的要求，勉强以强记死背的短期记忆方式应付了事。然而，我们只要从学生学习过程中产生的汉字偏误，就可以清楚地发现传统的抄写与听写并非是有效的识字手段。

应用电脑促进语言学习与教学的功效，近年在英语教学界引

① 从字面而言，识字教学只需着重在教导学习者如何识别汉字。但是，在学校的实际识字教学中，教师也训练学习者书写汉字。本章采用通行的做法，识字与写字皆为探讨的课题。

起广泛浓厚的兴趣，并且取得一定的研究成果(Erickson,1992)。反观华语教学界，采用电脑作为促进华语学习工具的研究极为匮乏[①]，导致普遍认为键盘为本的输入(例如：拼音输入法、仓颉输入法)将影响学习者的识字与书写能力。

本节将论证善用电脑汉字识别技术为辅助工具，其互动式的学习过程不只有利于协助学习者书写汉字，而且还可以有效弥补传统强记死背式的识字教学的不足。

利用汉字识别技术，除了可以研发手写输入法及其他相关产品，我们还可以赋予这些科研技术新的附加价值，因为比起其他电脑输入法，手写输入法除了要花钱添购额外电脑配件外，输入速度也不快，然而善用其重要且有效的教学辅助功能，这个珍贵的附加价值将能使教师与家长更重视手写输入法的应用。

1.1 汉字电脑输入方式

坊间目前推出的汉字电脑输入不计其数，大致而言，可以分为三大类：(1)汉字键盘输入；(2)语音识别输入；(3)汉字识别输入。在此分述如下：

1.1.1 汉字键盘输入

这类输入以罗马字母键盘作为汉字输入的主要手段，正因如此，输入的设计无可避免地只能迁就键盘所提供的功能，这样一来这类输入间接地对识字教学所能起的作用也受到很大的局限。坊间的汉字键盘输入种类颇多，在此只列举较有代表又颇为普及的

---

① Chen(1998)把研究的匮乏归结于两大因素。第一，电脑系统与应用多为英语使用者设计，华语的操作系统多依附在英语平台之下；第二，汉字输入法未臻理想，使用者必须强记各种输入系统的内部规则，所以在应用上颇为不便。

两类输入加以论述。

a. 形码输入

将汉字字形分解为若干字元(如笔画、部件、偏旁、部首等)[①],并分别赋予特定的代码。但是这些规律繁杂的拆字步骤,不一定合乎一般汉字使用者的思路,使用者需要花费许多时间强记相关的代码转换内规。这类输入法的优点在于能充分利用现成的电脑配件——键盘,不需要添购其他电脑配件,操作者熟练后输入速度极快(每分钟50—100个字),即使不认识的汉字也能按照既定拆字方法输入。这种输入法适用于打字员等从业者,然而死记人为内码的输入方式,对识字教学没有实际的帮助。

b. 音码输入

利用键盘直接输入汉语拼音系统相对应的字母,即使是不会书写的汉字也可以按音顺利地输入。由于拼音字母都包含在键盘的罗马字符集之中,因此可以直接利用原键盘,不需要进行修改或者配上其他电脑配件。然而汉字的同音字多,即使利用以词为本的输入方式,减少选择重码的几率,输入速度比起形码输入法还是较慢。

音码输入在加强学习者掌握汉语拼音的内规以及分辨容易混淆的声母(如z,c,s与zhi,chi,shi相混)和韵母(如an与ang不分)方面颇有助益,但是过度依赖这类输入法将在一定程度上降低学习者书写汉字的频率,直接影响书写汉字的能力。

1.1.2 语音识别输入

由于这类输入以人类所发出的自然语音为语料,因此能让使

① 有关笔画、部件、偏旁、部首等编码简介,参酌高家莺等(1993)。

用者与电脑直接进行“对话”。不过目前研发成果还不尽理想,使用者需要花费不少时间,先行训练电脑识别个人音质,及储存个人语音样本。再说,这类输入目前尚未普及,也需要额外添购电脑相关软硬配件。

语音输入法在教学方面,适合应用在训练学习者正音,但是这并非纠正区域性口音,因为只要口音差异不是太大,电脑还是能辨识得出。至于在识字教学上就和音码输入法一样,因为学习者减少书写汉字的频率,不但不能帮助识字,反而减缓书写汉字学习速度。

1.1.3 汉字识别输入

这类输入以一般汉字使用者惯用的执笔书写方式输入,不需强记任何人为内规,然而以目前技术而言,识别速度及识别率都还有待改进,而且使用者还需要另外花钱添购手写输入的专用配备,如软件、图形输入板与光笔等。

纵然现阶段的研发成果仍不尽如人意,但是这种以手写汉字直接输入,再经由电脑识别,与同样以字形为其基本教学目标的识字教学有许多异曲同工之处。这个特点正是值得我们开发利用的附加价值,倘若能再深入探索二者异同,相信能设计出许多有助于识字教学的辅助教材与教具。

1.2 电脑汉字识别技术综述

汉字识别(Chinese character recognition)包括三个主要过程:首先利用图文扫描仪或者光学识别器获取汉字,把收集的汉字信息转换成数字化的图像信号,并抽取其特征;其次跟预先存放在电脑中的标准汉字样本特征进行逐一匹配判别,最后输出正确的文本文件。

在获取信息的过程中，由于识别对象不同，汉字识别可以分为印刷体汉字识别和手写体汉字识别两大类。其中印刷体汉字识别是辨识已印刷在纸上的各种印刷体汉字，属于脱机(off-line)识别；手写体汉字识别又可分为联机(on-line)和脱机识别两种：联机手写汉字识别是用光笔在图形输入板上写字，输入者一面写，电脑一面识别；脱机手写汉字识别是辨识写在方格纸上的规则汉字。为行文方便，以下提到的手写汉字识别特指联机手写汉字识别。

在判别信息的过程中，由于方法和准则以及所应用的数学工具不同，也就形成不同的汉字识别方法。目前比较通用的汉字识别方法有两种：(1)图形匹配法，一般用来对印刷体文字进行识别；(2)结构分析法，一般用来对手写体文字进行识别。

图形匹配法是将输入的待识别汉字图形，跟已储存在电脑中的一批标准汉字模式，进行多维特征向量的集合匹配判别，以求出输入字符跟哪个已知的样本字符最接近甚至达到重合，这样就可以判别输入的图形是什么字。这种识别方式往往采用统计方式，所以又叫统计决策法。又因为用数学[①]计算相关匹配的类似度，所以也有人称之为相关匹配法。

结构分析法是把识别的汉字模式看成是由若干简单的子模式(也称部件)按照一定的规律构成的集合，子模式可以按照一定的规律再分解成更简单子模式，直到最后不可作分割的基元(也称笔画)为止。例如“想”字可以分解为子模式如下：

① 有关图形匹配法的数学运算示例，参酌陈明远(1982)、张忻中(1997)。

“想”为上下结构字,可以把它分解成“相”与“心”两个子模式。由于“相”为左右结构字,可以把它再分解为“木”与“目”。最后得出由基元所构成的末级子模式:木、目、心。把汉字进行结构分解后,就可以用形式语法来描述汉字①。

由于各家在考虑结构的层次与部件的大小比例颇有分歧,这样一来所提出的汉字结构模式类型也很多。正因如此,单纯按照结构分析法识别汉字是很困难的。所以当前汉字识别方法的主要发展方向是把图形匹配法与结构分析法结合起来,在图形匹配法中也考虑字形的结构信息,在结构分析法中也应用统计方法的模式分布性质(张忻中,1997)。

1.3 手写汉字识别在识字教学中的应用

1.3.1 手写汉字识别

上节主要描述汉字识别的内部运作技术,手写输入的使用者即使不了解,仍然可以利用这项工具进行识字学习,因为手写输入是指使用者以惯用的执笔方式在图形板上写汉字,然后让电脑依据所获取的汉字特征进行匹配与判别,只要使用者书写正确,最后电脑便能输出识别后的正确文字。手写输入的使用者与电脑不断进行这样的互动过程,既不必像传统抄写的单调学习,也不必像汉字键盘输入那样需要先强记任何内规,如果能再配合经过专人设

① 有关汉字形式语法示例,参酌陈明远(1982)。

计的电脑辅助教学软件(Computer Assisted Instruction，简称CAI)，相信手写输入很快就能成为课室中识字教学的辅助利器。

a. 手写汉字电脑辅助教学软件的应用

手写输入经过专人设计后可成为汉字电脑辅助教学软件，利用这个软件，可以直接由电脑代替教师向学习者不断提问，并且立即分析学习者的答案，从而巩固所学过的生字。电脑辅助教学的软件通常包括三部分：(1)教材程序库，储存教材内容；(2)文件存储器，记录学习者的资料；(3)智能执行程序系统，向学习者提出问题，并进行指导和检查。由于这套汉字电脑辅助教学软件主要在帮助学习者识字，所以在教材程序库中必须特别注意编写时选取汉字的原则，这个原则将在本节 1.3.2 中详细论述。

b. 手写输入法的应用

即使不借用特别设计过的汉字电脑辅助教学软件，教师还是可以指定学习者利用手写输入法进行有系统的操练，以增加学习者写字的频率以及巩固所学过的生字。不过操练的过程仍要合乎下面所论述的汉字选用原则，才能达到事半功倍的学习效果。

1.3.2 筛选常用汉字的原则

无论在利用手写输入法或编写汉字电脑辅助教学软件的教材程序库时，我们都必须注意筛选汉字的原则①，这样才能设计出有效率的进阶识字加强课程。汉字优选原则应为高频字先于低频字，产生性字汇优于接收性字汇，高熟悉度汉字的学习早于低熟悉度汉字。

a. 汉字使用频率

① 字是形体单位，词则是语言成分，本隶属不同的范畴，但是二者却存有交界(interface)之处，在编写识字教材时正可交互应用。

由于识字过程与阅读经验有密切关系,所以让学习者先练习书写阅读书面信息时经常出现的高频字,这将能加速学习及记忆的速度。所谓高频字是指使用频率极高的汉字,例如:的、了、是、一、不、在、我(北京语言学院语言教学研究所,1986:1290)。相对而言,有的字在书面上反复出现的频率较低,学习者较为陌生,在识字教学时便可摆在后面的阶段学习。

依据字频的高低,一般可以对汉字加以分类成:高频字、次高频字、低频字、罕用字①。在编写汉字电脑辅助教学软件或利用手写输入法时,选字的顺序必须充分利用字频高低的观念②,依此循序渐进地教学,让学生在学习过程中能更迅速地掌握汉字。

b. 接收性汉字与产生性汉字

汉字的学习基本上可以分为识别与应用两个层面,识别汉字是属于阅读的层次,而应用汉字则是属于书写范畴。据此我们可以把汉字分为接收性字汇(receptive character)或称被动字汇(passive character)和产生性字汇(productive character)或称主动字汇(active character)③。

进行识字教学时,教师对于接收性字汇通常只要求学习者识别字形,但对产生性字汇则不只需要辨识,更要求加强书写的演练。因此在编写教材程序库或利用手写输入法教学时,这两类字

---

① 高家莺等(1993)指出:一般来说,高频字千中用一,次高频字万中用一,低频字十万用一,罕用字几十万或上百万用一。

② 汉字的优选原则也应参照高家莺等(1993)所提出的统计原则、分布原则、构字原则、常识原则,以及国家对外汉语教学领导小组办公室汉语水平考试部(1997)所提议的汉字分级的原则和标准。

③ 郑锦全(1998)依据不同时代典籍(例如:《史记》、《红楼梦》)所使用的字数认为产生性字汇的数目是在三、五千之间,而不是字典所收集的几万或几十万。

汇的处理应该是有别的，教师应该让学习者集中在产生性字汇的练习上，才能进行更有效率、更具实用性的识字教学。

c. 汉字熟悉度

汉字使用频率统计是依据本族语者的语言使用习惯为基准，尤以成人的语料为主，以致最高频字多属于含低信息内容的虚词（也即语法/功能词）汉字，不易直接讲解。因此，理查兹(Richards,1974)指出使用频率并不全等于学习者的实用度，学习者在学习的过程中急需一些含高信息内容的实词汉字，以进行交际，这些实词汉字与学习者的需求直接有关。

从学习者的交际角度看，不同类型的学习者（例如：儿童与成人，以华语作为第一语言、第二语言或者外语的学生）所接触的语言情境也理应有所差异。换句话说，在编写教材程序库或利用手写输入法教学时，筛选汉字除了参照汉字使用频率数据外，也必须考虑学习者类型，加入学习者在日常生活情境经常使用的高熟悉度汉字，这样才能满足学习者交际的实际需求。

贰 写简识繁——新加坡学生繁体字辨认测查

根据联合国《2005 年世界主要语种分布和应用调查报告》，从 2008 年起联合国的华文文件，不再同时发行简体字和繁体字两种版本，一律只使用简体字。这引发了一场汉字文化圈简繁体字的争论，尤其是长期使用繁体字的台湾地区，疾呼站在捍卫中华文化传承的立场，尽力保护将被灭绝的繁体字。

新加坡教育部自 1969 年开始在学校推行简体字，当时所持的理由是："减少学生们在阅读和书写汉字时的困难，并加强他们学习华文的信心。"在静观海峡两岸简繁体字争论之余，新加坡华语教学界也应抓住契机,重新考虑如何让新加坡的华文语言政策,在简繁体字分歧的华文世界发挥左右逢源的最大效益。

经过40年的推广简体字工作,新加坡现行的中小学华语教材以及主要的报刊杂志、影视字幕大多使用简体字,新加坡教育部也严格规定教师只能向学生讲授简体字。可是,坊间或社区图书馆仍有不少来自台湾、香港等地区以繁体字印刷的出版品(例如金庸、林清玄等人的文学作品),普遍获得学生的喜爱并广泛阅读。

新加坡是个国际大都会,自然会有各地区繁简体字华文资料的流通,这有助于新加坡华文世界扩展多元性的视野。但是,新加坡学生是否能顺利地阅读以繁体字印刷的出版品?新加坡推行简体字是否会成为与台湾和香港等地区文化交流的障碍?如何对这些问题给予可靠而合理的解答正是以下测查探讨的课题。

2.1 过去研究评述

2.1.1 尹斌庸、罗圣豪(1991)

a. 测查对象

34位留美多年的台湾地区的研究生,大部分修读工程技术科。这些受测者从未去过中国大陆,也未曾接触过以简体字印刷的出版品。

b. 测查方式

第一,静态测查。在孤立状态下,以预先挑选的100个比较常用的简化字测查学生的认读能力。测查方式是请学生在每个简化字的后面写出相应的繁体字。测查结果正确概率为0.38,这清楚地显示在孤立状态下受测学生认读简化字的错误概率为0.62。

第二,动态测查。在文章当中测查学生认读简化字的能力。

研究者从北京景山学校编写的初中《语文》试用课本中，选取四篇课文的片段。测查方式是让受测学生各自朗读四篇课文的片段。测查题数为 305 个简化字。测查结果正确概率为 0.95，此数字清楚地显示在理解篇章时，简化字对台湾学生的影响不大。

c. 研究缺失

研究者筛选 100 个常用简化字作为测查学生在孤立状态下辨认简化字能力的准则不够具体明确。静态与动态测查所指定认读的简化字数目并不一致，这直接导致比较出现偏差。再说，为何静态测试以书写方式作答，动态测查则以朗读方式记录，研究者并未具体说明理由。除此之外，这两类测查方式是否会形成不同的结果，也须进一步探索。

2.1.2　张双庆、万波(1996)

a. 测查对象

120 位香港大学一年级新生。凡是曾在中国大陆受教育或者使用过简化字版教材的学生皆不列入测查对象。

b. 测查方式

从《简化字总表》中筛选出 400 个简化字，并在能认读的简化字和会使用(在非正式场合，如做笔记等)的简化字后面打钩。简化字认读率结果为 0.65；简化字使用率结果则为 0.34。

c. 研究缺失

本研究者与尹斌庸、罗圣豪(1991)一样，没有具体明确地说明筛选 400 个简化字作为受测学生辨认简化字能力的准则。由于研究者请受测学生完全凭主观的判断在认读字与使用字后打钩，这种测查的作答方式无法避免受测学生猜测的可能性，这样一来也就无法确保答案的可信度。

2.2　新加坡学生繁体字辨认测查

2.2.1　测查对象

我们从 50 位南洋理工大学国立教育学院教育文凭班的学生中选了一年级学生 23 位、二年级学生 22 位(测查于 1997 年)。有鉴于新加坡中学教育制度在过去 30 年的变迁很大,为确保取样的一致性,凡是在 1987 年以前获得剑桥高级水准文凭的学生皆不列入测查的对象,因为这些受测学生可能属于旧制的华校毕业生,早年求学时曾阅读与使用过繁体字。

2.2.2　测查方式

从中国国家语言文字工作委员会汉字处编著的《现代汉语常用字频度统计》(1989)中,先选取 1000 个最高频率常用字。这 1000 个最高频率的常用字共有 360 个繁体字,再从其中筛选 100 个具有甄别性的繁体字,让学生逐一写出其相对应的简化字。例如:选"續"不选"細""賣",因为"續"包含此二字的简化组合部件;同样选"護""獲",因为简化后的字其部件不同。

从信息量的角度着眼,本测查方式分为孤立状态与情境状态两类,分述如下:

a. 孤立状态。受试学生在单个繁体字的后面写出相对应的简化字(见附录一)。

b. 情境状态。受试学生写出词语中所指定的繁体字相对应的简化字(见附录二)。

这 100 个词都出现在北京语言学院语言教学研究所编著的《汉语词汇的统计与分析》(1986)"常用词语频率表"中。

2.3 测查结果与讨论

2.3.1 孤立状态与情境状态

在孤立状态与情境状态下，受测各年级学生繁体字辨认表现如下：

表 37 受测学生在孤立与情境状态下的表现

分数	孤立状态			情境状态		
	一年级 N=23	二年级 N=22	一、二年级 N=45	一年级 N=23	二年级 N=22	一、二年级 N=45
90—100	34.78 (8)	72.72 (16)	53.33 (24)	52.18 (12)	77.27 (17)	64.44 (29)
80—89	30.43 (7)	4.55 (1)	17.78 (8)	34.78 (8)	18.18 (4)	26.67 (12)
70—79	13.04 (3)	13.63 (3)	13.34 (6)	—	4.55 (1)	2.22 (1)
60—69	8.70 (2)	4.55 (1)	6.67 (3)	—	—	—
50—59	—	4.55 (1)	2.22 (1)	13.04 (3)	—	6.67 (3)
40—49	8.70 (2)	—	4.44 (2)	—	—	—
30—39	4.35 (1)	—	2.22 (1)	—	—	—

（在孤立状态与情境状态下，一年级、二年级以及一、二年级相加的相关系数 r 都在 0.940 以上，这清楚地显示孤立与情境状态的关系极为密切）

2.3.2 受测学生繁体字辨认能力的差异

综合表37受测一、二年级学生辨认繁体字的表现,我们可以得出下列总概:

变数	一年级		二年级		差数	t	p
	平均数	标准差	平均数	标准差			
孤立	78.8	18.4	88.2	11.1	9.4	2.08	0.05
情境	87.9	13.4	94.7	6.0	6.8	2.24	0.03

二年级受测学生的繁体字辨认率比一年级高。孤立状态的差数为9.4,情境状态的有效期数则为6.8,二者的差异是显著的。再说,在0.05显著水平上,情境状态的平均数明显地大于孤立状态的平均数。这或许是二年级学生在修业期间曾阅读古籍及其他繁体字版资料,所以辨认率较一年级为高。

综上而观,无论是一年级或者二年级的受测学生,他们在情境状态下的表现都优于孤立状态的表现,这清楚地显示词境的确给受测学生提供辨认繁体字的一些重要信息。这个发现正好说明华语教学都应以词而非目前以字为基本教学词语单位。

2.3.3 繁体字认读与字频的关系

从表38的数字而观,不管是在孤立或者情境状态下,一年级和二年级学生的繁体字辨认率与字频关系似乎不大,然而在91—100字区中,成绩最低,开始出现较大的差异。因此未来必须继续作1001—3500常用字里的繁体字辨认测查,估计难度肯定会更大。由于新加坡学生一般华语能力较弱,辨认罕见字(3000—3500)中的繁体字难度肯定很大。

表 38　受测学生的繁体字辨认率与字频的关系

	一年级 N＝23		二年级 N＝22		二年级 N＝45	
字序	孤立	情境	孤立	情境	孤立	情境
1—10	96.52 (222)	99.57 (229)	98.64 (217)	100 (220)	97.56 (439)	99.78 (449)
11—20	84.35 (194)	91.30 (210)	93.64 (206)	96.82 (213)	88.89 (400)	94.00 (423)
21—30	87.83 (202)	94.35 (217)	93.18 (205)	97.73 (215)	90.44 (407)	96.00 (432)
31—40	86.09 (198)	93.91 (216)	94.55 (208)	98.64 (217)	90.22 (406)	96.22 (433)
41—50	77.83 (179)	88.70 (204)	86.36 (190)	96.36 (212)	82.00 (369)	92.44 (416)
51—60	89.57 (206)	94.78 (218)	96.82 (213)	98.64 (217)	93.11 (419)	96.67 (435)
61—70	76.52 (176)	86.52 (199)	85.45 (188)	92.27 (203)	80.89 (364)	89.33 (402)
71—80	69.57 (160)	83.04 (191)	83.64 (184)	90.91 (200)	76.44 (344)	86.89 (391)
81—90	70.43 (162)	82.61 (190)	81.82 (180)	93.64 (206)	76.00 (342)	88.00 (396)
91—100	49.57 (114)	63.91 (147)	67.73 (149)	82.27 (181)	58.44 (263)	72.89 (328)

（表 38 中的字序 1 至 100 乃是按照常用字频率从高至低排列）

2.4 小结

从以上测查结果我们可以得出结论:新加坡学生在孤立状态下繁体字辨认率为83.5%,情境状态下则为91.3%;孤立状态与情境状态相关系数高达0.940;二年级学生在孤立状态与情境状态的繁体字辨认率较一年级为高。

本测查结果中繁体字辨认率与字频关系似乎不大,这或许是因为本测查只局限在1000常用字里的繁体字,所以未来如能继续作1001—3500常用字里的繁体字辨认测查,或许能得到新的结论。至于在孤立状态与情境状态下偏误字类型的差异,词境对繁体字的辨认提供受测者何种信息,以及学生繁体字辨认的实况及其所采取的策略(Crystal,1987;Ramsey,1987),也待他日进一步研究。

另外,本测查以词境作为情境状态,由于考查阅读能力还涉及篇章结构以及与读物内容相关的知识等复杂问题(梁荣源,1992),所以在此前提下无法确认新加坡学生是否能顺利地阅读以繁体字印刷的出版品。但是,可以肯定的是,新加坡学生在不需要任何教学指导下,基本上已有辨识常用繁体字的能力,而繁体字对他们并未构成太大的阅读障碍。因此,未来在中学及大学阶段,开放让学校教师自由选用台湾或香港地区的繁体字文本作为补充教材,让新加坡学生写简识繁,具备左右逢源的语言能力,有更多机会吸取来自不同华文世界的文化养分。

附录一 在孤立状态下的繁体字辨认测查表

以下是100个繁体字,试把它们的简体字正确无误地写出来。

1. 會：___ 2. 發：___ 3. 動：___ 4. 對：___ 5. 還：___ 6. 從：___
7. 麼：___ 8. 實：___ 9. 業：___ 10. 當：___ 11. 義：___ 12. 頭：___
13. 無：___ 14. 體：___ 15. 關：___ 16. 應：___ 17. 兒：___ 18. 幾：___
19. 黨：___ 20. 總：___ 21. 隊：___ 22. 戰：___ 23. 農：___ 24. 萬：___
25. 變：___ 26. 邊：___ 27. 階：___ 28. 報：___ 29. 聲：___ 30. 聽：___
31. 運：___ 32. 華：___ 33. 乾：___ 34. 濟：___ 35. 書：___ 36. 聯：___
37. 極：___ 38. 質：___ 39. 導：___ 40. 處：___ 41. 認：___ 42. 圖：___
43. 場：___ 44. 術：___ 45. 達：___ 46. 衆：___ 47. 據：___ 48. 團：___
49. 辦：___ 50. 觀：___ 51. 廣：___ 52. 壓：___ 53. 覺：___ 54. 際：___
55. 舉：___ 56. 專：___ 57. 類：___ 58. 權：___ 59. 習：___ 60. 驗：___
61. 節：___ 62. 備：___ 63. 講：___ 64. 織：___ 65. 積：___ 66. 廠：___
67. 歷：___ 68. 勝：___ 69. 選：___ 70. 斷：___ 71. 縣：___ 72. 興：___
73. 價：___ 74. 證：___ 75. 罷：___ 76. 養：___ 77. 婦：___ 78. 續：___
79. 歡：___ 80. 儘：___ 81. 劃：___ 82. 陽：___ 83. 護：___ 84. 讓：___
85. 擊：___ 86. 顯：___ 87. 舊：___ 88. 歸：___ 89. 歲：___ 90. 衛：___
91. 獲：___ 92. 憑：___ 93. 燈：___ 94. 驚：___ 95. 奪：___ 96. 滅：___
97. 糧：___ 98. 礎：___ 99. 莊：___ 100. 錄：___

附录二　在情境状态下的繁体字辨认测查表

以下是由繁体字构成的 100 个词语，每个繁体词中都有一个括号，试把它们的简体字写在括号里。

1. 會（　）館　2. 奮發（　）　3. 動（　）態　4. 針對（　）
5. 還（　）是　6. 順從（　）　7. 那麼（　）　8. 實踐（　）
9. 畢業（　）　10. 穩當（　）　11. 義（　）務　12. 頭（　）腦
13. 無（　）窮　14. 體（　）現　15. 關（　）懷　16. 適應（　）

17. 兒(　)戲	18. 幾(　)時	19. 政黨(　)	20. 總(　)數
21. 軍隊(　)	22. 戰(　)爭	23. 農(　)藥	24. 萬(　)惡
25. 轉變(　)	26. 邊(　)界	27. 階(　)段	28. 預報(　)
29. 名聲(　)	30. 聽(　)說	31. 命運(　)	32. 華(　)麗
33. 餅乾(　)	34. 經濟(　)	35. 書(　)寫	36. 聯(　)絡
37. 極(　)端	38. 氣質(　)	39. 領導(　)	40. 難處(　)
41. 認(　)輸	42. 圖(　)畫	43. 機場(　)	44. 藝術(　)
45. 傳達(　)	46. 群衆(　)	47. 根據(　)	48. 團(　)結
49. 辦(　)法	50. 參觀(　)	51. 廣(　)闊	52. 壓(　)力
53. 感覺(　)	54. 國際(　)	55. 創舉(　)	56. 專(　)門
57. 種類(　)	58. 權(　)威	59. 習(　)慣	60. 檢驗(　)
61. 節(　)約	62. 設備(　)	63. 演講(　)	64. 組織(　)
65. 堆積(　)	66. 廠(　)方	67. 歷(　)來	68. 勝(　)負
69. 選(　)擇	70. 斷(　)絕	71. 縣(　)長	72. 高興(　)
73. 價(　)錢	74. 證(　)明	75. 罷(　)休	76. 養(　)育
77. 婦(　)女	78. 繼續(　)	79. 歡(　)樂	80. 儘(　)管
81. 計劃(　)	82. 夕陽(　)	83. 愛護(　)	84. 謙讓(　)
85. 沖擊(　)	86. 顯(　)示	87. 陳舊(　)	88. 歸(　)納
89. 歲(　)數	90. 保衛(　)	91. 獲(　)得	92. 文憑(　)
93. 燈(　)籠	94. 驚(　)奇	95. 奪(　)取	96. 消滅(　)
97. 糧(　)食	98. 基礎(　)	99. 莊(　)嚴	100. 錄(　)音

第三节　词汇教学

新加坡的华语词汇教学中一直存在着两个重要落差:一、词汇教学与实际应用之间的落差；二、词典编纂与词典使用之间的落差。出现这两个落差的原因比较复杂。本节一方面尝试以克漏字测验(Cloze procedure)为测量手段，评估新加坡中学生的华文水平，借此对新加坡的华语词汇教学"只见树木，不见森林"的偏失提出个人的意见；另一方面，为了深入了解使用者对词典的需求，我以四十位经验丰富的小学华文老师为研究对象，通过问卷方式调查他们使用词典的现况，希望能探索出词典编纂者的设计与使用者的需求之间所存的差距，并提出适合第二语言学习者使用的词典微观结构革新方案。

壹　克漏字测验

新加坡华族学生从小学一年级开始就必须修读华文作为第二语文，并延至高级中学二年级，为期十二年。学生参加小学六年级离校考试、新加坡剑桥普通教育文凭(普通水准)考试和新加坡剑桥普通教育文凭(高级水准)考试，皆须臻至最低的及格水平，否则将无法晋升至更高一级课程。

学生上华文课的时间每星期三至五小时，接触华文的机会不多，加上新加坡的语言现象复杂、家庭用语不一、学生学习华文的态度差异、学生智力不同，因此学生的华文程度也就良莠不齐。

小学和中学的教材皆采用新加坡教育部课程发展署编写的"新加坡小学华文教材"和"新加坡中学华文教材"。教师皆以这两套华文教材训练学生的听说读写能力。下文将以克漏字测验(1987年)来检验学生是否已经达到预期的华文教学目标，并根据测验结果检讨教材设计原则，分析华文教师在教学中的偏差。

1.1 克漏字测验评述

克漏字测验是从一篇文章中,硬性规定每隔若干字便删除一字,然后要求受试者填上适当的字。受试者在作答时必须对每一个词在句子中的交谈规则、句子法则和语境的限制有充分的把握,这与衡量学习者对某词词义的认识而设计的填充测验(fill-in-the-blank test)并不能等同对待。这种测试能避免设计者对测项的主观臆断,可靠且全面地测量学习者的语言能力,并为教师矫正教学设计提供可依据的讯息。

英语是以词为基本的词汇构项(lexical entry),在克漏字测验也以词为单位,似乎是理所当然,不会引起任何争论。现代华语是以词为基本词汇构项;这是否意味着我们也必须同样以词作为华语克漏字测验的单位,否则就应视为脱轨的做法呢?倘若这种论点正确,换句话说,答案可能不只是单音词,可能是双音词或多音词。我们面对词的划分标准问题,到底应该如何为词下定义呢?词缀到底应该附属于词还是独立存在呢?例如词尾"子"是后加成分,必须附着于词根之后,不能自由存在,我们把它归属为词的附加成分自然毋庸争辩,问题是自由词缀(例如:了、着、过、得、地)皆为助词,表示抽象的语法意义,它们不必一定附着于词根,我们应该如何处置?由于这一系列的问题一时无法给予合理的解决,设计者也就因此而裹足不前。

事实上,非以词作为华语克漏字测验的单位不可这个大前提实在有待商榷。克漏字测验硬性规定每隔若干单位就必须删除一个单位,只有专门术语、日期或太过艰涩罕见的单位除外,无非在力避设计者凭依直观的臆断任意删除,否则就会造成测验的结果在信度和效度上皆偏低。至于删除单位应以何者为准，只要设计者在设计时贯彻始终，前后一致，也就无关宏旨了。为了设计上的便利，我们大可以文字形体——字为单位，一个汉字正好代表一个形体单位，一个词素也类等于一个汉字，在设计时只要硬性规定字数即可。这样可以省去因词划分标准不一所引起的种种困惑。再说，以字作单位还可以审查受试者对复合词或固定词组等是否已经全盘认识。倘若他们的语库只储存片断的语言知识，自然无法填上适当的字，何况华语复合词和固定词组有其限制，受试者可以凭据前后字的线索，恢复原词的本来面目，无形中为我们提供了受试者学习华语构词时的难点。根据王秀莲(Ong,1986:122)的研究，以字为删除单位与选择式理解测验的相关系数比以词为删除单位高。可见，以字为删除单位是一种既便捷又可信的做法。

就英语克漏字测验研究而言，无论评分方式是以原字还是近义字，克漏字测验与阅读测验的相关系数均在 0.77 以上(Brown,1980)。以非英语为母语的说话者为测试对象，克漏字测验和“托福”(TOEFL——Test of English as a Foreign Language 的简称)的相关系数高达 0.83(Oller,1979:355)，华文克漏字测验与阅读理解测验的相关系数约在 0.55 左右(谢泽文,1977)。

1.2　克漏字测验的方法与步骤

1.2.1　取样

受试者皆选自同所中学：一年级快捷班学生 33 位，普通班学生 17 位；二年级快捷班学生 34 位，普通班学生 32 位；三年级快捷班学生 24 位，学生总数为 140 位。

1.2.2 材料和程序

我根据个人的教学经验和判断，节录一篇难度中等又适合学生作答的散文（老舍的《养花》）为材料，以克漏字测验的形式，硬性规定每隔五个字便删除一字留空，让受试者以个人的判断，由上下文意填上适当的字，总计 70 个定位空格，每个空格只许填上一个汉字，时间限定为 35 分钟。测验时，教师不需另加指导。

1.2.3 计分法

克漏字测验有两种计分法。第一种是“原字计分法”（exact word method），学生所填上的字和原文被删略的字相同才能得分；如果学生所填上的字不是原字，即使符合句法、语义等也应当视为错误。原字计分法在应用时较容易，且省时又省力，尤其是受试者与测项数目相当庞大时，研究者由于客观因素的局限，这种计分法也就最管用了。然而原字计分法也有缺点，因为它要求受试者填上作品的原字，这很可能低估学生实际的语文能力。事实上，有创意的受试者所提供的字可能比原字佳，却因此而遭抹煞了（Oller，1979：367）。

第二种是“可用字计分法”（acceptable words method）。学生所填上的字虽然不是原字，但是只要合乎语义和句法等便能得分。可用字计分法与效标量数（criterion measures）的相关系数比原字计分法高（Alderson，1979；Hinofotis，1980；Hinofotis & Snow，1980）。这或许是由于可用字计分法的要求较宽的缘故。相关系数和信度也就相对地偏高。这项工作虽然费时又耗力，还是有代价的。但是，可用字的取舍经常牵涉到研究者主观的评判，信度也就大打折扣了。再说，代换字果真合乎句法和语义，但却可能破坏了作者的作品风格。

原字计分法和可用字计分法的相关系数高达 0.99(Oller,1979:376)。只是分数的等第略有差异,得高分者仍居高,低分者居低。由于本研究的取样有 140 位,定位空格有 70 个,数量相当可观,加上客观因素和个人能力有限,故只好退而求其次,只采用原字计分法,何况本研究的焦点是在探讨学生的一般华文语文能力以及华语教学法,就算有些微差异也无关宏旨。当然,我们并不因此贬低可用字计分法的价值。

克漏字测验试题及计分法见附录三。

1.2.4 分析

a. 从平均差和标准差来看

表 39 克漏字测验结果

班级	人数	平均数	标准差
中一普通班	17	21.23	7.59
中一快捷班	33	28.81	6.82
中二普通班	32	26.53	8.05
中二快捷班	34	28.64	5.67
中三快捷班	24	33.25	6.97

高年级学生成绩的平均数比低年级学生高 12 分左右。快捷班学生成绩平均数比同年级的普通班学生高,而中一快捷班学生成绩的平均数甚至比中二普通班学生高 2 分。各年级快捷班学生成绩的平均数差距也比较普通班学生小。中一普通班的标准差比中二普通班大,但是中三快捷班学生之间的差距比低年级悬殊。综观而论,全部实验学生的平均数为 27.69(占总分约 39.55%),学生得 25 分(占总分 50%)或以下者竟高达 117 位(占总人数

83.57%)。

b. 从字和词的角度通观学生的表现

我们从"字频率和词频率对照表"(附录四)可以清楚地看出词频率的高低与测项的难度恰成反比。一般而言,高词频率的词难度较小,答对率也就偏高;低词频率的词难度较大,答对率自然偏低。字频率的高低与测项的难度没有对应的规律可循。例如"五"、"之"、"门"、"自"、"道"等字皆为高频率的字,但是这些字在短文中皆为复合词或固定词组的成分,《现代汉语频率词典》没有列入,可见这些字皆为低频率的罕见词,学生答对率也皆偏低。同形的汉字,字频率虽然相同,答对率却有参差的现象,这与某字属某词有密切关系。例如"是"字,字频率皆为1.52706,但是,属系词的"是"词频率比连词"是"词频率高,答对率也自然偏高。又如"种"字,属量词的"种"比动词的"种"词频率高,答对率也高。

1.3 评价与问题

测试的结果使我们大感意外,全部受试学生的平均数只有27.69(占总分约39.55%),学生得25分(占总分50%)或以下者竟高达117位(占总人数83.57%)。70个标准答案皆属新加坡教育部2002年公布的《中小学华文字表》中的小学课程用字,也是中国《汉字频率表》的常用字,中国六年制小学语文课本(第十二册)也把老舍的《养花》列为阅读课文。但是,为何受试学生分数皆偏低,实在令人深表疑惑。学生经过六年小学正统华文教育后,根据新加坡教育部原拟的课程计划和教学目标,至少应臻至70%,何况近几年小学离校会考的及格率皆高达85%以上。换句话说,全部的受试学生应当信手自如地填上适用字,否则,小学离校会考的信度和效度也就成了问题，自然无法衡量学生的华语能力。问题的症结何在，我将从各个角度提出个人的见解。

1.3.1　新加坡教育部中小学华文字表

新加坡教育部编选华语教材时应尽可能依照字表所规定的常用字，如果有实际的需要，可以斟酌选用一些字表以外的字，但是不得超过10%。可是汉语从中古音(指切韵系与早期韵图)演变到现代音基本上趋向简化，因而造成大量同音词的涌现。这样一来，歧义现象也随着增多，单音词的扩展正是突破此困境的最佳途径。再说，字只是语言表达的形体单位，不属于语法的范畴。故新加坡教育部的这项规定实欠妥当，我们认为以构词法和句法的基本单位——词为编写原则愈加合理。例如“三年五载”的“五”字，常用字频率为0.10685，而“三年五载”是属低频率的罕见词，学生就算会“五”字，并不等于他能填上“三年五载”的“五”字，因为它只是这个固定词组的词素罢了！再说，词频率的高低与测项的难度成反比。可见，编写者若能以词频率的高低为编写原则设计教材，才能达到循序渐进的教学目的。然而，这只能视为其中一条编写参考原则，倘若编写者处处迁就词表，就会犯上削足适履的偏失。

1.3.2　新加坡华语教师的教学偏差

新加坡华语教师的讲解大多数只停留在正字法、音位和词汇等表面语言层次。他们只要求学生死啃强记“注解”里的词语语音、近似字、表面语义，偶尔也穿插零星词语搭配。为了让生词深化于学生的语言库，老师不厌其烦地给学生听写以及词语解释测验。倘若学生皆能得满分，这就意味教学目标已臻至，教师职责也完尽。我们不否认这些教学工作的价值和意义，问题在于这些只是片断的语言知识，学生仍然无法把这些语言知识搬到语言应用的层面上,因为他们缺乏结合词为句的能力,就算教师“注射”再多的新词,也无法“治疗”学生作文的“贫词病”。多数教师对于词的范畴、规则以及言谈结构也只是蜻蜓点水似的略讲几句,有的甚至排斥一切语言知识的讲授,只让学生自己在多听、多说、多读、多写中摸索其中的“规则”。对于学生犯的错误,他们只提供正确的“标准”答案,至于错误的形式、原因和矫正途径却片言不提,或者提供类似例证,重做一次操练,从而造成“炒冷饭”的状况。这种纯经验的传统语言教学法自然无法训练学生从上下文义中填上适用字,许多学生碰了一鼻子灰,仍不得其门而入。

1.3.3 新加坡中学生华语语文能力

由于新加坡华语教师教学的偏差,使得学生的语言知识只停留在片断零星的文字和词义的表面语言层次,词的范畴、语境却未曾接触,大多只是“循规蹈矩”地把生词的注解生吞活剥地强记下来,考试时再吐出来还回老师就算了事,这种“只见树木,不见森林”的语文学习,自然无法以词语搭配、语法结构、文理脉络间的讯息去理解篇章的梗概,从而填上适用字,恢复原文的真面目。学生平时的语文训练既然不足,他们的克漏字测验分数也就必然偏低。这种教学偏差所产生的一连串问题,正待我们共同去扭转和摆正。

附录三 华语克漏字测验

姓名:______

班级:______ 日期:______

同学们请注意:

1.请你们仔细阅读文章内容,然后在横线上填上一个适当的字。

2.请你们尽可能把试题都做完,在每一条横线上填上一个适当的字。每填对一题可得一分,填错了不扣分。

3. 请不要花太多时间去想某一个横线上的字,如果想不出来,就先做另外一题,以免浪费时间。

4. 例子:

林肯童年的时候,生活很贫苦,家里没有钱买书。______是他很有上进______,肯刻苦学习。他______常为了要看一______书,而走很远的______,到别人家里去借。(答案是:"可""心""常""本""路")

5. 对上面的说明,如果有不明白的地方,请举手问老师。

我爱花,所以也爱养花,我可还没(1)成为养花(2)家,因为没(3)工夫去做(4)究与试验。(5)只把养花(6)作生活中的(7)种乐趣,花(8)得大小好(9)都不计较,(10)要开花,我(11)高兴。在我(12)小院中,到(13)天,满是花(14),小花猫儿们(15)好上房去(16)要,地上没(17)它们的运(18)场。

花虽多,(19)无奇花异(20)。珍贵的花(21)不易养活,(22)着一棵好(23)生病欲死(24)件难过的(25)。我不愿时(26)落泪。北京(27)气候,对养(28)来说,不算(29)好。冬天冷,(30)天多风,夏(31)不是干旱(32)是大雨倾(33);秋天最好,(34)是忽然会(35)霜冻。在这(36)气候里,想(37)南方的好(38)养活,我还(39)有那么大(40)本事。因此,(41)只养些好(42)易活,自己(43)奋斗的花(44)。

不过,尽管(45)草自己会(46)斗,我若置(47)不理,任其(48)生自灭,它(49)多数还是(50)死了的。我(51)天天照管(52)们,像好朋友(53)地关切它(54)。一来二去,(55)摸着一些(56)道:有的喜阴,(57)别放在太(58)地里;有的(59)干,就别多(60)水。这是个(61)趣。摸住门(62),花草养活(63),而且三年(64)载老活着,(65)花,多么(66)意思呀!不(67)乱吹,这(68)是知识呀!(69)得些知识,(70)定不是坏事。

华语克漏字测验原字计分法

题号	答案	答对率	题号	答案	答对率	题号	答案	答对率
1	有	75.71	21	草	4.28	41	我	72.14
2	专	16.42	22	看	16.42	42	种	0.71
3	有	86.42	23	花	27.14	43	会	13.57
4	研	22.85	24	是	47.85	44	草	15.00
5	我	65.00	25	事	75.00	45	花	62.14
6	当	61.42	26	时	2.85	46	奋	67.85
7	一	80.00	27	的	87.42	47	之	20.00
8	开	22.14	28	花	93.57	48	自	37.85
9	坏	47.14	29	很	70.00	49	们	43.57
10	只	64.28	30	春	25.71	50	会	39.58
11	就	55.71	31	天	68.57	51	得	0.71
12	的	65.00	32	就	57.14	52	它	82.14
13	夏	2.14	33	盆	25.71	53	似	11.42
14	草	12.14	34	可	15.00	54	们	77.85
15	只	33.57	35	闹	0.00	55	我	7.85
16	玩	87.14	36	种	52.14	56	门	2.85
17	有	87.85	37	把	12.85	57	就	77.85
18	动	87.14	38	花	37.85	58	阳	40.00
19	但	32.85	39	没	69.28	59	喜	18.57
20	草	9.23	40	的	96.42	60	浇	22.14

（续表）

61	乐	22.14	65	开	9.28	69	多	12.14
62	道	3.57	66	有	77.14	70	一	61.42
63	了	35.71	67	是	16.42			
64	五	0.00	68	就	15.71			

附录四　字频率和词频率对照表

字条	词条	词类	字频率	词频率	答对率
的	的	助词	4.16489	5.61737	65.00
					81.42
					96.42
一	一定	副词	1.83711	0.07593	61.42
	一种	数词	1.83711	1.57273	80.00
是	是	系词	1.52706	1.66090	47.85
	不是……就是	连词	1.52706	0.10081	16.42
了	了	助词	2.19727	1.70609	35.70
我	我	代词	1.28454	1.29108	65.00
					72.14
					7.85
有	没有	否定词	0.98235	0.14029	72.71
					86.42
					87.85
	有	动词	0.98235	0.95792	77.14
就	就	副词	0.62457	0.76894	55.71
					77.85

（续表）

	就是	连词	0.62457	0.02579	57.14
					15.71
得	得(dei)	助动词	0.41380	0.04656	0.71
会	会	助动词	0.39129	0.16441	13.57
					39.28
看	看	动词	0.34495	0.35621	16.42
可	可是	连词	0.34451	0.10081	15.00
没	没有	否定词	0.31646	0.14029	69.28
多	多	形容词	0.31276	0.16274	12.14
天	夏天	名词	0.30900	0.00685	68.57
把	把	介词	0.29799	0.37287	12.85
自	自生自灭	动词	0.27548	—	37.85
道	门道	名词	0.23041	—	3.57
只	只好	副词	0.21464	0.01446	33.57
	只要	连词	0.21464	0.02914	64.28
种	种	量词	0.21326	0.20207	52.14
	种	动词	0.21326	0.01856	0.71
事	事	名词	0.21326	0.11709	75.00
开	开	动词	0.20452	0.07509	22.14
					9.28
很	很	副词	0.20115	0.27670	70.00
当	当做	动词	0.16791	0.00753	61.42
它	它们	代词	0.16503	0.04451	82.14
之	置之不理	动词	0.13373	—	20.00

（续表）

但	但	连词	0.13025	0.07760	32.85
五	三年五载	副词	0.10685	—	0.00
门	门道	名词	0.10398	—	2.85
花	花	名词	0.08705	0.03353	27.14 93.57 37.85
	花草	名词	0.08705	0.00030	62.14
研	研究	名词	0.06902	0.07616	22.85
草	花草	名词	0.04441	0.00030	12.14 4.28 15.00
	奇花异草	名词	0.04441	—	9.28
专	专家	名词	0.03750	0.00654	16.42
坏	坏	形容词	0.03484	0.02587	47.14
阳	太阳	名词	0.03114	0.02670	40.00
喜	喜	动词	0.03031	0.00373	18.57
乐	乐趣	名词	0.02334	0.00084	22.14
春	春天	名词	0.02218	0.01050	25.71
奋	奋斗	动词	0.01786	0.00799	67.85
闹	闹	动词	0.01709	0.01415	0.00
玩	玩耍	动词	0.01432	0.00053	87.14
夏	夏天	名词	0.01206	0.00685	68.57
盆	倾盆	副词	0.01067	0.00061	25.71
浇	浇	动词	0.00348	0.00358	22.14

（“—”表示《现代汉语频率词典》未列入）

贰 汉语词典应用与编纂的落差及汉语词典微观结构的革新

从第一章我们了解到:新加坡这个多元种族的社会里,四十年来,华族社群出现急剧的语言易位现象。华语虽然在目前新加坡华族社群里仍为主要通用语言,但是英语取代华语成为新加坡主要家庭用语是指日可待的趋势,而且华语并非主导的行政语言与教学媒介语。因此,以华语作为第二语言的新加坡学习者的华语接触频率,自然与在中国大陆与台湾地区以汉语作为第一语言与主要教学媒介语的学习者差距颇大。然而,第二语言学习者又不同于以汉语作为外语学习的外籍人士(例如:日韩、欧美地区的学习者)。由于第一语言、第二语言及外语学习者的汉语环境与经验并不相同,第二语言学习者所面对的汉语学习问题并不一定是第一语言学习者的语言学习障碍。

作为语言学习工具的词典,除了教导学习者掌握词典的检索技能外,词典使用者的类型与语言技能活动也必须加以考虑。新加坡第二语言学习者受限于出版市场狭小,只能高度依赖中国编纂的汉语词典,然而这些以汉语作为第一语言的学习者所使用的词典,是否能合乎以汉语作为第二语言的词典使用者的需求?而且以汉语作为第二语言的使用者在进行解码活动时,这些词典的词库量是否足够应付当地独特的汉语情境?释义用语是否考虑到第二语言学习者的语言程度?而在进行编码活动时,词语的用法、字形及语音乃使用者最需要的信息,各华语地区在此是否存有差距?这些问题希望透过新加坡词典使用者的问卷调查得到答案。

针对问卷调查反映出的问题,本节也将从学习者类型、学习者初始语言、词典释义语言数量，分析学习者类型词典，并以词条“生气”为样本，论述现有汉语词典词条处理的优点和局限，最后提出适合以汉语作为第二语言学习者的词典微观结构革新样式。

2.1　词典类型与词典的有效性

2.1.1　词典类型

目前在新加坡坊间可购买到的华语单语词典或者汉英双语词典，大多数为本地出版社依据中国现有版本的词典重新排版印刷而成，也有少数是直接从中国进口原装词典。这些词典主要是根据中国读者（华语作为第一语言者）的不同需求编纂而成，大致分为两大类：

a. 语言词库

以探索词源为主要任务，例如：吴泽炎编《辞源》（1988）、夏征农编《辞海》（1989）、罗竹风编《汉语大词典》（1997），对语言学习者的词汇理解与应用裨益不大。

b. 语言学习工具

以学习者的需求为主轴。由于词典编写的侧重点不同，形成不同的词典“风格”，例如：中国社会科学院语言研究所词典编辑室编《现代汉语词典》（1979/1996）以词语规范为主轴，张彦平编《现代汉语用法词典》（1994）以提供大量词语用法信息为重点，孙全洲编《现代汉语学习词典》（1995）以英语学习者词典（learner's dictionary）为框架，王还编《时代汉英双解词典》（1998）以英语为母语的对外汉语学习者为主要对象，郭良夫编《应用汉语词典》（2000）以讲用法、辨析近义词以及设“文化方框”为特色。

然而，这些中国编纂的华语词典的前言及使用说明清楚地显示,大部分的词典仍以华语作为第一语言学习者的需求为编纂方向,并以中国大陆通行的词语为核心词汇,甚少从以华语作为第二语言与外语学习者的需求以及其他华语地区的通行词汇作考量。

2.1.2 词典的有效使用

倘若要有效地利用词典作为词汇学习与教授工具,必须考虑的三点要项包括:词典使用者的类型、涉及的语言技能活动以及词典的检索技能。

a. 词典使用者

从语言学习着眼,词典使用者可分为三大类:第一语言学习者、第二语言学习者、外语学习者。在使用词典时,前者较集中在解码活动,后两类则解码与编码活动皆同时进行。另外,从学习者的语言能力着眼,词典使用者一般也可分为三级:初级、中级、高级。

b. 语言技能活动

从信息的传递过程而观,语言技能可分为两大类:

i) 解码活动

在进行听技与读技解码活动时,词库量的多寡与词义及释义用语为重要的信息。前者包括常用词、罕用词、虚词、固定词组(例如:成语、谚语、惯用语、歇后语等)、专有名词、简称、文化信息词语。后者则包括单义与多义、单语与双语释义用语。

ii) 编码活动

在进行说技与写技编码活动时,词语用法与字形及语音为必备的信息。前者包括句法信息、搭配、例证、相互参照词语、感情色彩、语体色彩、地域色彩、离合词。后者包括笔顺、简繁字体、注音方式(例如:汉语拼音、注音字母)。

c. 词典检索技能

从词典的结构来看,词典检索技能可以分为宏观结构与微观结构。前者由于词典的词条编序(例如:音序法、部首法)不同,主要在指导使用者检索特定词条的相关信息。后者则偏重指导使用者利用特定词条信息(例如:注音、词义、词类等)进行词汇的学习与应用。

根据以上有关词典使用者、语言技能活动、词典检索技能的论述,现以图表总结词典的有效使用如下:

图 8 词典的有效使用图

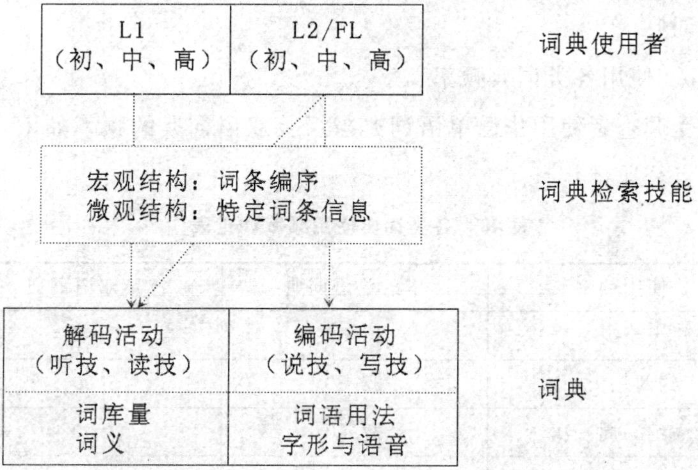

2.2 新加坡华语教师词典使用情况调查

为了深入了解华语教师使用词典的现况以及对词典的需求,本研究调查(2001年)以上文"2.1.2词典的有效使用"为基本框架,希望能探索词典使用者的需求与编纂者的设计之间所存的差距。

2.2.1 调查对象

本调查以40位教学经验丰富的新加坡小学华文教师为研究对象,其中75%超过40岁且教学年资也超过20年;25%则年龄低于40岁及教学年资低于20年。

2.2.2 调查方式

本研究通过问卷方式进行,调查的内容可分为三大部分:词典概况、词典检索情况、背景资料,并以匿名方式进行调查。

2.2.3 调查结果

a. 拥有各类词典情况

全部的受调查者都拥有华语单语词典,多达75%也拥有汉英双语词典。

b. 使用各类词典频率

受调查者使用华语单语词典与汉英双语词典的频率如下(数字以百分比计):

表40 各类词典使用频率调查表

使用频率	华语单语词典	汉英双语词典
每天至少一次	12.50	5.00
大约两三天一次	32.50	5.00
大约一周一次	27.50	7.50
不常使用	27.50	55.00
不曾使用	0.00	27.50

72.50%的受调查者经常使用华语单语词典,而只有17.50%经常使用汉英双语词典。反观,高达82.50%不常或不曾使用汉英双语词典,只有27.50%不常使用单语词典。

总体而言,大部分受调查的华文教师高度依赖华语单语词典搜寻相关资料。纵然高达75%的受调查者声称他们拥有汉英双语词典,却只有少于20%的受调查者也同时使用[①]。虽然英语为学校教育的主导语言,一般学生掌握英语的能力随着年级的提高而逐渐高于华语。但是,调查结果显示大多数的华文教师并不以英语为辅助语言进行词汇教学。至于他们本身为何不使用汉英双语词典的原因,是否与这群平均年龄较高的华语教师受限于英语水平或与其他因素[②]有关,还待进一步探索。

c. 词典释义用语

80%的受调查者认为词典的释义用语最好是华语单语,只有20%偏向汉英双解,此结果与前两项调查[③](拥有各类词典情况、使用各类词典频率)的反应颇为一致。

d. 词典检索词语类别

词典所提供的词汇类别繁多,各词语类别的使用频率由于需求不同而有别,调查结果如表41(表41的数字愈高表示使用度愈高)。

受调查者经常利用词典检索的词语包括实词、虚词、新词、固定词组,偶尔也检索专有词语、文化信息词语、简称、禁忌语。

---

① 值得注意的是这20%同时使用华语单语与汉英双语词典者,竟没有一位是年龄介于20至30岁的年轻华语教师。

② 新加坡华语文教学界仍以纯华语教学为主流,以避免英语的"污染"。其实,在语言学习的过程中,第一语言(或优势语言)的迁移(或干扰)是无可避免的自然现象,与其消极地避免干扰,不如积极地利用迁移,提高语言学习的效果。

③ 在这20%偏向汉英双语的释义用语者中,只有两位(5%)是年龄介于20至30岁的年轻华语教师。

表41 检索词语类别调查表

序号	词典检索词语类别	使用度
1	实词	6.20
2	虚词(语助词)	5.23
3	新词	4.75
4	固定词组(例如:成语)	4.58
5	专有词语	3.80
6	文化信息词语	3.10
7	简称	2.00
8	禁忌语	1.23

从使用频率统计结果而言,词语信息含量低的虚词基本上高于词语信息含量高的实词(北京语言学院语言教学研究所,1986),但是,在利用词典检索词语的频率上,实词的使用频率(6.20)则高于虚词(5.23)。调查结果也可看出受访者经常检索新词(4.75),因此词典能跟上潮流,尽速更新是十分重要的。至于第二语言学习者及外语学习者不时需要检索的文化信息语词、简称、禁忌语等,对这群年龄层较高的华文教师并非大问题,未来是否新加坡的使用者会增加对这些词语的检索需求,还有待进一步调查。

e. 在进行语言技能活动时使用词典的频率

在进行语言技能活动时,需要使用词典以理解或者应用词语,其使用频率如表42。

在语言四技中,写技使用词典频率最高,读技次之,而后为说技,听技居末。换句话说,高使用频率者皆隶属书面语技能,口语技能(听、说)较少借助词典。

表 42　语言四技使用词典频率调查表

使用频率	听技	说技	读技	写技
经常使用	5.0	7.5	30.0	55.0
不经常使用	10.0	20.0	27.5	22.5
有时使用	47.5	57.5	37.5	15.0
很少使用	30.5	10.0	2.5	7.5
从不使用	7.5	5.0	2.5	0.0

f. 在进行语言技能活动时经常检索的词典信息

在进行语言四技活动所经常检索的词典信息并不完全相同，调查结果如下(数字愈低表示该词典信息检索率愈频繁，其中 1＝经常检索，5＝从不检索)：

表 43　检索词典信息调查表

词典信息	听技	说技	读技	写技
注音	2.28	2.33	1.98	2.55
词语用法①	2.50	2.38	2.23	2.03
概念意义的解释	2.53	2.85	2.10	2.13
句法信息②	2.73	2.73	2.55	2.23
相互参照词语③	2.10	3.00	2.83	2.35
色彩意义的解释④	3.03	2.93	2.78	2.28

① 例如：搭配、离合词、重叠形式。
② 例如：词类。
③ 例如：近义词、反义词、近形词。
④ 例如：感情色彩、语体色彩。

(续表)

字形[①]	3.30	3.45	3.08	2.65
区域语言变体[②]	3.48	3.38	3.63	3.38
词源[③]	3.50	3.60	3.53	3.53

在写技方面所检索的前四个优选词典信息顺序:1)词语用法、2)概念意义的解释、3)句法信息、4)色彩意义的解释;读技的优选顺序:1)注音、2)概念意义的解释、3)词语用法、4)句法信息;说技的优选顺序:1)注音、2)词语用法、3)句法信息、4)概念意义的解释;听技的优选顺序:1)相互参照词语、2)注音、3)词语用法、4)概念意义的解释。语言四技的优选顺序虽然略有差异,但受调查者在语言四技活动中都需要检索的两个词典信息是"词语用法"与"概念意义的解释","注音"则在读说听三技时需要检索。

虽然,在词典中也提供其他词语信息(例如:相互参照词语、色彩意义的解释、字形),受调查者只是偶尔检索。至于词典所提供区域语言变体、词源,这批受调查者的检索频率并不高。

g. 购买词典所考虑的因素

在购买词典时,受调查者所考虑的因素如表 44(数字愈低表示该因素愈重要,其中 1=非常重要,5=非常不重要)。

受调查者在购买词典的优选顺序为:1)词条的选取范围与标准、2)使用者语言能力级别、3)使用者类型、4)提供词条频率级别。

① 例如:笔顺、相应繁体字、异形字。

② 例如:外来语 Taxi 各地名称不一,台湾地区国语称"计程车"、新加坡华语称"德士"。

③ 例如:古音、古义。

表 44　购买词典所考虑的因素调查表

序号	购买词典所考虑的因素	平均值
1	词条的选取范围与标准	1.65
2	使用者语言能力级别	1.78
3	使用者类型	1.88
4	提供词条频率级别	1.93
5	提供对应的繁体字	2.58
6	价格	3.13
7	版型	3.33

这是因为受调查者从事语言教学工作，他们必须教导学生理解与应用词语，因此他们最关注的要点乃在于词典如何处理词语（序号1、序号4）与词典使用者的语言特征（序号2、序号3）上，至于词典的“外在”因素（版型、价格）以及是否提供辅助信息（例如：对应的繁体字），皆较不重视。

在这次的调查中，由于75％受调查的华文老师年龄超过40岁且教学年资超过20年，他们多半沿袭传统“华校”纯用华语授课方式，在利用坊间中国编纂的词典作为词汇学习的工具时，仍强调单纯以华语的释义方式为正统，未积极地利用学习者熟悉的英语词汇作为正迁移学习策略，这样的心态可从汉英词典的应用比例偏低看出。

除了词典使用者的类型不同，再加上各华语地区又有其特有词语，新加坡学生检索华文词典时，不但内容与生活经验脱节，单纯以华语的释义方式更加深华文学习的困难度。所以华文教师在教学时可适当地应用汉英双语词典作为辅助工具。在目前阶段应用华语词典时,由于还未有一本词典能包容所有的相关词典信息,新加坡使用者也只能退而求其次,综合地应用现有的词典优点。当然,倘若能集合各使用华语地区专家学者编纂出合乎各地使用者的词典,将是更理想的做法。

2.3 学习者类型词典分析

除华语教师外,新加坡另一类较频繁使用汉语词典的人群就是中小学的华语学习者。如果说华语教师在面对不适合本地情况的词典时尚能保持一定的自主性,华语学习者则更多地被手中的词典所左右。从这个意义上看,本地的华语学习者更需要适合自己使用的学习者类型词典。

2.3.1 学习者类型

从社会语言功能而言,华语的学习不仅是心理语言历程的一部分,还包括学习者社会化的过程。从华语使用的广度与深度,可划分出不同程度的学习者。广度包括华语功能的情境与语域;深度则指华语在个人语域(例如:商业、教育、行政等)的使用能力。

华语在中国海峡两岸属于第一语言教学,不仅是主要教学媒介语,也是最常使用的交际媒介,遍及政府部门和教育、科技、商业等专业领域。在这种强势语言主导的环境下,学习者接触华语的频率很高。

相对而言,华语在新加坡这个多元种族的社会里,偏向文化传承的情感功能,属于华人日常应用的低阶语,而英语则被定位为高阶语,普遍应用于工作及学习环境,也是超种族的共同语及进入国际社会的桥梁。

在学校中，新加坡教育部所施行的是以英语为主要教学媒介语，华语仅为一门必修科的非平行双语教育。虽然华语在新加坡华族社群是主要通用语，但仍非国家主导语与主要教学媒介语，因此以华语作为第二语言的新加坡学习者接触汉语的频率，自然与中国海峡两岸的学习者差距颇大。

华语在日韩、欧美地区属于学校课程中外语的教学范围，它不仅不是当地主要的教学媒介语，也不是这些地区行政、商业、科技界通行的交际用语。日韩或欧美人士学习外语的目的，主要是与说华语的华人交际，或者阅读华语文本。因此，这些以华语作为外语的日韩或欧美学习者，接触华语的频率又更低于新加坡的华族学习者。

2.3.2　学习者的初始语言

如上文所述，由于学习者初始语言的差异，本族人的第一语言使用者词典与非本族人的第二语言及外语使用者词典的内部结构不尽相同。

第一语言使用者大多集中在听说二技的解码活动，经常使用词典查词义与正词法信息，无视句法与搭配等复杂问题。

第二语言与外语使用者在使用词典时，皆须兼顾听说二技的解码活动与读写二技的编码活动，加上接触目标语的机会有限，无法培养自然语感，更需要高度依赖词典作为判断语言合法度的依据。而且，这些使用者因为掌握的词汇有限，此类词典的释义用语数量必须受到控制。

2.3.3　词典释义语言数量

由于第一语言、第二语言及外语学习者的汉语环境与经验并不相同，第二语言与外语学习者所面对的汉语学习问题并不一定是第一语言学习者的学习障碍。例如，以英语为主要家庭用语的欧美学生，在学习汉语的过程中，无可避免地面对英语的迁移。因此在初始阶段应充分利用学习者的主导语言(英语)作为辅助学习语言，而后随着学习者汉语程度的提高渐渐只使用汉语进行学习。

Zöfgen(1991)①便指出双语学习者词典,并非作为习得与翻译的传统通用词典,而是作为呈现语际信息的教学参照词典。至于有关通用双语学习者词典的使用对象,大多为初级与中级语言水平学习者,而高级语言水平学习者则使用单语学习者词典②,例如:Crowther 编著 *Oxford Advanced Learner's Dictionary of Current English*③。

2.4 现有汉语词典词条处理管窥

本节将以词条"生气"为样本,深入分析通用词典(包括汉语单语词典与汉英双语词典两类)编者对该词条参照单位的处理,论述其微观结构样式的优点与局限。

2.4.1 汉语单语词典

a. 《现代汉语词典》

《现代汉语词典》(中国社会科学院语言研究所词典编辑室编,北京:商务印书馆,修订本,1978/1996)是以汉语作为第一语言的

---

① 有关 Zöfgen(1991)对双语学习者词典的见解,转引自 Hartmann,R. R. K. (2001) *Teaching and Researching Lexicography*. Harlow: Pearson Education, 76。

② 参酌 Allen,R. (1996) The year of the dictionaries. *English Today*,12.2:41-51 对第一语言单语词典与高级语言水平学习者单语词典的内部结构差异所作的分析。

③ Crowther,J. (ed.)(1995) *Oxford Advanced Learner's Dictionary of Current English*. 5th edn. Oxford: Oxford University Press.

中等以上语言文化程度的使用者为对象，并以词语规范为编辑主轴的语文工具书，其词条“生气”如下：

【生气[1]】shēng //qì 因不合心意而不愉快：孩子考试成绩很差，妈妈非常～|快去认个错吧，他还在生你的气呢！

【生气[2]】shēng qì 生命力；活力：～勃勃|青年是最有～的。

【生气】分立两个条目，表示“生气”是同形同音多义词。为了便于论述，称第一个“生气”为【生气[1]】；第二个则称【生气[2]】。按词频顺序，把高词频的【生气[1]】排列在低词频的【生气[2]】之前。

在 shēng 与 qì 之间加上“//”号表示【生气[1]】是个离合词，即在“生”与“气”之间准许添加插入语（例如：生你的气）。反之，【生气[2]】的 shēng qì 之间未加“//”号，表示是个非离合词，不可拆开用。

词语释义列在“：”号之前，以“因不合心意而不愉快”注释【生气[1]】；以【生气[2]】的近义词“生命力；活力”注释【生气[2]】。以低频词“心意”、“愉快”注释高频词【生气[1]】，此种释义用语对汉语作为第一语言的中等汉语水平以上的使用者而言并无不妥。但是，这不但无助于以汉语作为外语的初、中级汉语学习者借此理解词义，反而更加混淆。

例证列在“：”号之后，以“|”隔开，收入内含该词条的两个典范的句子或者词组，不加其用法的具体说明。

b.《现代汉语用法词典》

《现代汉语用法词典》（闵龙华编，南京：江苏少年儿童出版社，

1994)提供词语用法信息,革新词典的微观结构,为本词典的主要特点:

【生气】shēng qì❶动。因不合心意而不愉快;不带宾语:不要为这点小事～。可加程度副词:孩子不听话,她很～。可拆开用:生谁的气? ❷名。生命力,活力:～勃勃|青年人最富有～,最少保守思想。

不以分立两个条目编排同形同音多义词,而是在【生气】条目下以数码❶标示【生气[1]】、数码❷标示【生气[2]】,这两种编排方式正好体现词典编者的现代汉语词汇基本结构观,至于何者为优,纯属词汇理论层次课题,不在此申论。

本词典不仅从《现代汉语词典》不标词类进阶到分别注明词类,而且还提供该词条的相关用法信息。例如:【生气[1]】里的"不带宾语"、"可加程度副词"、"可拆开用"(离合词)。虽然编者力图革新,但是释义用语仍落入《现代汉语词典》的窠臼,而且犯上抄袭原文的大忌。

c.《现代汉语学习词典》

《现代汉语学习词典》(孙全洲编,上海:上海外语教育出版社,1995)仿照 Hornby 著 *The Advanced Learner's Dictionary of Current English*① 的句子类型(sentence pattern)方式,提供例证的句法信息:

---

① Hornby, A. S., Gatenby, E. V. & Wakefield, H. (eds.) (1948) *The Advanced Learner's Dictionary of Current English*. 1st edn. (2nd edn, 1963) Oxford: Oxford University Press.

【生气】shēng qì[名]生命力；活力。[例]～勃勃|虎虎有～/春天里万物都充满～。（"名"句 2）/这是个很有～的小伙子。（"名"句 7）

[同义]生意/生机/活力/生命力

[反义]死气（～沉沉）

【生∧气】shēng qì[动]＜不及物＞因不合心意产生不愉快的情绪。[例]孩子不听话，爸爸很～。（"动"句 1）/请你不要～了。（"动"句 10）/你生谁的气呀？

[同义]气恼/发火/发怒/动气/恼火/光火

[反义]消气/压气/解气

编者除了注明词条的词类（及其小类，例如：＜不及物＞）、特殊用法（例如：离合词，以【生∧气】形式标识）以外，还在例证之后提供其句子类型（例如："名"句 2、"动"句 1）。但是，这种不透明且过于复杂的句式代号，徒增学习者的困扰与检索词语的时间。除此之外，编者还提供相互参照的同义词与反义词。至于这些词典构成成分是否对学习者掌握词语有所裨益，或者反而使学习者更为混淆，还待进一步探索。

本词典除了犯上抄袭《现代汉语词典》释义用语的大忌外，同时也不按词频的多寡，把低词频的【生气[2]】排列在高词频的【生气[1]】之前，无形中自贬词典编辑的专业水平。

2.4.2　汉英双语词典

a.《汉英词典》

《汉英词典》（北京外国语学院英语系《汉英词典》编写组，香港：商务印书馆，1978）以英语作注解语言，是针对英语为第一语言的汉语使用者的中型语文工具书。

【生气】shēng qì❶take offence；get angry ❷ life；vitality：～勃勃 dynamic；vigorous；full of vitality/青年是整个社会力量中的一部分最积极最有～的力量。Young people are the most active and dynamic force in society. /解放前一些濒于绝境的工艺美术，现在充满了～。Certain arts and crafts which were on the verge of extinction before liberation are now flourishing.

编者以英语注释，例证后附上汉语译文。由于例证富有浓厚的政治色彩，“注意收入反映我国社会主义革命和社会主义建设，特别是反映无产阶级文化大革命以来的新生事物的词语、例证”（该书前言·第一页），无形中局限了语言使用的广度。

该书 1997 年修订版有所改变，“生气”按词频高低分立两个条目，例证比较全面，且把原版中的例证“生气勃勃”改成独立条目。

《新时代汉英大词典》（吴景荣、程镇球主编，北京：商务印书馆，2000）中词条的微观结构样式与《汉英词典》颇相似，但是例证（以词条“生气”为例）较全面。

b. 《汉英词典》（ABC Chinese-English Dictionary）

这部《汉英词典》（De Francis 编，上海：汉语大词典出版社，1997）的词条编排序列一反主流的“音节·汉字双层序列法”，而改采“单一字母序列法”，完全按照 26 个拼音字母的顺序排列。

shēng qì * 生气 VO. Take offence；get angry ◆N. life；

vatality.

shēng qì-bó bó 生气勃勃 PH. full of vitality

编者以◆号表示词性的变化，以作为【生气[1]】与【生气[2]】的区别。以 VO.(verb-object)[动宾式动词]标识两个词素之间可以插入其他成分，而“生气勃勃”以自主词条方式编排。但是，也犯上抄袭北京外国语学院英语系编著《汉英词典》的英语释义用语的大忌。

c. 《时代汉英双解词典》

《时代汉英双解词典》(王还编，新加坡：联邦出版社・北京语言文化大学出版社，1998)不仅以英语释义，同时还以英语为第一语言的汉语初、中级水平的外籍学习者的需求为主轴，增加其他参照单位：

【生气】shēng qì(名) *life*; *vitality*; 那个杂志办得很有～。nàgè zázhì bànde hěn yǒu ～. *That magazine has a lot of verve*.

【生气】shēng qì *take offense*; *get angry*: 有几个学生没做作业，老师～了。Yǒu jǐ ge xuésheng méi zuò zuòyè, lǎoshī ～le. *Several students didn't do their homework*, (*so*) *the teacher got angry*. /你生谁的气？nǐ shēng shuí de qì？*Who are you angry at*？/他这个气生得没有道理。Tā zhègè qì shēng de méiyǒu dàolǐ. *He got angry for no reason*.

【生气勃勃】shēngqì bóbó 生命力强,富有朝气 *dynamic; vigorous; full of vitality*:他们科研小组搞得~。Tāmen kēyán xiǎozǔ gǎo de ~。*That group energetically engaged in scientific research.* /生活中最主要的是那些~、充满热情的东西。Shēnghuó zhōng zuì zhǔyào de shì nàxiē ~、chōngmǎn rèqíng de dōngxi. *The most important things in life are those which are full of life and brimming with warmth.*

本词典的特色是在例证后不仅附上英语译文,还加上汉语拼音。美中不足之处出在编者不按词频顺序编排【生气[1]】与【生气[2]】,无形中影响词典编排的素质。

根据 Hartmann, R. R. K. (2001) *Teaching and Researching Lexicography*, Harlow: Pearson Education, 170 的定义,双解词典 (bilingualised dictionary) 指以目标语的单语词典的词条为蓝本,并全部或者部分译成学习者的母语,例如:McArthur, T., Chang, S. W. & Huang, Y. L. (1992) *Longman Lexicon of Contemporary English*, (English-Chinese edition), Hong Kong: Longman Asia。但是,根据《时代汉英双解词典》词条的编辑样式,并未提供汉语单语词典的词条参照信息,所以应隶属双语词典 (bilingual dictionary)。

2.4.3 词条参照单位总结

从上述词典微观结构的分析,现有汉语单语词典与汉英双语词典的词条所包含的参照单位无论是形式评述(包括注音、语法)

或者是语义评述(包括释义、用法、相互参照词语),二者的词条所包含的参照单位皆无异。由于使用者对象有别,前者纯以汉语表述,后者以英语释义,并在例证后附上汉语拼音与英语译文。

2.5　学习者词典微观结构的革新

2.5.1　词典使用者的条件

以特定的学习者为对象,在设计汉英双语学习者词典时,必须符合以下条件:

a. 学习者类型:汉语作为第二语言的新加坡华族学习者与汉语作为外语的英美籍学者。两者接触汉语的机会仍然有限,无法通过本身的自然语感,作为判断汉语合法度的依据。

b. 学习者年龄:接受中等教育的新加坡华族学习者与在大专阶段修读中级汉语水平课程的学习者。

c. 学习者初始语言:英语为学习者的第一或者主导语言,汉语则作为第二语言与外语。因此,使用者高度依赖词典掌握解码与编码技能。同时,学习者的词汇有限,释义用语的数量必须受到控制。

d. 学习者参照需求:词典应提供释义、正字法、注音、同义词、使用说明四项基本参照信息。

e. 学习者语言水平:中级汉语水平学习者,利用英语作为学习汉语过渡期的辅助工具。

2.5.2　词典微观结构的革新样式

以词条“生气”为样本,下表将示范新式汉英双语学习者词典对该词条参照单位的处理,并指出如何革新其微观结构。

<table>
<tr><td>[1] 【生气[1]】[shēng qì]</td><td>[2] ☯☯☯☯☯</td><td>[1]词条、注音;[2]频率①</td></tr>
<tr><td>[3] 当你生气时,你对某人或某事感到很不高兴|take offence;get angry|</td><td>[4] ADJ,VO
[5] =发怒</td><td>[3]汉英释义;[4]词性
[5]近义词</td></tr>
<tr><td>[6] 妈妈很～|māma hěn ～|Mother is very angry.</td><td>[7] 十分～/非常～</td><td>[6]汉语例证1:注音、英语译文;[7]搭配词语</td></tr>
<tr><td>[8] 你在生谁的气|nǐ zài shēng shuí de qì|Whom are you angry with?</td><td>[9] 生[PR][的]气(离合词)
[10] 你/叔叔/老王十的</td><td>[8]汉语例证2:注音、英语译文;[9]用法;
[10]搭配词语</td></tr>
<tr><td>[11] 【生气[2]】[shēng qì]</td><td>[12] ☯☯○○○</td><td>[11]词条、注音;[12]频率</td></tr>
<tr><td>[13] 生命力;活力|life;vitality|</td><td>[14] N
[15] =生机
[16] ×死气</td><td>[13]汉英释义;[14]词性;[15]近义词;[16]反义词</td></tr>
<tr><td>[17] ～勃勃|～bóbó|full of vitality</td><td>[18] PH
[19] ×死气沉沉</td><td>[17]汉语例证1:注音、英语译文;[18]用法;[19]反义词</td></tr>
<tr><td>[20] 年轻人富有～|nián qīng rén fù yǒu ～|Young people are full of vigour.</td><td>[21] 有～/充满～</td><td>[20]汉语例证2:注音、英语译文;[21]搭配词语</td></tr>
</table>

① 【生气[1]】与【生气[2]】的词频标示,纯属示范,并非根据词库频率信息而制定。

2.5.3 词典微观结构的特征与说明

上述词典微观结构的特征与说明如下：

a. 每个条目外加【】，凡同形同音异义词，按照词频顺序分立两个条目，并在条目的右上方标注阿拉伯数字，以排除在主条目下以数码标示不同义项可能引起的语义关系争论。

b. 特设右边专栏，提供主要词语用法信息：词频、语法标示与其他特征，使主栏的参照单位不致过于杂乱。

c. 以通用的汉语拼音注音，电子版可外加读音。

d. 词频分为五级：五个易经符号(☯，用此符号纯属个人喜好)频率最高，一个则最低，以标示每个条目的词频。

e. 控制汉语释义用语，尽量采用全句定义，同时提供英语对译词。

f. 由于使用者的主导语言为英语，因此词性直接用英语缩写形式注出。

g. 提供常用参照词语，例如：近义词与反义词。

h. 每个词条都有两个典范汉语例证，同时提供例证注音、英语译文、搭配词语，并视需要提供词语用法。

目前中国大陆、香港等地出版的汉语单语词典与汉英双语词典，编写侧重点不同，也形成不同的词典“风格”，但是皆无法满足以汉语作为第二语言学习者的特殊需求。希望本节对汉语词典微观结构进行的革新尝试能够给词典编纂者以启发，从学习者视角出发，结合新加坡现有受双语教育的学生的语言程度与生活经验，编出适合他们的学习者词典。

第四节 语法教学

目前新加坡中学华语语法教材是采用新加坡课程发展署中学华文教材组所编写的中学华文教材,其中快捷课程 2A、2B 课本附有十篇“语法知识”。第一节是基本语法概述:1)语法是什么? 2)句子和句子成分;3)实词和虚词;4)词和词组。第二节至第十节着重简述名词、代词、动词、形容词、数词、量词、副词、介词、连词、助词的分类、语法特点和语法作用。编者把华语的几种特殊语句:把字句、被字句、在字句、是字句、使字句、存现句、对字句等分别列在“句型”里。其他还有虚词、构词和病句等。一般教师在教语法时,对于课文的教材只是蜻蜓点水似的略讲几句,然后要求学生做课文习作就算了事,甚少把所教的语法知识应用在学生所犯错误的句子分析上,很少配合刚学过的文章讲解句法。由于语法教学脱离语境,一切皆处在“真空”下大谈“理论”,学生也不知所云了。

壹 新加坡教师对华语语法教学的一般看法

为了能够较全面地了解中学华语语法教学的情况,我设计了一份“华语语法教学问卷”,总共发出了 300 份,平均抽样分发给新加坡东、南、西、北区不同华语水准的中学。我们收回的问卷共 289 份,占 96.3%。

对于是否有必要跟中学生讲华语语法,教师的意见如下表所示:

表 45　教师意见调查表

	人数	百分比
有必要	174	60.21%
没有必要	107	37.03%
不肯定	8	2.76%

超过半数的教师认为有必要跟中学生讲华语语法。他们大多以为华语是华人的母语，语法有助于学生造句、作文、避免写出不合语法的文章，可以提高学生口语和书面语的理解和表达能力。但是，我们得承认语法不是万灵丹，文章的优劣，语法只是其中一个环节，还要讲究文章的做法、布局和逻辑思维等。尽管如此，学过语法的人文章比较通顺，这也应该肯定。

不赞成跟中学生讲语法的教师认为：

a. 语法深奥、枯燥、乏味，中学生接受不了，间接地加重学生负担，降低学生学习华语的兴趣。

b. 语法没用，学生大多都有华语或者汉语方言的基础，语法教学对学生没有裨益反而累赘。

c. 节数不足，难于见成效。

我认为讲语法少不了介绍基本的语法术语，并且要说明语法规律，不然就很难讲得清楚。语法教材不能把主要气力花在语法体系上。语法体系对语法研究固然重要，但语法学习更重要的还在结合实际。语法教学能不能生动有用，还和教师的本事有关。要把语法讲得生动又有趣，同时能间接地提高学生的理解和表达力是不容易的，这些正是我们共同面对且急需解决的难题。

贰 新加坡华语语法教学中经常遇到的问题

华语语法教学中经常遇到的问题可以分为四方面:

2.1 师资

华语教师的华语语法基础不稳固,缺乏语法分析的能力,故在教语法时只能道其然、不知如何道其所以然。尤其是对句子成分、词类、词组以及各种特殊句式更显得束手无策,无法把语法术语和概念讲清楚。由于许多语法问题迄今还在争论,各家的语法系统不一,方法有别,结论莫衷一是,这种现象是任何领域都少不了的,语法也不例外。有些教师试图从专家语法中寻找"药方",可惜基本观念不清楚,反而越看越糊涂,甚至患上语法恐惧症。

2.2 学生

由于教师未能充分掌握现代汉语语法,故而不能深入浅出地把语法讲得生动、活泼、饶有趣味,听者也只能雾里看花,囫囵吞枣地把语法术语填进脑中,根本不加消化。当教师重新提起时,他们早已忘得一干二净。教师只好不厌其烦地"重播"一遍。久而久之,学生渐渐地孳生排斥的心理,根本提不起学习的兴致。尤其是那些语言程度比较差的学生更显得吃力。此种教法,不但无助于语言的学习,反而使学生裹足不前,影响学习华语的情绪。

2.3 教材

课本的"语法知识"基本上采用人民教育出版社中学语文室草拟的"中学教学语法系统提要"(试用)为理论框架(两者仍有差

别）。当然编者有权选择其认为合适的语法系统，这也无可厚非，问题是介绍这套语法知识后是否对学生掌握语法规则有所裨益。我们可以把教材中有关的词类及其句法功能之间相互关系的内容列表如下：

表 46　词类与句子成分的相互关系

句子成分 词类	主语	谓语	宾语	定语	状语	补语
名词	+	—	+	+	+	—
人称代词	+	—	+	+	—	—
疑问代词	+	+	+	+	+	+
指示代词	+	+	+	+	+	+
动词	+	+	+	+	—	+
判断动词	?	?	?	?	?	?
能愿动词	—	+	—	—	—	—
趋向动词	—	+	—	—	—	—
形容词	+	+	+	+	+	+
数量词	+	+	+	+	+	+
副词	—	—	—	—	+	+
介词	—	+	—	+	+	* ++
连词	?	?	?	?	?	?
助词	?	?	?	?	?	?
叹词	?	?	?	?	?	?

（“+”表示有，“—”表示无，“?”表示文中未谈，“* ++”补语出现两次）

我们可以从表中清楚地看出华语的句子成分和词类的对应关

系并没有什么规律可循,某种句子成分由哪类词充当也没有严格的界限。可见,以巨大的篇幅来介绍华语词类句法功能,对学生了解华语语法规律意义不大。教师就是耗费再大的精力和时间在这个毫无规律的"语法知识"上,也无法收到帮助学生提高汉语理解和汉语写作能力的效果。

2.4 课时

华文课时每星期只有三至五节,教师却必须在短短一年内教完十个单元,每个单元四种教材共四十课;此外还有八篇作文、四篇应用文以及平时测验、考试等。扣除假日,教学时间所剩无几,倘若还要添加语法教学,对教师的负担无形中又加重一层。

叁 新加坡华语语法教学的重点

华语教师现在所教的对象已不同往昔了。学生除了华语科之外,无法从其他科目得到接触华语的机会。即使在家讲华语的学生,他们口中所讲的也只是富有浓厚本地色彩的"新加坡华语"。再说,现今的学生大部分以华文为第二语文科目,他们应如何掌握标准华语和祛除英语式的华语句子已成为华语教学的两大重点。倘若我们仍坚持采用传统刻板式的教法,肯定无法满足学生的需要,错误肯定会重复出现,一直等到他们走了许多冤枉路后才得以修正,岂不浪费学习者和教师的时间和精力吗?

3.1 以讲语法规律和应用为主,以介绍语法术语和系统为辅

语法里面的术语是研究者为了说明语言事实的需要才提出来的一些名称,用以把蕴藏在人脑中的抽象语言规则形象地描述出

来。语言学家在探索语言真相的过程中，由于材料的不一、研究方法的歧异，所拟构的系统必然有别，术语的含义和指涉一定也有段距离。甚至由于研究目的和研究重点的不同，理论语法和教学语法也就不同。前者把语言作为一种规则的体系来研究，目的是了解通则；后者是把语言作为一种运用的工具来学习，目的是学会技能（许国璋，1986）。所以教师在中学讲授语法的时候应该知道讲语法术语只是一种手段，目的是为了说明语法规律，进而创造无数合法的句子，让学生能把心中的意念用语言表达出来。我们不能本末倒置，把术语的解释和某派别语法系统的介绍当成语法教学的目的。李讷和汤姆逊（Li & Thompson，1981）以功能的角度描述华语，向我们展现了华语实际运用时的结构特色，让我们更直接地把所掌握的语言规律转移到实际生活的交往中。除此之外，词语搭配和虚词用法等都是我们教学的重点。

3.2　教授新加坡华语语法特征

新加坡华语和中国大陆的“普通话”及台湾地区的“国语”的语法结构大体相同，但是新加坡华语因受中国南方汉语方言的影响形成一些特殊语法结构，即与标准汉语有所差异（详见第一章）。

我认为新加坡华语的特殊句法倘若与标准汉语相距太远，就应视为不合规范的句子，但在华人口中此种句式却屡见不鲜。学生经常因遇到不规范的口语和标准书面语的不对应而造成困扰，这些也是本地华语语法教学的重点之一。我们迫切需要一批专家以已有的研究成果为基础，甚至进一步进行研究，编成一套“理想”的教材，并由经专门训练的教师讲授，待以时日，本地华语和标准汉语的差距肯定会越来越小。

3.3　通过中英语法对比分析厘正英语式的华语句子

今日世界交通便捷,交往频繁,不同的国家、不同的种族、不同的语言间的交互影响,根本就无法避免,汉语自然也不例外。早期白话文作家如巴金、鲁迅、茅盾等都尝试以外语的句法创作,译作也很多。翻译(尤其是直译法)难免带有原语的烙印,加上西方思潮的冲击,"欧化语法"也孳生蔓延。现在列举一些特征(Kubler,1985):

a. 构词法:名词化词尾"性"、动词化词尾"化"、动词后缀"着"、副词后缀"地"等。

b. 句法:"虽然"的位置、在字片语的位置、被字句的用法等。

但是欧化的语法还未规范化,虽部分已为人所接受,大都处在"自由"的状态。

英语是学校的第一语文,也是其他学科的教学媒介,学生接触英语的机会和时间非常多。华语只作为一个语文科目来学习,在学校能应用的情境受局限。两种语言的混杂现象也就层出不穷。新加坡英语有许多汉语与汉语方言的痕迹,同样地新加坡华语也少不了受英语的干扰(详见第一章)。

欧化语法和学生所生造的英语式华语句子虽然同受英语影响,但前者是已经过历史考验而留存的"菁华"且不违反华语句法的基本规律,甚至有补苴罅漏的作用;后者是学习者对华语和英语的异同认识不足而产生的病句。但是假如用病句的人多了,当然也可能提升为标准句。到目前为止,在新加坡特殊语言环境之下,中英语法对比的研究似乎还是空白,即使有也只是散见于报章杂志的短文。这项研究是迫切等待开拓的领域,其研究成果对我们的华语教学的改善将是不可缺少的资料。

3.4　小结

华语语法教学在新加坡做得不够细致，教材、师资、课时、教学法也做得不够好。在这种情况下想把华语语法教好，确实有许多困难。由于新加坡特殊的语言环境，我提议把“新加坡华语”的特征、华英对比研究的成果也编入教材，这是直接祛除学生语病的良药。教师跟中学生讲语法主要是训练他们如何运用这套实用工具，创造无限合法的句子，避免语病的出现。至于这套工具的原理根本属于语法专家的研究范围，学习者大可不必列为重点。鉴于新加坡华语语法研究非常薄弱，教师的语法理论基础又不扎实，应在栽培本国语法人才的同时，礼聘国外专家，共同把本来大家觉得枯燥无用的语法，扭转成一种克服语病提高语文水准的利器。

第四章　华语教学“新”策略

新加坡 1965 年独立建国以来，双语教育即成为主流教育体系的基石。所有新加坡学生除以英语为主要教学语言外，还必须修读所属族群的“母语”课程。新加坡推行以英语为主、族群“母语”为辅的双语教育政策，是执政的人民行动党政府基于国家发展和族群团结所作出的选择。经过四十年的推动，2004 年以英语为家庭常用语的小一新生已经超过以华语作为家庭常用语的学生，2009 年以英语为家庭常用语的小一新生更是达到近 60%，也就是说目前已有超过半数的小一学生成为华语作为第二语言的学习者。

在西方应用语言学界，习得母语与本族语(native language)皆为第一语言的同义词。然而，“母语”在新加坡却是指各种族的民族语言(ethnic language)，而华族的族群“母语”为华语、马来族为马来语、印族为淡米尔语。因此，在新加坡第一语言不等于族群“母语”，例如：对在家讲华语的华族学生而言，华语为第一语言和族群“母语”；对在家讲英语的华族学生而言，英语为第一语言，华语则为族群“母语”。所以，我们不难理解内圈的以华语为第一语言的学习者与新加坡以华语为“母语”的学习者，即使外貌都是黑头发黄皮肤，华语程度却差异极大，两者的华语教学策略自然也应有所不同。

虽然新加坡政府对华语的教学改革一直没有停止过，但始终没有从根本上改变学生华语成绩越来越差的现实。本章除了回顾新加坡华语教学改革之外，重点是针对新形势下学生的特点，提出适合以英语为家庭常用语的新加坡学生的全新教学策略，并且推而广之，将此教学策略的一些内容应用于以华语作为第二语言或外语的外圈学生。具体而言，本章从课程框架、教学方法、阅读测试和技术手段四个方面入手，力图对新加坡华语教学中的主要问题提出切实可行的解决方案。

第一节　新加坡华语教学改革及反思

新加坡教育当局原本期望在双语教育制度下，培养华族学生成为华英双语同等优异的双语人才，但检视过去四十多年社会语言环境的变迁过程，教育当局意识到双语教育制度有所局限。因此，新加坡政府曾三次进行大规模的华语教学改革，除了修订更接近现实环境的有效性教学目标，同时为了培养中国崛起后所需的大量华语人才，也在指定的特选中学开设“双文化课程”。本节对三次教学改革进行回顾，同时也对新加坡华语教学中的问题进行反思。

壹　三次华语教学改革

1979 年，时任副总理吴庆瑞领导的“教育研究小组”全面检讨华文教学，提出“分流制度”，奠定了新加坡华文教学的基本框架。在 1992 年到 2004 年的短短十二年里，新加坡先后进行了三次重大的华文教学检讨和改革。检讨委员会所提出的建议对后来的华文教学皆产生非常深远的影响。

1.1 1992年王鼎昌领导的华文教学检讨委员会

1992年,时任副总理的王鼎昌领导检讨委员会,针对新加坡之前的华文教学政策,向教育部提出一系列的改革建议,核心内容有:

a. 将华文作为第二语文课程改为"华文",将华文作为第一语文课程改称为"高级华文",以消除家长和学生因"第二语文"名称而造成的不舒服心理。

b. 修订旧的华文课程大纲,强调均衡的教学重点,即培养语言能力和灌输华族文化与传统价值观并重。

c. 小学高年级增加授课时间,同时将公民和道德教育科改用华文讲授。

d. 放宽中学快捷班学生修读高级华文和中华文学的限制。

《1992年华文教学检讨委员会报告书》所提出的华文教学改革建议在当时是合时的,希望借此提升新加坡学生的华文科整体水平,弥补因分流制度而造成学生学习高级华文的困难。同时,对教师士气、家长和学生的信心都起到提升的作用。

但是,在协助以华语为家庭用语的学生提升华文能力的同时,却不够重视以英语为家庭用语的学生在学习华文时所面对的困难和障碍,以致造成这类学生的学习负担过重。这些矛盾在日后华文教学中逐渐显现出来。

1.2 1999 年李显龙领导的华文教学检讨委员会

由于新加坡华族学生的家庭常用语发生重大变化，例如 1988 年华族小一新生大约只有 20% 在家讲英语，而 1998 年华族小一新生中，以英语为家庭常用语的学生已达到 40%，在短短 10 年里增加了一倍。在这种情况下，要维持普遍高水平的华文教学目标变得困难重重。许多学生感到华文教材的内容和语言能力要求皆超出可理解和掌握的程度。因此，1999 年时任副总理李显龙领导的华文教学检讨委员会在经过全面调查研究后，提出应该采取务实可行的教学策略，为不同家庭用语的学生“量身订制”适合他们语言能力水平的华文教学目标和内容。

委员会重申新加坡华文教学中灌输华族文化价值观的目标不变。如果必要的话，可以考虑用英文来进行辅助教学。在语言能力目标的设定上，委员会认为应该为不同能力、性别的学生定下可达性的语言能力的教学目标。检讨委员会提出主要改革建议如下：

a. 放宽小学修读高级华文的条件，以鼓励更多学生修读高级华文。学生在小四分流考试中华文成绩一等，英文和数学二等即可修读高级华文。而非过去的三科都必须获得一等。

b. 开设第十所特选中学，并进一步放宽修读中学高级华文的限制；同时在第三所初级学院开设“华文特选课程”。

c. 开设华文 B 课程，以满足较低水平学生学习华文的需要。委员会认为，与其让他们因长期遭受挫折而厌恶华文，不如为他们设计一个较浅白、实用、着重口语能力的华文课程。

《1999年华文教学检讨委员会报告书》提出的华文教学改革建议是务实而平衡的，不仅化解了提升华文水平、维系华族文化传统与客观社会语言环境不利的难解矛盾，同时形成以华文为主体、高级华文和基础华文/华文B为两翼的三层次华文课程体系。

1.3　2004年黄庆新领导的华文课程与教学法检讨委员会

新加坡教育部在2004年2月由前教育部提学司黄庆新领导成立"华文教学改革委员会"，并于同年11月向国会提呈《华文教学改革白皮书》。《白皮书》除了进一步强调双语政策是新加坡教育制度的基石外，也延续了《1999年华文教学检讨委员会报告书》中因材施教的改革思路，其目的在于保持学生对华语的长久兴趣，让华语成为他们的生活语言。

委员会认为，新加坡学生的华语水平已出现分化的情况。根据教育部委托福布斯研究所进行的调查显示：以英语为家庭常用语的小六学生认为华文难学的人数高达77%，而以华语为家庭常用语的小六学生认为华文难学的比例只有36%，差异相当显著。因此委员会建议采用差异教学法，为来自不同家庭常用语、语言能力的学生"量身订制"适合他们语言能力水平的华文课程。《白皮书》主要的改革建议有：

a. 从小学一年级起就采用单元教学模式，将课程分为导入单元、核心单元和深广单元，以满足不同程度学生的需要。

b. 学校可根据学生的语言程度，在教育部统一华文教材以外,选编合适的校本教材和辅助教材。

c. 对一般修读华文的学生,在语言技能培养上采取先听说、再读、后写的分段处理,而非听说读写齐头并进。对修读高级华文的学生,仍让他们继续有效地掌握听、说、读、写四种语言技能,全面提高语言能力。

2004年华文教改可以看作是1999年华文教改的延续和补充。最显著的特点是将因材施教的政策向下延伸到小学阶段,同时完成华文B课程框架的建构。到此阶段,新加坡小学、中学和初级学院都有了完备的差异性课程。主流课程、附加配套课程与三级华文教育体系相辅相成,初见端倪。

《白皮书》的华文教学改革建议具体且操作性强,许多建议已经付诸实施。但是在实际操作过程中也遇到一些难题,如不同课程之间的衔接和配合问题,教学时间安排以及教学法和教材改进等问题,都有待教育部相关部门采取相应的配套措施妥善加以解决。

贰 关于新加坡华语教学的反思

2.1 关于特选中学的反思

为解决本地华族学生华语水平日渐低落的问题,扩大特选中学的数目及增加修读高级华文学生人数,是培养本地"华文精英"的策略之一。但从上世纪90年代以后,特选中学学生已接受全面的英文教育。而在华文课程的设计上,许多非特选中学,包括自主中学和自治中学,也和特选中学一样开办高级华文课程。换句话说,除了特选中学声称的"华校传统"外,原本独有的高级华文课程已经失去垄断优势。

而从毕业生的出路来看,目前三分之二的新加坡公共服务委员会奖学金得主多来自非特选中学,这也与新加坡年轻行政官的来源比例相同。这些数据显示:非特选中学才是培养新加坡主流精英的摇篮。特选中学既然无法吸引到大部分华族的优秀学生,而他们的毕业生是否能成为巩固中华文化与传统价值的"华文精英"已是个问号。

李光耀曾举新加坡驻中国前大使郑东发为例,认为即使他接受12年完整的华文教育,遇见中华文化根基深厚的中国人时仍相形见绌。而现在将"华文精英"定义为只比一般华族学生多修读一年"高级华文"科的特选中学学生,他们只接受过每周三、四个小时的中学华文课程,加上庆祝传统华族节日、相声朗诵等课外活动的有限语言训练,却期待他们未来能到中国和其他使用华语的地区做生意,促进区域经济发展,这种培养"华文精英"的策略实在是言过其实。

2.2 关于华文 B 课程的反思

华文 B 课程是 1999 年由时任副总理李显龙领导的华文教学检讨委员会提出的,2001 年由教育部推动实施。华文"B"课程的教学内容和(主流)华文课程相似,但课文更简单、文字也较少。推出华文 B 课程的目的是要协助学习华文有困难的中学生提高学习华文的信心,消除他们学习华文的心理障碍。

前教育部提学司黄庆新在 2004 年提呈的《白皮书》指出:华文 B 课程纵使内容不能达到很高水平,但总比硬逼学生学习他们能力不及的华文课程,以至最后全盘放弃要好。因此,教育部决定放宽条件，提早从中一开始提供华文B课程。

然而，华文B课程在实际教学中却遇到一系列矛盾和困难：

a.《中学华文课程纲要》强调华文B课程"着重培养学生的口语交际能力"，"教学重点在听、说、读能力的培养，以及传统文化的传授"，却又规定"实际教学时间分配：听说：35%、阅读：35%、写作：15%、文化活动：15%"。教学时间分配不符合教学重点，写的比重虽低，但修读的学生仍然无法应付。

b. 中四华文B试卷由写作（20%）、理解与语文用法（40%）、听力口试（40%）组成，与中四华文试卷测试形式近似。两者皆涵盖语言四技的测试，差异仅在语言四技的比重。如果目标是"着重培养学生的口语交际能力"，华文B试卷应该重新设计。

c. 如果选读华文B课程的学生程度提升后，是否设计有回流的管道？衔接问题需要进一步研究解决。

华文B课程仅为过渡性的治标方案，治本方式是：从小学开始就全面改革华文教学，针对不同家庭语言背景的学生设计特定的教材及教学法，以减缓修读华文B课程学生人数的增加速度，同时也应引导更多B课程学生回归主流，并能顺利完成一般华文的教育。

因此，华文B课程的未来工作应包括：

a. 华文B课程应针对讲英语家庭学习者的特质设计相应的华文教材与教学法。教学重点应该摆在让学习者在未来可实际地接收了解华文资讯，并进行口语交际。因此，只要集中在听、说、读三技训练即可。

b. 华文B课程教师应该采用华英双语并用教学法（在本章第三节详述），并接受华语作为外语的新型教学法培训。

c. 既然修读华文B课程的学生为华文作为外语的学习者，因此试卷可参照美国外语教学协会（American Council on the Teaching of Foreign Languages）“华语作为外语考试”、中国“汉语水平考试”的测试形式，甚至可以考虑有些项目让学生以英语作答，以测试其理解、翻译的能力。

2.3　关于华文科传递文化的反思

新加坡华文课程标准规定华文教学有两个总目标：发展学生听、说、读、写四种语言技能；通过华文的学习传递文化与传统价值观。但落实到实际的华语教材内容上，忽略了第二语言初学者的基本需要，选文力求与中华文化或者传统价值观相配合（例如：唐诗、武松打虎、草船借箭），比例远高过语言交际操练部分，这些与现实生活脱节的教材内容，常因实用性不足或远离学生的生活经验，而被视为说教八股，不易引起学生的学习兴趣。这种偏重文化价值观传递的华语，如果在受双语教育的年轻人眼里被当作过去式的语言，是一点也不奇怪的事。学生骨子里全盘西化，而为了应付考试，填鸭式学习的华文则程度日渐低落。

所以讨论本地华语教学的改革，第一步应该要将学习华语听、说、读、写等语言技能与认识及吸收华族文化与传统价值观两项目标区分开来。华文教学应语言技能训练重于文化传承，让华文科与英文科一样，华文老师不必板起面孔当圣人，要专心有创意地协助学生致力语言四技的提升。再说也只有学生的语言能力提升后，学生才有能力、有信心继续阅读课外华文书籍，增进对中华文化的认识。

教育当局与一般大众往往认定学习华语等于延续传统文化，

这种相信语言特征可代表特定族群思维习惯和心理素质等特征的说法，最早见于西方萨丕尔·沃尔夫（Sapir Whorf）社会语言学假说的内容。美国结构学派语言学家爱德华·萨尔丕和他的学生本哲明·沃尔夫曾致力证明：语言结构能决定使用者的认知形式和思想方式，但他们一直未能证明任何特种语言和它的使用者的文化存在着必然的关系。虽然语言是文化的载体，许多语言成分（例如：典故、俗谚、亲属称谓、比喻、委婉语、禁忌语等）都残存传统文化的烙印，但是不能就此简单地论断语言等于文化。人类学家包艾思（Franz Boas）的研究也显示：语言与文化或语言与种族之间，并没有一一对应的联系。因此想单纯透过华文科传承华族文化，其实是个亟待论证的"神话"。

要破除语言与文化及种族直接对应的"神话"，我们不妨先厘清文化到底是什么？传统文化观将文化视为文学、艺术的等义词，并以"经典作品"为核心，因此传统华文教育课程也特别要求背诵四书五经，能掉书袋就表示有学问、有文化。然而我们如果从当代人类学角度重新定义文化，可以了解文化的对象不只包括经典作品，更重要的领域还可拓展到：日常生活方式、生产机制、家庭结构及社会组织等。新加坡社会以民主选票决定政治体制、奉行全球资本主义的商业运作，小家庭制也表现在组屋的设计上，这些文化现象早与中国传统农业社会南辕北辙，现在却试图要求每周短短几小时的华文科，以一些介绍华族节日来源、传统民俗活动、通俗诗词对联等的课文，让新加坡年轻学子凭此建立孝亲、友爱、守时、诚实、节俭等传统价值观，这实在是缘木求鱼的痴想。

在摆正了语言技能学习与文化传承的关系之后，我们应该借鉴北美大学的经验。在针对外圈学习者的北美许多大学的初级华语课程中,语言交际操练部分已成为重心所在。在训练学生掌握华语交际技能的过程中,许多初级华语教材只适度地介绍中华文化知识。例如:Ning,Cynthia (1994) *Communicating in Chinese: an interactive approach to beginning Chinese* (*Student's Book for Reading and Writing*);Ch'en,Ta-Tuan,Link,P.,Tai,Yih-jian & Tang,Hai-tao (1994)《中文入门》[*Chinese Primer*];Kubler,Cornelius C. (2004a) *Basic Spoken Chinese*;Cornelius C. (2004b) *Basic Written Chinese*;Wheatley,Julian K. (2004) *Learning Chinese: A Foundation Course in Mandarin* 等。属于中圈的新加坡也应考虑对两者的比例进行适当的调整,让学生人生价值观不完全依赖华文科来培养。

第二节 新加坡华语课程框架调整

本书多次提到,虽然双语政策是新加坡教育体系的基石,但由于英语在新加坡社会不可动摇的地位,以及双语政策的不平衡性,导致以英语为主要家庭用语的学生越来越多。然而,新加坡华语教学界长期以来多向中国大陆"语文"科[①]及台湾地区的"国语"科取经。随着新加坡华族家庭用语走向"脱华入英"的趋势,这种与中原地区"语文"科近似的现行华语课程框架,使得在新加坡中学、高中阶段无法达臻必修华文科及格底限的学生人数不断增加,从而导致只能选读简易华文 B 课程的学生越来越多。本节分析英语家庭学生华文程度较差的具体原因,并提出新加坡华语课程框

① 有关《语文》科教学总目标,参酌中国教育部制定的"语文课程标准"(实验稿)。

架调整的基本策略。

壹　在家讲英语的学生无法掌握华语——命定或刻板印象?

根据教育部委托福布斯研究(Forbes Research)所进行的调查显示(1999 年 1 月 22 日《海峡时报》转载):华语程度低落的学生花费在华语科的准备与补习时间(6.3 小时)远远多过英文科(3.6 小时)和数学科(3.3 小时)。这些华语程度低落的学生大部分居住在私人住宅(28.1%)与有地房产(47.1%)。当时全国人口主要家庭用语为英语(39.5%)、华语(54.2%)、华族方言(6.4%),而这群华语程度低落的学生中就有九成以上(94.4%)来自以英语为主要家庭用语的家庭。

以上调查数据清楚地显示,华语能力低落者十之八九都是在家讲英语的学生,但是这并不意味着在家讲英语的学生一定会有华语程度低落的现象。在检验这个前提假设时,我们先看看一个有力的反例:目前越来越多以英语为家庭用语的西方学生,从大学一年级才开始学习基础华语,而在大学四年毕业后都能够掌握高水平的华语。对比这些努力学华语的西方学生,在家讲英语的新加坡华族学生学习华语的外在环境其实更有利。如果"老外"都能掌握流利的华语,新加坡华族学生没有理由自认不行。

或许有人会辩驳:那些学习者只是少数的西方特例,根本不适用于新加坡的学习环境。但我们必须了解,这些在家讲英语的学生也是本地特殊的族类,如前面的数据显示,他们通常是属于天资聪颖、家境中上的学生,据知他们在其他学科通常都表现优异。再说,这些在家讲英语的学生与西方学生有一项共同的特质:他们都是在讲英语的家庭与以讲英语为主的社会环境中成长,此点足以说明西方学生学习华语的经验可资新加坡在家讲英语的华族学生参照。

其实不只西方学生有成功的案例,本地报章也报道过不少新加坡英语源流学生成功学习华语的个案。例如 1999 年 1 月 23 日《联合早报》报道新加坡电视机构第五波道的演员庄佳煊(23 岁),虽然来自讲英语的家庭,但却能说一口流利的华语。反对党议员詹时中虽然在国会公开陈述自己学习华语的痛苦经验,但他还是把女儿送到讲华语为主的幼儿园与小学就读,而且他的女儿目前不但华语科应付自如,还另外选修法文。这二位来自讲英语家庭的学生能成功学习华语并非本身具有特殊的华文本能,他们能成功掌握华语的实例,其实是显示出其他挣扎求存的学生也都具有学习华语的潜能,然而却在学习华语的过程中采用不适当的学习策略。

贰 在家讲英语的学生华语程度低落的原因

如果我们相信即使是在家讲英语的学生也具备学习华语的潜能,为何本地还有这么多学生即使加倍努力都无法有效地掌握华语呢?我认为语言接触度不够加上错误的学习策略是主要原因。

倘若把来自讲华语家庭的学生在家讲华语的时间计算在内,他们接触华语的时数远远胜于在家讲英语的学生。根据《海峡时报》(1999 年 6 月 1 日)对 259 位小学五、六年级学生以及 466 位中学一年级至四年级的学生所进行的电话调查显示:六成五左右在家与学校以华语为主要用语的小学生与中学生认为华语是一门易学的科目。换句话说,这批在家与学校以华语为主要用语的学生因语言接触度十分充分,他们在华语科的表现也就和他们的家庭语言背景呈现正相关。另一方面,虽然来自讲英语家庭的学生具备同等的学习华语的潜能,但他们的起始点却不一致,那些在家讲英语的学生,因家庭无法提供接触华语的机会,在学校学习华语自然较为吃力。

讲英语家庭的学生接触华语的时数已经不够,这些家长不但不考虑将子女送到讲华语学生多的学校就读,以补救家庭学习环境的不足,反而还选择进以讲英语为主的学校,希望借此减轻子女学习华语的负担,这种做法实际上使得子女在学习华语上要面对更多的问题。这些父母不了解语言的学习必须浸濡在日常生活中,他们只知采用短暂的应急补救办法,例如以每周几小时的家庭补习,希望能弥补这方面的不足,但这种办法成效有限。

目前本地的学生大致可分为两大类,即在家讲华语的邻里学校学生和在家讲英语的教会学校学生。我在这两种学校都有过教学经验,发觉如果老师按照教师手册的方法来教导在家讲英语的学生,那是根本教不来的,教师手册的方法比较接近传统教华校生的方法,那些在家讲英语的教会学校学生完全学不来,我估计他们的华语程度比主流学生还要慢两三年,所以在教导时必须重新改变教学法。另外一类来自邻里学校的学生,他们占了大部分,这些学生平常在家讲华语,对他们来说,要得到特优(A1)很难,但要考不及格也不容易,他们应付基本教材的问题不大,问题只是要如何争取较高的考试分数。所以,一套教材要满足上述两组程度差异颇大的学生,是一件吃力不讨好的做法。我们应该了解,虽然大家都是华人,但课程设计还是应该反映出家庭用语的差异,如果我们还是继续使用单一教学法,这个问题将一直严重下去。

对这批接触华语的时数远落人后的学生,家长或学校教育当局确实有必要考虑采取不同的教学策略,在有限的时间内协助这些学生掌握华语。但是,现有的华语教学体系,从教材的设计至教学法,如前所述只采取单一的华语教学配套,完全没有考虑不同家庭语言背景学生的需求。

叁 教学框架调整的具体策略

协助在家讲英语的学生掌握华语,最实际的解决方案到底是什么?想找出答案,我们首先必须了解语言学习绝不是一件易事,也没有任何捷径,但它也不是无法解决的难题,问题在于我们是否采用正确的学习策略,而一些西方学生与在家讲英语的学生学习华语的成功实例,已经提示我们许多有效的华语学习策略,学习者不妨参考。

3.1 "双轨制"

近年来由于美国华裔大学生修读华语的人数激增,如何将这类已掌握基本华语口语技能的华裔学生与华语零起点的其他美国学生各依所需,进行初级华语教学,成了北美地区华语教学工作者的新挑战。他们发现如果勉强让这两类语言能力悬殊的学生一同上课,结果往往是互相拖累,无法满足这两类学生的学习要求。

有鉴于此,许多大学开始在初级华语课程使用"双轨制",也即将外圈与中圈学习者分开。另外,由于来自美国欧洲裔领养家庭的华裔学生日渐增加,他们与来自在家讲华语的华裔学生生活语言背景差异极大,因此华人社群创办的中文学校,即使都是属于中圈的华人子弟,也采用华语单语与华英双语分班的"双轨制"。

新加坡教育部为回应以英语为家庭用语学生的特殊需求，2004年华文课程与教学检讨委员会报告书已建议采用差异教学法，以不同的教学方式照顾学生的差异。但我认为未来应该考虑采行更彻底的“双轨制”课程，让以英语为家庭常用语的学生与以华语为家庭常用语的学生分开授课，重新设计适合双方的教材及教学法，以阻止双方继续互相拖累、两蒙其害。

在家讲英语的学生在华语学习时缺乏兴趣，许多人把问题都怪罪到华文老师身上，认为他们教学呆板，只知道照本宣科，不能培养出学生对学习华语的兴趣。这样的指责其实并未考虑到华文老师在现行制度下的种种局限。当时担任英华自主中学母语部门主任的蔡深江在受访(《联合早报》1999年1月22日)时指出：“若不根据课本教书，把重点放在培养学生对华文的兴趣，家长投诉，谁愿为他们辩护?”

其实，学语言本来就是很不容易的事。学语言就好比学钢琴一样，学钢琴需要每天练上三小时才会熟练，学语言也是需要这种机械式的技能训练才会有成效。所以学生华语学不好，不单纯是教学法灵活不灵活的问题(虽然在教材设计的创意方面，我们还是可以改善)，而是教学策略正确不正确的问题，因为语言技能是属于专业性、技术性的范畴。当我们说华语比英语难学的时候，别忘记了一个大前提：其实华文本身并不难学，难的是这些在家讲英语的学生如何在有限时间内掌握华文的语言技能。从语言学习本身的角度来说，华文和英文一样难学，因此进行这种表面的比较是没有意义的。

总之，与其要求华文老师的教学有创意、活泼化，不如对教学目标与课程设计进行全盘的治本的修订。要使现行的华文课程纲要适合于主流的在家讲华语的学生,我们需要新版的华文“B”课程,特别考虑他们的特殊家庭语言背景。但是,设置新版的华文“B”课程与教育部现行拟议的华文“B”课程有异,它并不标志华语水平的降低,而是完全不同于过去的华语教学与学习策略,这点将在本章第三节进行详述。

在为新版的华文“B”课程编写教材时,在初级阶段,我们可运用双语注解,而在解释时也可用英语补充说明(参见本章第五节)。现行的华文课程采取统一的主流华文课程,并不考虑在家讲英语学生特殊的家庭语言背景。反观,新版的华文“B”课程采用双语教材,乃是特别考虑学生的家庭语言背景。当然授课的华文老师自己必须也掌握双语,使用新的策略教导这类学生。事实上,这种教学策略充分利用学生的英语基础作为学习华语的“跳板”。英语的辅助程度也随着学生华文程度的高低而定,到最后当完全不需要英语协助时,他们就能与主流学生合流,达到终极华语学习目标。

另外,要帮助这些华语学习能力较低的学生,应该从中一就开始,甚至从小一开始就采用不同的教学策略。方法虽然不一样,但殊途同归,把两组不同语言背景的学生绑住,硬让他们跑在一起,一定会有先后差距,一定无法齐步,倒不如放开它,让学生分两条路跑,相信到最后他们也能跑到同个终点。

3.2 先听说、再读后写:李光耀资政的学习经验

我 2005 年曾赴哈佛大学“费正清东亚研究中心”担任访问学者,并到北美华人移民聚居地区实地考察当地多元的华语教学体系,发现当地也有许多与新加坡华族学生背景雷同的中圈学习者,

而当地华语教学界针对这些美籍华裔学生所采行的“先听说、再读后写”的教学法值得新加坡借鉴。

当地的华语教师认清第一语言及第二语言学习者的差异后，便在此基础上，依照学习者的年龄、学习目的提出适用的改革方案。一些华语教材把听说口语技能与读写书面语技能分开处理[①]，而非听说读写语言四技齐头并进。中圈的华语教学者也可针对以华语为第二语言的学习者编写类似的华语教材。

“先听说、再读后写”的教学策略完全是针对学习者的实际需求，因为在与内圈人士面对面进行口语交际时，海外华人本身如果能以对方熟悉的华语表达意见，将可拉近双方的距离，因此掌握听说口语技能，成为必要的起码条件。而为了能阅读对方第一手华文文本资料以便及时回应，也使得阅读华文文本的基本能力不可少。至于产生性的写技，由于困难度最高，以华语为第二语言的专业人士可先以英文撰写初稿，请他人翻译成华文稿后，自己再做订正与润饰的工作即可。长期以来，许多海外华人与外籍的中国问题专家，都以此方式与内圈人士广泛交流，并无大碍，可见这种语言学习策略对以华语作为第二语言的成人学习者特别管用。

李光耀资政学习华文的经验也可以成为这种方法有效性的一个佐证。众所周知，李资政受正统的英文教育，但又深知华语的重要性，因此很早就开始学习华语。我于2001年有幸成为李资政的华文老师。我为李资政上华文课大致有两种教学形式：自由讨论与自编教材。自由讨论的内容不拘，举凡有关中国大陆、台湾地区、香港地区、新加坡的政治、经济、语言、社会等议题都有，视当时

① 例如 Ning (1993;1994); Kubler (2004a;2004b)。

的热门新闻重点而定。

在自编教材方面,我以李资政的学习动机与个人兴趣为主要考量,再依当时的新闻热点选择华文教材。例如:9·11 事件("e 代风云网上大论战"[《亚洲周刊》2001 年 9 月 24 日—9 月 30 日])、中国加入 WTO("WTO 穿不透大陆地方主义筑高墙"[《天下杂志》2001 年 10 月 1 日])、SARS 事件(回应有关中国有意提供 SARS 医疗物资的"行政院大陆委员会新闻稿"[2003 年 5 月 3 日])。

我力求华文教材资料来源多样化,这意味着资料出处多:中国大陆《南方周末》、台湾地区《天下杂志》、香港地区《亚洲周刊》、新加坡《联合早报》;出版形式多:报纸、杂志、个人著作、电子信函、官方文稿、网民投书;文本作者来自不同的背景:学者(大前研一)、大使(陈宝鎏)、官方文稿作者("行政院大陆委员会新闻稿")、记者(孙传炜)、民众(网民)。

学习者的词汇量可分为两大类:主动性词汇与被动性词汇。前者指以说写技能所实际应用的产生性词汇;后者指从听读技能所理解的接收性词汇。一般而言,被动性词汇比主动性词汇多约两成。

如前所述的"自由讨论"形式,主要在提高李资政产生性说技的水平。虽然重点摆在口语表达流利度的操练,但是在不影响李资政谈话的思路下,我也会适时订正李资政不正确的华文词语用法。在他表达时,倘若遇到他想使用某个英文词语的华文对应词时,我会及时提供。有时,他不理解我使用的某个华文词语,会主动要求我以英文加以注释,这样的引导方式有助于自然地增加李资政的主动性词汇量。

“自编教材”主要在提高李资政的接受性阅读技能，并扩大他个人的被动性词汇量。在这方面，我力求华文教材内容广泛化、教材资料来源多样化与语言风格多元化，这也间接地增加其主动性词汇量。同时，在每篇教材的生词表中，除了附上生词的读音外，也以英语注解。为了巩固所学的主动性生词，每篇自编教材都附上“填充”、“词语搭配”、“造句”等语言习作。

李资政的华文课只集中在听说读语言三技能的训练，至于写技则采用英译华的方式。虽然这样的渐进式语言技能华语教学法是针对他这样的非正规教育的成人华语学习者，但是其中的原理对新加坡的正规学校华语教学无疑具有重要的借鉴意义。结合北美地区华语教学的相关经验，我们可以针对新加坡英语家庭的学生采取“先听说、再读后写”的教学策略。在他们具备一定的听说能力之后，再来训练读和写的技能，如此，一定可以有事半功倍的效果。

3.3　浸濡课程

除以上两点，有益于使用华语的社会环境更为重要。最佳的学习华语途径就是在日常生活中使用与接触。通过观看本地华语连续剧、修读学校华语课程，以及增加课后补习绝对是不足的，这些活动无法巩固他们的华语根基，并成为他们生活中的一环。采用以上补救措施的家长将发现，纵然耗费许多“接触”的时间，他们的子女仍然无法在生活中应用华语。相比之下，美国大学的中文部严格规定所有修读华语的大专学生，必须修读一年中国大专学府设置的海外浸濡课程，但是他们也都主动塑造优良的学习环境，并成为他们生活的一环。新加坡的华语课程框架内也应该加入类似的浸濡课程,以便为英语家庭学生提供更多接触华语的社会环境。

第三节 华英双语并用华语教学法

前文曾经提到,可以在学习的最初阶段为讲英语家庭的学生提供双语注释。这只是华英并用双语教学法中的部分内容。本节详细介绍针对来自讲英语家庭学生所提出的这一重要的华语教学"新"策略。

壹 "华英双语并用华语教学法"的缘起

在华语作为第二语言教学中不得使用英语,是新加坡主流华语教学界的普遍共识。由于华语为华文教师的第一语言与习得母语,所以他们自然无法摆脱不能"像教洋人那样来教我们的下一代"的族群感情窠臼,坚持只能用华语教华人子弟。他们也认为学习者的第一语言会阻碍目标语(华语)的学习进程[①],所以正统的单语教学理念相信只有目标语(华语)才是华语作为第二语言教学中唯一能接受的教学媒介语。此外,目前华语作为第二语言教学法的研究与师资培训,也大都忽视以英语作为华语教学辅助手段的探讨。

与此形成鲜明对比的是,英语作为第二语言教学的专家学者

---

① 同华语的情况相似,人们常常从教学法的角度去解释在课堂上将英语作为唯一教学媒介语的合理性:"学生接触到的英语越多,他们就学得越快;随着更多地听到和使用英语,他们会将英语内化,并开始用英语思考;学会英语的唯一途径就是强迫他们去使用英语。"(Auerbach, 1993:14—15)

越来越多地注意到学习者的第一语言在英语课堂上的辅助作用，尤其是对初学者而言格外重要。从事英语教学的教育工作者也纷纷在其论文中指出，在以英语作为第二语言教学中，审慎且有原则地使用学生的第一语言有其价值所在。在此，仅将有代表性的部分论文列举如下：《英语教学杂志》中的 Atkinson (1987)，Tudor (1987)，Harbord (1992)；《TESOL 季刊》中的 Auerbach (1993)；《现代英语教师》中的 Rinvolucri (2001)，Bawcom (2002)，Dajani (2002)以及《英语教学论坛》中的 Schweers (1999)，Tang (2002)[①]。

另外，在北美大专学府开设的华语教学课程，因为少掉这层民族感情包袱，很早便采用英语作为课堂上学习华语的辅助工具，而且早已累积许多双语教学经验与应用技巧。而在新加坡，华文教师即使采用重语言交际的华语第二语言教材，但因仍然沿用以教师为主导的传统华语教学法，往往成效不彰。

有鉴于此，新加坡教育部决定于 2002 年聘请我担任学术顾问[②]，在四所小学开展为期两年的双语并用华语教学法实验计划，以协助日益增多的在家讲英语的华族学生摆脱华语学习初期的困境。

双语并用华语教学法是一种过渡阶段的渐进式教学策略。它打破了原来在新加坡华语科不得使用英语的禁忌，允许教师及学

---

① Atkinson (1987) 列出了英语课上使用第一语言的合理情况：引出目的语、检查理解力、在基础阶段作出复杂指示、小组合作、在初始阶段解释教学手段、用翻译强调新学的语言点、检查教学成果、测试以及使用委婉的策略。

② 作为这项计划的学术顾问，我的职责是：1)在整个研究过程中，对教师培训、评鉴模式、教材等提出建议并提供协助；2)分析双语并用教学法对华语学习所产生的影响。新加坡国立大学陈清霖(Tan Cheng Lim)博士也是开发双语教材的顾问。

生在初始阶段以英语为辅助教学语言,而后随着学生华语程度的提高渐渐减少英语使用量,直到只使用华语进行教学,最后达到学习华语的终极目标。

尽管我们深信英语在华语作为第二语言学习过程中有促进作用,但也应意识到其局限性以及在第二语言教学过程中过度使用第一语言的危险性。因为许多研究也证明无原则地使用第一语言对学习者理解和使用目标语会产生长期的负面影响(Gabrielatos, 2001)。有鉴于此,这个实验计划以语言学理论为基础,经过仔细设计,清楚地将英语设定为只能在华语作为第二语言学习的初始阶段使用的辅助工具。

贰　双语教学法的理论依据

双语并用华语教学实验计划以心理语言学和对比语言学为基本理论框架。

2.1　心理语言学:双语记忆表征模式

双语记忆表征模式常常会提到的一个关键问题就是两种语言是如何储存起来的。Weinreich(1953)对复合型、并列型和从属型双语现象做了区分。在复合型双语现象中,两种语言的词库共享一个概念系统,但存在两套独立的词语表征。并列型指两种语言各自的概念系统并列存在且相互独立。而在从属型双语现象中,只存在一种概念系统,第二语言的词语只能通过第一语言中能够激活其概念层含义的对应词来理解。

图 9　双语知识模式(Weinreich,1953)

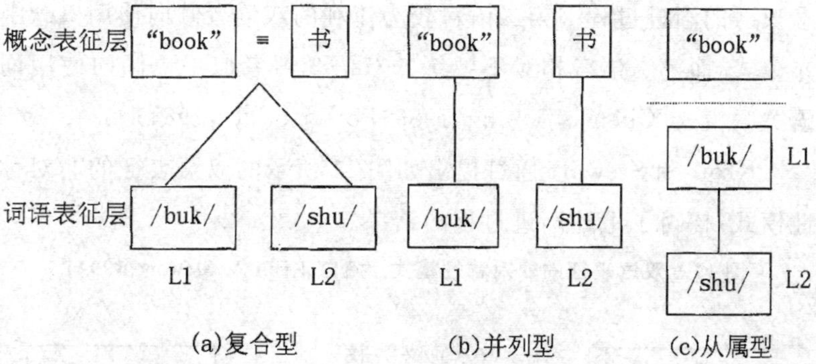

尽管将表征过程分为两层的设想为讨论双语记忆表征提供了最初的框架,但它并没有详细说明双语者的两种语言是如何相互联系起来的。Potter, So, Von Eckhardt & Feldman (1984)通过对比两种双语记忆表征模式,即词语关联模式和概念中介模式,对这个问题进行了探讨。在词语关联模式中,第二语言词语的意义需要通过第一语言的翻译对等词来建立。概念中介模式则表示两种语言都有各自独立的词语表征但共享一个概念表征。

图 10　词语关联模式和概念中介模式 (Potter et al. ,1984)

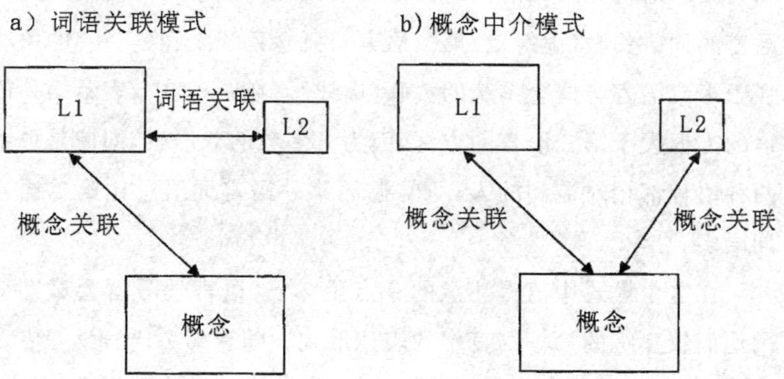

随着第二语言流利程度的增加,会出现一个由词语映射到概念映射的渐进过程。第二语言较为流利的双语者倾向使用概念中介模式,而第二语言相对不熟练的双语学习者似乎更倾向使用词语关联模式(Chen & Leung,1989;Potter et al.,1984)。

Kroll 和 Stewart 通过提出如图 11 所示的双语表征的非对称性模式,探讨了上述渐进过程的结果。

图 11 双语表征的非对称性模式(摘自 Kroll & Stewart,1994)

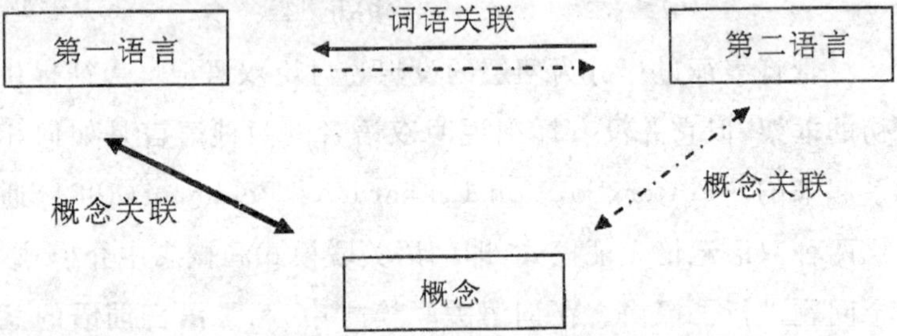

根据此模式,在双语记忆中,词语关联和概念关联是同时起作用的。但是两种关联的强度因第二语言流利程度的函数而有所不同。第二语言到第一语言的词语关联(实线)强于第一语言到第二语言的词语关联(虚线)。第一语言与概念系统之间(实线)的关联强于第二语言与概念系统的关联(虚线)。在图 11 中,表示第一语言的方框大于第二语言的方框,因为大多数的双语者,即使是那些两种语言都相对流利的人,所掌握的第一语言词语总比第二语言词语多。

在这个模式中值得注意的一点是,第二语言学习者会试图套用他们较熟练的第一语言中的表达形式。随着第二语言学习者双语熟练程度不断提高,这种趋势会逐渐减弱。也就是说,在初学阶段使用学习者的第一语言作为教学辅助手段是合理的。

2.2　对比语言学:语言学习的语际影响

语言学习的语际影响,也称为语言迁移,长期以来都是第二语言学界争论的焦点。如前所述,第二语言教学的根本问题是在第二语言课堂能否使用学习者的第一语言。我们必须以务实且具建设性的态度面对这个问题,首先应该对第一语言可应用于第二语言教学中的各种方法进行分析,然后再以研究结果判定第一语言在何地、何时以及采用何种方式能够最有效地帮助学习者掌握第二语言。

苏启祯和梁荣源(Soh & Neo,1993)曾进行过一项双语阅读研究,调查华族小学生是否能够通过调动以第一语言(英语)习得的潜存知识,来提高对第二语言(华语)的阅读理解能力。研究结果清楚地证实英语(第一语言)预导篇章有助于学生阅读理解华语(第二语言)篇章,并且这种预导效益并不受测试形式牵制,对各年级学生都一样有效。研究结果表明,借助于学生较强的语言(英语)来引发他们的潜存知识,对他们理解另一较差的语言篇章(华语)是有所裨益的。

第二语言教学中禁止使用第一语言实际上是直接法和听说法的一种必然推论,这种说法主导了第二语言教学法近半个世纪(Atkinson,1983;Auerbach,1993;Soh&Neo,1993;Prodromou,2000,2002)。但是,人们常常忽略的一点是,第二语言教师不够精通学生的第一语言,从而导致教材及教学策略长期处在单语状态。

期望学生在学习第二语言时"关闭"自己的第一语言,是违反自然习惯的。对于华语为第二语言的初学者来说,如果强制禁止他们的第一语言的介入,无疑是叫第二语言学习者停止第一语言思考,这无异于否定学生过去在第一语言学习及实际生活中取得的有益经验,从而剥夺了他们学习第二语言的两个好帮手。能充分应用已知(第一语言)提取未知(第二语言)本身就是正确的教学原则,其实正可协助以英语为第一语言的学生学习本身所不熟悉的华语。因此,在第二语言课堂上完全禁止第一语言迁移是不可能的,但是只要谨慎合理地使用第一语言,就将大大减低语言负迁移的发生。

从情感方面而言,允许学生讲自己的第一语言是富有人文关怀精神的。这不仅使他们可以讲他们真的想要讲的话,减轻心理负担,而且可以促进师生关系(Atkinson,1987;Harbord,1992;Auerbach,1993)。因此,在第二语言课堂审慎且有原则地使用第一语言可以使学生的语言资源得到充分利用。

叁　双语并用华语教学法实验计划

3.1　双语并用华语教学法特征

这项华英双语并用华语教学法实验计划的目的在于探索使用英语(第一语言)帮助的学生,特别是来自讲英语家庭的学生,学习华语的可行性。

本实验计划的主要特征如下:

a. 华语为主要教学媒介语,英语为辅助工具

双语并用教学法是一种在华语学习初始阶段使用的过渡性教学策略。华语仍然是主要教学媒介语,英语则为辅助教学语言。在教学的初始阶段,英语的使用比例可以灵活地控制在30%左右,而华语则占70%。而后随着学生华语程度的提高,逐渐减少

英语使用频率，到只使用华语进行教学，最后达到华语学习的终极目标。逐渐降低对第一语言的依赖也和学生对于在第二语言课上使用第一语言的态度相一致[1]。

b. 四种语言技能并重

双语并用教学法应用于华语四种语言技能的训练，即听、说、读、写。

c. 积极调动学生的元认知

从概念性的语言知识、高阶思维技巧和其他相关方面对华语和英语进行对比，以积极调动学生的元认知。

d. 主导语言是一种资源而非障碍

双语并用教学法把家庭常用语视为有待开发的资源，而非有待排除的障碍。

3.2 实验对象、教师、教材

3.2.1 实验对象

我们在四所小学进行了双语并用华语教学法实验。其中有三所男校——英华小学（经禧）、圣安德烈小学、圣弥额尔小学，一所女校——美以美小学。四所小学的学生大部分来自讲英语的家庭。

每所学校于 2002 年各随机挑选 80 名学生，组成两个小一班——控制班和实验班。控制班采用现有的华语单语授课模式，实验班则是采用华英双语并用模式。2003 年，又在以上四所小学

---

① 针对 EFL 学生在 L2 课堂上使用 L1 的态度的调查显示，L2 水平越高的学生，越不同意在学习中使用 L1（Prodromou，2000；Schweers，1999；Tang，2002）。

各自增加了两个小一班。实验班和控制班学生的情况大体相似。

3.2.2　教师

从这四所实验小学挑选八名合格的华语老师参与这个实验计划。他们具备华英双语能力,拥有至少三年教学经验,同时接受双语并用华语教学法的理念。每位教师需同时教实验班和控制班,以保证两班的教学质量相对一致。

实验开始之前,我们为这八名教师开办了为期两天的课前师资培训,通过系统的对比分析[①]来提升他们的华英双语意识,并与他们讨论在第二语言课上使用英语的合理性及使用原则[②]。从2002年到2003年,我们利用学校假期,为这些教师另外举办了七次在职培训,并在"开发辅助双语教材"、"使用双语教学手段"、"双语评估设计"三个方面给他们提出教学建议。

3.2.3　教材

双语教材包括由新加坡教育部课程专员设计并经顾问审核的生词英语注释、课文英译等。这些教材分发给所有参与该计划的教师。教育部也提供双语辅助教材,例如:初阶双语阅读读物。

3.3　前测

2002年1月我作为教育部学术顾问,在两位教育部课程专员

---

① "英汉对比语言学"(CTN 202)是南洋理工大学国立教育学院为受训教师开设的一门学术科目。内容包括:共时对比语言学;理论与实践目标;正字法、语音、词法、语义、句法等层面中英语言对比研究的模式与范例;语际影响与语法转换的相关问题。

② "双语并用华语教学法"(CCN 402)是南洋理工大学国立教育学院为受训教师开设的一门学术科目。内容包括:双语认知理论、华文教学中涉及双语教材的设计和开发、双语教学手段及测试、多语社会中的华语教学。

协助下,对所有控制班和实验班的学生进行"华英双语听力测试",以了解这些学生当时的英语和华语的听力能力。为了和主流小学做比较,我们特别选了两所特选学校[1]中两个班的学生同时参加这次前测。

在华语听力方面,特选学校的学生和参与实验的女校学生的表现差别不大;而特选学校学生和参与实验的男校学生之间的表现差别则相当显著。也就是说,来自讲英语家庭的学生,尤其是男生,需要一套非主流的华语教学法。因此,这个实验计划的男校比女校多。

3.4　教学法

在双语并用华语教学法的框架下,英语只视为辅助工具,而华语则仍是主要的教学媒介语。教师在必要的情况下使用英语作为辅助手段,例如,解释难以理解的概念、定义新词语、发出指示、练习某些短语和表达方式、检查学生是否领会、测试他们对课文的理解、比较英文和华文的用法、解惑等。这种教学法有效地帮助了学生更快更好地理解课文。每次教师在使用英语加深理解之后,都立即用华语重复相应的表达。换句话说,英语只充当辅助工具,即作为手段或是桥梁,最终达到学会华语的目的。

除了允许老师使用英语之外,也允许学生在课堂上适当地使用英语,以使他们在自己一鳞半爪的华语无法奏效时,能更清楚地表达自己的不解之处,回答问题或提出问题。

为加速教与学的进程而使用英语,但随着学生华语程度的提

---

① 特选学校的学生大部分来自讲华语家庭。

高而逐渐减少使用英语。通过这种教学法,学生对学习华语逐步产生了兴趣和更有自信。

3.5 评鉴及推广

3.5.1 评鉴

教育部学术顾问及课程专员通过访问学校、听课,通过对学生与教师进行问卷调查,并与家长分组座谈,密切监控整个实验计划。

教育部计划署研究与评鉴组于 2003 年 10 月分别对学生、教师及家长就学生学习华语的体验进行了全面的调查,并对双语并用华语教学法的效果进行评鉴。

评鉴于 2003 年年底进行,结果如下:

a. 老师发现,双语并用华语教学法对华语较差的学生很有帮助,因为他们上课时表现得更加积极,更愿意提问和回答。学生能够更容易地理解课程内容。

b. 采用双语并用华语教学法促进了学生和老师之间的互动。

c. 大多数参与的学生都对华语形成了正面的学习态度。

d. 实验班的学生和家长都强烈支持学习华语时使用双语并用华语教学法及双语教材。

e. 随着学生慢慢长大升入小三,应逐渐减少英语使用频率,确保他们可以和没有使用此教学法的学生同样出色。到了那个阶段,学生仅以主流教学法接受教育。

3.5.2 实验计划的推广

在双语并用华语教学法得到各方面的正面回馈之后,教育部于2004年1月将此计划推广至另外七所小学[①]。到目前为止，已有十一所小学采用了华英双语并用华语教学法。

肆 有待进一步研究的问题

如果证实双语教学法可行，就应该适时地推出各种必要措施来扩大其规模。

a. 因材施教

在实验阶段，四所实验小学使用以华语作为第一语言为基底的主流课本，辅以英语翻译。从长远来看，教育部应该考虑开发一套专门针对来自讲英语家庭学生而设计的华文教材。

b. 双语教师培训

有无足够的双语教师是双语并用华语教学法能否成功的关键。因此有必要特别挑选培训一批拥有良好双语背景，能够自如熟练地使用华英双语的华文老师。

c. 班级规模

在师资允许的情况下，应该派更多的双语教师到讲英语学生比例较高的学校任职，以缩小班级规模。这一措施不仅有利于双语教学法的合理使用，而且可以帮助学生克服心理障碍，并在较轻松的学习环境中学习。

d. 浸濡计划

美国大学所开设的中文课程，大多要求所有学生到中国大陆或台湾地区进行华语实地浸濡学习，作为课程的一部分。新加坡

① 这些学校是花菲卫理小学、恒力小学、玛丽蒙女校、蒙福小学、圣安东尼小学、圣加俾尔小学和圣斯德望学校。

的学校也可以效法,组织学生到以华语为主导语言的地区进行浸濡学习。

伍 小结

华英双语并用华语教学法为协助在家讲英语的学生摆脱初期学习华语的困境,以英语作为教学辅助工具,在轻松的学习氛围中,解除华语难学的焦虑心理。一旦克服最初的排斥心理,学习华语就会变成一项更令人愉悦的简单任务。

由于在第二语言教学和学习过程中使用第一语言长期以来被视为一种倒退,在这个实验计划开始阶段,曾引发新加坡华族社群讲英语与讲华语两派极端支持和反对的争议,在中英文媒体掀起轩然大波,这并非意料之外。双语并用华语教学法实际上并不意味着降低预期所要达到的华语熟练程度,因为参加实验计划的学生在结束小学教育时,还是要作答小学离校会考时统一的华文(或高级华文)试卷。当然,持续追踪这些学生以监控他们的学习进程,对于评估他们与其他学生华文熟练程度的差异是有所裨益的。

语码混用在新加坡学生中是一种极其普遍的语言现象,这种现象在多语社区中也并非罕见,而且在上述实验计划开始之前早已存在。许多第二语言教学研究(如 Atkinson (1987),Auerbach (1993) 以及 Prodromou (2000))都显示传统单语教学法并不能有效阻止第二语言学习时第一语言的介入。其实,语码混用现象就是学习者从第一语言(英语)过渡至目标语(华语)的自然产物。有人认为双语并用华语教学法会使华族学生的语码混用现象恶化。事实上,我们也可以从另一角度说明本教学法会帮助学生对两种语言的差异有更深的认识。

双语并用教学法并非国家的语言政策，也不是传统单语教学法的替代品。同其他教学法一样，双语并用教学法终究应被看作是一种手段而非目的。特别针对来自讲英语家庭学生的特殊需求而设计的双语并用华语教学法在新加坡华语教育史上是史无前例的，如果这个教学法能够在第二语言学习的初期协助他们克服心理和语言学习的障碍，不仅将会对新加坡双语教育政策作出巨大贡献，同时也会形成新加坡华语教学特色，使新加坡有机会跃升为国际华语的教学研究以及师资培训的中转站，并作为新加坡发展知识经济的重要环节之一。

第四节 华语作为第二语言的阅读策略[①]

阅读研究主要探讨读者在理解文本过程中的心理活动，由于读者在家庭、学校、社会、文化等方面的经验不一，他们调动构系（也称潜存知识）以理解文本的策略理当有所不同，这就形成不同类型的读者。同一文本由于读者的经验不同，会造成理解深浅不一。不同的文本诸如文本的类型、文本的语言、文本的信息结构等有所差异，读者所采取的阅读策略更是多样化。

把视点落在新加坡现有的学生读者群身上。华族学生潜存的学科知识都是透过英语获得的，倘若这些学科知识以华语文本为载体，他们阅读时，原来潜存的学科知识对理解是否有所裨益呢？新加坡华族学生对华语文本所采取的阅读策略与到新加坡求学的中国学生是否不同？本节以中三学生为对象，通过阅读理解测查、

① 本节内容与梁荣源先生合著。

分析读者构系与华语文本阅读理解之间的关系，以证实于第二语言阅读教学及测试中合理使用第一语言能有效提高学生的理解能力，并提出适合第二语言阅读理解的测试方法。

壹　读者构系[①]与阅读研究

依据构系论的说法，阅读理解乃输入阅读材料（课本、广告、图表）与读者之间的交互作用的过程。这个过程具有层次性，顶层代表最普遍的概念，底层代表最个别的概念。至于信息处理的运作可以分为两类：由下至上处理（bottom-up processing）与由上至下处理（top-down processing）。前者趋于资料引导（data-driven），后者则趋于概念引导（conceptually-driven）。因此在阅读理解过程中，当读者接收输入信息时，头脑立刻就形成一个构系（也称潜存知识），不断通过自上而下和自下而上的操作程序对信息加以处理，直到给新事物或经验一个合理的解释为止，所以构系也称作交互知识结构。

此外，文本本身只是符号，提供线索让读者从构系中建构出合理的解释。倘若读者要有效地阅读理解篇章，不仅仅只是牵涉形式构系（formal schemata），同时也与内容构系（content schemata）有密切的关系。形式构系储存了词、句、段、篇的知识，而内容构系储存了非语言的知识，譬如自然科学和社会科学的知识。

前文提到读者经验不同会造成不同的阅读策略。针对第一语言阅读者的研究（Carrell，1983a）显示，因为第一语言学习者对材料的形式构系已经十分熟悉，所以能很快地理解话语，并且储存在

---

① 有关读者构系在阅读理解中的作用，凯韦（Carrell，1983a）作了详细的叙述。

长期记忆库内。这些研究一般分为两个方向。第一个研究方向主要探讨第一语言学习者遇到不同类型文本的形式结构(如隐藏在童话、小故事、科学研究报告中的不同结构)如何运用潜存的构系帮助理解。第二个研究方向主要探讨文本内容构系如何影响第一语言学习者的理解与记忆。

第二语言阅读研究显示,当把刻意违反故事构系的故事让第二语言学习者阅读时,学习者对故事大意的推断和事件层次的记忆大受影响。凯韦(Carrell,1983a)指出,第二语言学习者的理解是话语形式构系与读者内容构系二者之间的交互作用。刘能(Nunan,1985)的研究结果也证实第二语言学习者的内容熟悉度与背景知识对理解的程度起着重要的影响。

至于面对跨文化的障碍时,第二语言学习者将如何进行阅读理解?研究(Carrell,1983a)显示,如果语言的句子结构和修辞手法相似,有关本土文化的阅读材料较容易被理解,这说明输入资料的文化背景对阅读理解有一定的影响。

贰 测查方式

2.1 测查对象

我们以四所中学的三年级学生为测查对象,男女校各两所,受试学生总数为122。两所为“传统英校”,简称作英A与英B;两所为“传统华校”,简称作华A与华B。由于华B测查对象皆为在新加坡求学的中国学生,他们过去在中国所接受的基础教育以华语为主要教学媒介语,这与其他三所本地学生以英语为主要教学媒介语是有区别的。为了标识其语言背景的差异,我们把华B改称为中 B。

2.2　测查材料设计

阅读理解测查材料依据学科类别、话语形式、思维层次分为三大类,现以表 47 标示如下:

表 47　测查材料的类型

	学科类别	话语形式	思维层次
篇章一	商业	启事	字面/阐释性思考
篇章二	地理	(一般)叙述	字面/阐释性思考
篇章三	科学	说明书	字面/阐释性思考
篇章四	文学	(事件)叙述	字面/阐释性思考
篇章五	文学	现代诗	字面/阐释性思考

从上表可知,本测查包括五类篇章,篇章一的题数为 2,篇章二的题数为 4,篇章三的题数为 4,篇章四的题数为 5,篇章五的题数为 3。本测查以客观性多种选择式为测试工具,测查对象依据题干的提示,从所提供的四个选项中选取一个正确的答案。

叁　测查结果

3.1　篇章一

这是一则房屋代理商刊登在报章的房屋出租启事,受试学生的表现如表 48[①]:

---

① 为了便于说明,所有的正确答案都放置于答案 A,这与原测查试卷的答案编号不同。

表 48　篇章一测查结果(表中数字以百分比计)

	英 A (N=30)	英 B (N=34)	华 A (N=30)	中 B (N=28)
(1) (A)	**63.3**	**58.8**	**60.0**	**85.7**
(B)	23.3	20.6	26.7	14.3
(C)	6.7	8.8	3.3	
(D)	6.7	11.8	10.0	
(2) (A)	**43.3**	**26.5**	**13.3**	**71.4**
(B)	50.0	70.6	83.4	17.9
(C)				
(D)	6.7	2.9	3.3	10.7

试题(1)属于阐释性的思考问题,在篇章中有一个重要的隐含信息——"任何地区",由此可以推测出在新加坡情境中刊登这则广告者应为房屋代理商。从表 48 的答对率中可以看出 85.7%的中国学生(中 B)选择正确的答案(房屋代理商),另外 14.3%的学生选择第二个较合适的答案(政府组屋/私人屋房东)。由于中国大陆并没有招租的商业交易,所以我们可推测这两组学生在没有内存相关的背景知识下,所选择的答案都纯粹是猜测的,只是前者(答案 A)较合乎逻辑推理,而且也比后者(答案 B)更符合本地的招租启事实况。反观本地的学生(英 A、英 B、华 A)纵然在华语科中也学习如何撰写招租启事,可是答对率却较中 B 组差约二成,这表明他们阅读理解篇章时,一旦碰到不熟悉的文本,如果他们还能掌握部分字面讯息,就不会应用既有的潜存知识,而只是利用相关的字面讯息,猜测相近的答案(多数猜答案 B)。

试题(2)属于字面性思考试题,考查学生对词组“租金面议”的理解。从表 48 的答对率中可以看出高达 71.4%的中国学生理解该词组的字面意义,反观只有平均三成的本地学生能够真正理解“面议”的内涵。有趣的是当他们不理解“面议”所含的信息时,远超过一半的本地学生应用内存有关本地招租启事的惯例而选择答案 B(可以打电话去讨论),这说明在理解过程中,学生在完全无法应用字面所提供的信息时,就可能转而积极借助潜存的内容构系以理解篇章的内容。

3.2 篇章二

这是一则自然地理的篇章,探讨有关喜马拉雅山的高度问题。受试学生对自然地理课题的理解表现如表 49 所示:

表 49 篇章二测查结果(表中数字以百分比计)

	英 A (N=30)	英 B (N=34)	华 A (N=30)	中 B (N=28)
(3) (A)	**66.7**	**70.6**	**60.0**	**100.0**
(B)	23.3	14.7	26.7	
(C)	10.0	2.9	10.0	
(D)		11.8	3.3	
(4) (A)	**93.4**	**91.2**	**86.6**	**100.0**
(B)		2.9		
(C)	3.3		6.7	
(D)	3.3	5.9	6.7	
(5) (A)	**96.7**	**73.6**	**83.4**	**100.0**
(B)	3.3	2.9		

（续表）

(C)		2.9	3.3	
(D)		20.6	13.3	
(6) (A)	66.7	61.8	56.7	100.0
(B)	13.3	20.6	30.0	
(C)	10.0	2.9		
(D)	10.0	14.7	13.3	

试题(3)主要在检定学生对篇章主题的理解，属于阐释性思考层次的问题。全部中国学生都选择正确的答案，本地学生的答对率在六成五左右，而且近乎各选项都有学生选取，这可以说明近三成的本地受试学生综合相关信息能力不强，而原来以英语学习的学科知识也未能充分应用。

试题(4)要求受试学生寻找特定的信息(4000—5000万年前)，但是在选择合适的答案时，设计者也同时测查受试者是否有能力找到相对应的汉语数字表述。中国学生在预料之中都选择正确的答案，近九成的本地学生也能够找到特定的信息，只有一成的学生答错，部分原因或许与他们无法掌握阿拉伯数字与其相对应的汉语数字表述有关。

试题(5)以用豆腐来"叠罗汉"为喻，说明为何地球的山脉理应不会超过万米，换句话说，受试者必须通过比喻的信息，间接地衍生出地球的山脉不会超过万米的道理所在。中国学生衍生的能力都很强，但是只有七至九成的本地学生能够选择正确的答案，有近一成的学生受字面陷阱所误导，无法分辨本体(山脉)与喻体(豆腐)在修辞上的关系。

试题(6)属于字面性思考问题。测查受试学生对词组“还是一个谜”隐含信息的理解。中国学生完全能理解“还是一个谜”这个比喻意指“不能肯定”，但是只有六成左右的本地学生真正理解这个词组的意涵，其余三成本地学生在不理解词组意思的情况下，从段落中猜测与选择有关的不正确答案。

由于中国学生过去阅读许多华语版的自然地理篇章，所以在理解这篇有关喜马拉雅山高度问题的报道时，潜存的内容构系与形式构系都能起一定的作用，所以中国学生都能充分地理解全篇的内容。反之，本地的学生是以英语获得有关自然地理的知识。从他们所选择的答案中，我们可以看出由于他们的形式构系无法发生作用，所以潜存的自然地理构系并没有在阅读理解中起积极的作用。

3.3　篇章三

这是一则有关在厨房和浴室使用的清洁剂说明书，属于通俗科学篇章。特别值得注意的是在理解如何使用清洁剂说明书时，本地学生与中国学生的表现与前面的自然地理篇章颇为一致。受试学生的表现如表50所示：

表50　篇章三测查结果(表中数字以百分比计)

	英A (N=30)	英B (N=34)	华A (N=30)	中B (N=28)
(7) (A)	**76.7**	**73.5**	**70.0**	**100.0**
(B)	13.3	11.8	13.3	
(C)	6.7	5.9	6.7	
(D)	3.3	8.8	10.0	

(续表)

(8) (A)	63.4	64.7	46.7	100.0
(B)	6.6	5.9	3.3	
(C)	10.0	8.8	36.7	
(D)	20.0	20.6	13.3	
(9) (A)	93.3	94.2	83.3	100.0
(B)	6.7	2.9	3.3	
(C)		2.9	6.7	
(D)			6.7	
(10) (A)	73.3	76.5	70.0	100.0
(B)	3.3		6.7	
(C)	6.7	2.9	6.7	
(D)	16.7	20.6	16.6	

试题(7)测查学生整合篇章特定信息(对油渍过厚或特别难以去除的污渍)的能力,属于字面性思考的问题。全部中国学生都能够从篇章的特定信息中综合出相对应的选项答案(去除油渍)。相较之下,只有七成左右的本地学生具有整合篇章特定信息的能力,其余三成本地学生在无法找到或者理解特定信息的情况下,选择在日常使用清洁剂经验中的答案。

试题(8)属于字面性思考问题,测查学生对特定信息(使本剂留于物体表面两分钟)的理解。中国学生都知道这个特定信息意指"短时间留在物体表面"。反观只有四至七成的本地学生能够理解这个特定信息的意涵,其余的本地学生在无法理解这个特定信息的情况下,选择不正确的答案。

试题(9)也属字面性思考问题，测查学生是否理解词组“并远离开火焰”所隐含的信息——“易于着火”。中国学生理解能力都很强，八至九成的本地学生能够真正理解这个词组的隐含意涵，只有一至二成本地学生在不理解词组的情况下，选择不正确的答案。

试题(10)主要测查学生综合相关信息的能力(哪项物件不可用迅洁清洁剂清洗)，属于阐释性思考层次的问题。全部中国学生都选择正确的答案，本地学生的答对率只有七成，其余三成的本地学生综合相关信息的能力不强。

由于在新加坡坊间所售卖的产品内附的使用说明书以英文版为主，加上本地学生以英语获得相关的自然科学知识，所以他们在理解华语版的清洁剂说明书时与前一则自然地理篇章一样，潜存的学科内容构系对他们理解华语版的学科篇章并没有产生积极的催化作用。

3.4 篇章四

这是一则与中学华文教材选文类似的文体，本地学生理应颇熟悉这类篇章的形式，但是他们的答对率比起前面两则自然科学篇章并未相对提高。受试学生的表现如表51：

表51 篇章四测查结果(表中数字以百分比计)

	英A (N=30)	英B (N=34)	华A (N=30)	中B (N=28)
(11) (A)	66.7	85.3	73.4	100.0
(B)			3.3	

（续表）

(C)	30.0	14.7	20.0	
(D)	3.3		3.3	
(12)(A)	**96.7**	**91.2**	**93.4**	**100.0**
(B)			3.3	
(C)		5.9		
(D)	3.3	2.9	3.3	
(13)(A)	**86.6**	**91.2**	**93.4**	**92.9**
(B)	6.7	2.9		
(C)	6.7		3.3	7.1
(D)		5.9	3.3	
(14)(A)	**80.0**	**91.2**	**86.7**	**96.4**
(B)	13.3	2.9	10.0	
(C)	6.7	5.9	3.3	3.6
(D)				
(15)(A)	**76.7**	**88.3**	**73.4**	**100.0**
(B)		2.9	3.3	
(C)		8.8	10.0	
(D)	23.3		13.3	

试题(11)属于阐释性问题，主要测查受试学生在综合篇章相关的信息以后，得出全文主要观点的能力。全部中国学生都能理解本文的主要观点，但是如同另一相似题型的试题(3)，本地学生答对率都只有七成，而其他约三成的本地学生错误地把篇章中的

零散要点视为本文的主要观点。

试题(12)要求受试学生理解词组(促成一个永远的信念)具体陈述的意思,属于字面性思考的问题。由于篇章的特定信息与选择所提供的信息相似度颇高,所以无论是中国或者本地学生几乎都能选择正确的答案。

试题(13)测查受试学生诠释篇章特定信息(怀疑的目光)影射的能力。九成左右的本地与中国学生都能正确理解影射的内容指不信任的意思,有趣的是近一成的中国学生集中选择答案 C(不谅解的目光),这应该是受试者和设计者对这特定信息诠释差异所造成的。

试题(14)属于字面性思考问题,考查学生对词组(靠时间)衍生意义的理解。新加坡及中国学生的答对率达到八九成,如同试题(12),由于篇章的特定信息与正确选项的信息相似度颇高,这种具体信息的试题对本地学生难度不大。

试题(15)属于阐释性问题,考查学生回溯寻找前文的对应词组(从此以后),并进而推断出篇章的主题。中国学生全部答对,本地学生的表现和试题(11)类似,只有七八成学生选择正确的答案。

这个篇章的形式构系与学生平时阅读的华文教材形式构系虽然颇为相似,但是学生阅读理解的表现并未优于自然科学篇章的试题,可见题材的差异对阅读理解的影响不大。

3.5 篇章五

这首现代诗《纸船》是诗人冰心在乘邮船去美国留学途中所写的,受试学生理解现代诗话语形式的表现如表 52 所示:

表 52　篇章五测查结果(表中数字以百分比计)

	英 A (N=30)	英 B (N=34)	华 A (N=30)	中 B (N=28)
(16) (A)	**83.4**	**85.3**	**83.3**	**85.7**
(B)	3.3	2.9	3.3	
(C)	10.0	11.8	6.7	10.7
(D)	3.3		6.7	3.6
(17) (A)	**80.0**	**61.8**	**90.0**	**42.8**
(B)	6.7	14.7		
(C)	13.3	17.6	10.0	53.6
(D)		5.9		3.6
(18) (A)	**80.0**	**91.3**	**93.3**	**96.4**
(B)	13.3	2.9		3.6
(C)	6.7	2.9	6.7	
(D)		2.9		

试题(16)属于字面性思考性问题,测查学生是否理解诗中"母亲"所隐含的信息。八成左右的中国与本地学生认为诗中的"母亲"特指作者冰心的母亲,有趣的是近一成左右的中国与本地学生则把诗中的"母亲"引申为天下的母亲。就诗论诗,这样的诠释实也无不可,只是这与设计者对"母亲"的诠释有所不同。

试题(17)的设计构思原是有意测查学生寻找特定信息(沾在船头上)的能力,有趣的是六至九成的本地学生与四成的中国学生依据诗篇的信息,认为诗人是在船上写下这首《纸船》。反观,高达五成的中国学生却认为这首诗写于他乡。这样的解说绝对不是他们在不理解诗作的情况下胡乱猜测的,只是这些学生没有参照语境,纯粹凭个人潜存的“常理”臆测的。

试题(18)属于字面性思考试题,要求学生从特定的信息(悲哀归去)中理解诗人所流露出的情怀。八至九成左右的本地与中国学生都能正确地理解这首诗所流露出的感情是悲哀的,其余学生无法从诗里行间感觉诗人所流露出的情感。

肆 测查结果讨论

依据以上的测查结果,我们可以得出的结论有:

a. 阅读理解的表现与学习者是否积极地应用潜存知识中的内容与形式构系有密切关系。

b. 由于中国与新加坡的文化差异(例如篇章一:招租启事),纵然是第一语言学习者,在阅读非本土文化话语时,因为没有足够的潜存内容构系,理解表现也受影响。但是,因为中国学生对华文文本的形式构系十分熟悉,所以可以利用推理得到正确理解。

c. 第二语言学习者以英语所获取的学科知识,在阅读华语版的相同学科篇章时,会试图启动内容构系。然而第二语言学习者因为形式构系的障碍,即使利用内容构系也仍然无法有效地掌握字面信息,甚至还可能理解错误。

d. 无论是第一语言或者第二语言学习者,只有在理解形式构系的基础上,内容构系才能对阅读理解产生积极的作用。换句话说,新加坡学生即使已经透过英语获得数理或者其他学科的内容构系,倘若有意以华语理解这些学科,他们仍得加强对华语学科形式构系的认识,这样才能有效地进行华语阅读理解。

伍 阅读理解问答测试类型

鉴于构系与阅读理解表现是密切关联的，我们在设计阅读理解测试时应该考虑题目所使用的语言对读者造成的影响。依据篇章语言、问题用语、作答用语的不同组合，可形成以下四种阅读理解问答测试类型：

	篇章	问题	作答	语言技能	类型
1	英	英	英	读技、写技	EL1
2	华	英	英	读技	$CL2_2$
3	华	华	英	读技	$CL2_1$
4	华	华	华	读技、写技	CL1

第一种类型（英英测试）与第四种类型（华华测试）皆属于单语测试，两者的篇章语言、问题用语与作答用语都是同一语言，只是前者以英语为第一语言（EL1）测试；后者以华语作为第一语言（CL1）测试。

第二种类型（$CL2_2$）与第三种类型（$CL2_1$）皆属于华语作为第二语言的阅读理解测试类型，也皆属于双语测试，并以英语作答。两者的差异为前者的问题用英语；后者的问题用华语。

对于以华语作为第二语言的学习者而言，问题与作答皆用华语的第四种类型（CL1）最难；问题与作答皆用英语的第二种类型（$CL2_2$）最易；问题用华语、作答用英语的第三种类型（$CL2_1$）处于中间状态。

然而，目前新加坡主流的华语教学界一律只以难度最高的第四种类型（CL1）来进行阅读理解问答测试，完全无视学习者的先备第一语言知识，这种做法实在有待商榷。因此，建议在学生学习华语作为第二语言的初始阶段，应先采用第二种类型（$CL2_2$），而后随着学生华语程度的提高改采第三种类型（$CL2_1$），最后才逐步采用高难度的第四种类型（CL1）。这种循序渐进地引导学生提升第二语言的阅读能力，将让他们觉得比较自在，学习起来也会更有信心。

第五节　语言教学与资讯科技的整合
——双语小学华文数位[①]教材制作

华语文教学界目前面对的挑战在于如何为语言背景差异越来越大的学习者设计适合其学习进度的华语教材。传统华语文教学市场主要以内圈的少儿与青年为对象，这些以华语作为第一语言的学习者，其语言背景同构型很高。因此，为他们所设计的教材所要注意的差异只属旁枝末节，像是各地区的特殊词汇、特有文化背景等，其他基本的教材编写原则相差不大。

为中圈地区如新加坡的少儿与青年编写的教材则不然。中圈学习者的多元化语言背景和前者有天渊之别，因此利用第一语言教材的编写原则为他们编写教材是不实际的。从语言学习的角度来看，第一语言学习者和第二语言学习者的学习目标、学习过程、所具备的潜存知识都不尽相同，尤其是后者还牵涉到学习者自身第一语言的迁移作用。教材编写者如果没有意识到两者的差异，

---

① 编者注：数位：英语 digital 的意译词。台湾地区、新加坡一般译作“数位”，中国大陆译作“数字”。

张冠李戴地混在一起，所编写的教材最终很可能使原本有兴趣学习华语的第二语言学习者感到华语难学，进而对华语望而却步。

随着中国将成为世界重要经济体之一，以经贸为主轴的全球华语学习热潮已经进入火热阶段。华语作为外语学习的外圈市场正在急速膨胀。近年来亚洲乃至欧美澳纽等地区的学习者都以惊人的速度增长。这类型的学习者主要以成人为主，而为他们编写适用的华语教材又与为少儿与青年编写的教材有所不同。

壹　数位教材概说

资讯科技对于21世纪的人类生活而言，其影响的层面是毋庸置疑的。信息科技的飞速发展，使信息沟通媒介发生革命性的变化。例如，电子邮件改变了人们传统书信沟通的形式和过程；电子报刊也给予读者快捷又丰富的信息内容。

在语言教学方面，信息科技也改变了许多旧有的学习方式。学生利用互联网搜寻写作题材，在线上进行视频辩论，利用图文简报软件介绍阅读心得，现已是常用的学习方式。信息科技所带来的许多便利，也逐渐促使教师对语言教材设计进行新思考，终于促成了数位教材的出现。

1.1　版本模式的多样性

数位教材比起目前坊间通行的纸质本教材，最大的优势在于在同一套教材中搭配各种不同的附加内容或功能，就可以形成不同的版本。例如针对第一语言学生和第二语言学生的特质，可以分别量身订制不同教学语言的教材，让中圈的多元化学习者有了更灵活的选择性。

依据使用者的不同,例如教师与学生的角色,同一套数位教材也可以设定不同的功能限制。这样一来,一套数位教材模本将形成许多不同的版本。数位教材的内容与形式还可以通过互联网进行更新,服务于不同的对象和不同的使用需要。

1.1.1 华语单语版与华英双语版

华语单语版数位教材主要针对以华语作为第一语言的内圈学习者。这类学习者的基本华语能力较强,且经常使用华语,所以这个版本的全部内容都以纯华语呈现。华语单语版所具备的各种视觉与听觉效果,对引起学习者阅读兴趣起着如虎添翼的作用。

但单语版纯华语的界面对第二语言中外圈学习者来说,基本华语能力的要求门坎颇高。尽管单语版提供各种多媒体功能,但学习者如果基本华语能力不高,还是不时会遇到很多阅读上的障碍,其挫折感很快就会超越对教材的新鲜感。因此,在华语单语版的设计基础上,必须加入英语作为辅助教学语言,对中外圈学习者在学习的初始阶段才能发挥积极作用。

为了协助华语能力较弱,但英语能力相对较强的中外圈学习者,华英双语版便能够起到很好的辅助作用。其特点是在单语版教材的基础上,添加了作为辅助性质的英语附加部分。举例来说,双语版为每篇课文提供以句子或段落为单位的英语翻译对照。当学生在阅读课文的过程中对某个句子或段落不明白时,这些英语译文就可以供学生参酌。课文的理解引导问题也采用双语提问的形式,以确保学生对引导信息的接收不会因为华语能力不足而受到影响。词汇释义则可以积极调动学生通过英语吸收的潜存知识,帮助他们理解对应的华语词汇。有鉴于中外圈学习者在学习初始阶段的基础华语能力不足,因此双语版不以华语对词汇进行释义，而只采取英语释义的手段。

1.1.2　教师版与学生版

教师版是教师上课时使用的版本，因此使用权限最大。教师不但可以使用数位教材的所有功能，同时也可以选择在教学时开启或关闭这些功能，例如：教师如果要训练学生朗读，可以选择开启在课文里展示汉语拼音的功能键，让学生借助汉语拼音的辅助来朗读课文。如果教师觉得学生目前的语言程度不需要这项辅助，可以选择关闭这个功能。此外，教师版也提供教师课堂教学的提示和资源，例如：提供教导词汇典型搭配和用法的提示、课文文本结构分析图、或其他相关的课文背景知识和语言知识。这样一来，不但可以减少备课任务，上课时也能如鱼得水。

至于学生版，除了供学生在上课时使用外，也可以让学生在家自习时使用。但是，学生版会在使用功能上进行一些限制。例如：不能开启教师版的教学提示和教学资源库。学生版最大的特点还在于提供了巩固学习成果的各种语言练习。举例来说，学生版提供的朗读练习可以让学生对着麦克风朗读课文；词汇练习可以让学生以鼠标点击的方式为词汇点选适当的搭配；汉字书写练习可以让学生利用手写板模仿动态汉字笔顺练习写字。如果学生的朗读发音不标准，点选的词汇搭配不正确，或所写的字笔顺有错误，数位教材可以实时给予提示或纠正。通过这样的语言练习，学生即使没有老师从旁指导，也能自行复习上课时所学过的知识。

1.1.3　低成本的版本升级与更新

现行通用的纸质本教材由于从教材设计到印刷成书需要耗费很多时间和资源，出版商印制的教材需要等上很长时间才会推出新版本，所以教材内容往往无法及时更新。即使出版商愿意对教材内容进行更新,推出修订版教材,从使用者的角度来看,为了一部分的更新内容再多买一套教材并不划算。

数位教材在这方面就占有优势。只要购买基础版教材,使用者只需要多花少量的金钱,就能通过互联网得到附加在基础版之上的更新内容。因此,出版商可以随时为教材添加新的内容或功能。这是传统纸质本教材无法做到的。此外,教师或学生在使用教材的过程发现任何问题,或对教材有任何反馈,出版商在收集这些意见后,也可以通过版本更新,使数位教材更加完善。由于数位华文教材只需要通过互联网付费进行版本更新,不像纸质本教材必须重新印刷购买,因此对于使用者而言更加环保和经济。

1.2　呈现手段的丰富性

1.2.1　视觉功能

纸质本教材为解释词汇、说明课文内容,常见的做法是在课文文本旁加上插图,以加深使用者的理解。但是,这类图像由于是静态的,所以其功用相当有限,只适用于说明一些比较具体的事物,如一般名词性词汇。如果遇到需要解释的词汇太过抽象,或需要说明的课文内容太过复杂,静态图像就没有效果了。

而数位教材除了一般的静态图像外,也拥有展示动态图像的功能。这些动态图像平日处于静态图像的状态,一经使用者点按,就立即转换为动态的形式,因此能够很有效地说明抽象的概念。再加上语音,甚至将文字性的课文内容转换为视觉性的动画,因此有很强的说明作用。

动态图像也能运用在示范汉字笔顺方面。传统纸质本教材在示范笔顺时,每一笔画占用一个新的格子,学习者通过串连这些格子了解汉字的笔顺。这样的示范方法不仅占用页面很大的空间，也不符合一般写字的习惯。数位教材则可以利用动态图像的功能，模仿真实的书写过程。

1.2.2 听觉功能

传统纸质本教材只能提供学习者视觉信息，无法以听觉作为另一个传达信息的管道。但是，数位教材只要配合一副耳机或喇叭，就能够为学习者提供课文朗读、词汇发音、会话练习等各种各样的声音信息。

随着计算机语音科技的进步，学习者只要点选课文里的某个句子或段落，数位教材就能立即以模拟的人声朗读。遇到课文里不会发音的生词，传统纸质本教材只能提供注音符号给学习者参照，但他们无法知道自己根据这些注音符号发出的声音是否正确。数位教材则可以让学习者把自己的发音和标准发音进行比较，以达到学习正确发音的目的。

如果配合录音和计算机分析的功能，数位教材还能记录并判断学习者的发音是否正确。根据这个功能，数位教材能够设计具有反馈功能的朗读练习。当学习者朗读出现错误发音的时候，数位教材能够实时告知学习者。

1.2.3 信息分级呈现

由于纸质本教材的内容印刷在纸上，所有信息的呈现顺序只能是固定不变地且毫无差别地陈列在同一个层级的界面上。无论这些信息对学习者是否有用，他们都必须根据教材编写定式全盘接受。如果信息太多，例如一篇课文里加入很多注释、段落导读，无形中造成整个页面充斥各种信息的情形，会对学习造成不必要的干扰。

数位教材可以按照学习者的实际需要,把不同的信息放在不同的层级,只出现必要的第一层级信息。例如:课文文本会无条件出现,其他的相关信息就可以隐藏起来,直到需要时才点选浮现。无论是汉语拼音、词汇解释,还是动画插图,都可以在学习者点选时才出现,这样的界面除了比较简洁明了外,学习的焦点也比较容易集中。

1.3 查询与使用的便捷性

1.3.1 链接

纸质本教材的课文内容采取由左到右,由上到下的呈现方式,学习者即使在阅读的过程中遇到困难,例如不明白某个生词的含义,或所描述的某个概念缺乏背景知识,也无法脱离课文,寻找辅助理解的信息。虽然有些纸质本教材会以“前提”或“注释”的方式提供相关信息,但是安插在课文内或课文前后的这些信息,除了会占用课文的空间,同时查找起来也不方便。反观,数位教材就可以利用链接功能解决这个矛盾。只要把课文中需要进一步说明的内容和与其相对应的信息链接在一起,点按这些链接就能让学习者连接到相关信息网络(例如:互联网),取得附加信息。

1.3.2 移动

相对一本本厚厚的纸质本教材,数位教材能以光盘、闪盘的形式储存、安装在计算机里,只要有基本计算机配备,数位教材能够在任何地方使用。随着互联网的普及,也开始有数位教材采取网络版的形式,使用者只需申请一个账户,就能在任何能够上网的计算机上通过互联网使用数位教材。许多远程教育机构都利用数位教材的这种便利,这是纸质本教材无法企及的。

贰 双语版小学华文数位教材的定位及编写原则

2.1 双语版小学华文数位教材的定位

双语版小学华文数位教材是根据以英语为家庭常用语的小学生学习特点设计开发的。这些学生在日常生活和学习中主要使用英语进行交流沟通。除了华文科，他们很少有机会使用华语。在语言能力上，英强华弱的倾向十分明显。因此，他们对学习华语存在惧怕和排斥的心理，如果教师只使用族群“母语”教学，他们通常很难听懂。设计双语版小学华文数位教材的目的就是要充分利用学生的主导语言（英语）的优势，协助他们在初始阶段克服对华文学习的恐惧心理，帮助他们快速准确地理解教学内容，提高学习的效果。

双语版小学华文数位教材是在单语版教材基础上，添加英语词语注释、课文翻译、双语理解问题以及只以英语说明的文化背景知识等附加功能，达到辅助华语学习的目的。因此，这种教学法主要适用于以英语为第一语言，华语作为第二语言的学习者使用。

双语版小学华文数位教材的编写是以对比语言学的理论为基础，在“双语并用华语教学法”理论指导下设计开发出来的。在第二语言教学过程中，学习者的主导语言（英语）在学习目的语的过程中起着非常重要的作用。学习者的第一语言是学习第二语言的资源而非障碍。由于过去对第一语言在第二语言学习过程中的“正迁移”研究不够，因此，华语文教学界长期以来都过度夸大学习者第一语言对第二语言学习的负面影响。设计这套双语版小学华文数位教材正是为了打破这种迷思。但是，双语版教材编写者也清醒地意识到华语是学习的主要对象,掌握华语是教学的最终目的。因此,在设计双语版小学华文数位教材时必须严格遵循“华语为主要教学语言,英语为辅助工具”的基本准则。

2.2 双语版小学华文数位教材的编写原则

2.2.1 辅助性原则

双语版小学华文数位教材是在原有纸质本教材基础上添加附加功能,并没有也不可能改变原有教材的基本属性和特点。这就决定了所有附加的内容(例如:词语注释、翻译、汉字笔画笔顺、文化知识点等)都以“幕后”隐藏的形式存在。只有当学习或教学需要的时候,这些功能才会被调用。其次,所有增值功能都通过授权加以管理,例如,教师可以根据教学的需要开放或关闭某项功能的权限,从而避免辅助功能被过度使用。既然是辅助工具而且可以隐藏,因此理论上这些功能可以不断修改、升级。只要学习或教学需要,将来也可以添加其他辅助性功能。

2.2.2 针对性原则

任何教材都有特定的教学对象,就像不同的工作需要不同的工具一样,“一种米养百样人”的通用华语教材严格来说是不存在的。双语版小学华文数位教材的设计始终贯彻针对性的原则,例如:选择英语作为辅助语言是针对以英语为家庭常用语的学生的需求而采用的,借此希望通过发挥学生第一语言(英语)的优势为华语教学服务。词语注释、篇章理解问题和英语译文采用分层、分级处理,也是为了针对不同学生的需要,尽量做到功能和实际需求相匹配。

2.2.3 简约性原则

简约性原则主要体现在注释用语和版面设计方面。无论是以英语注释生词,还是华语的例句,都必须充分照顾到儿童智力水平和华语能力,尽量做到浅显易懂,避免因为释义用语太难而给学习者造成新的学习障碍。

在版面设计上也努力做到界面简洁、清楚、易懂,所有功能都以隐藏、浮现交替的方式呈现。当学习或教学不需要时,界面上不会出现相关的内容,从而避免界面过于复杂而对学习者造成不必要的干扰。功能键的设置也应该以方便操作和简约为原则,标识清楚,调用容易。

叁 双语版小学华文数位教材的主要功能

3.1 文字处理

3.1.1 笔画笔顺动态展示

笔画笔顺是华语初学者书写汉字时首先遇到的难点。传统的教学方法费时费力,且枯燥乏味。借助计算机技术可以轻易地解决这个问题。学生只要用鼠标点击需要显示笔画笔顺的汉字,屏幕上即刻显示该字的笔画书写过程。在书写过程中,计算机会读出每一笔画的名称,字体旁会显示每一笔画的序号。这一功能对华语初学者掌握汉字的书写规律与行笔特点提供了很好的帮助。

3.1.2 显示汉字的内部结构

为了帮助学生了解汉字的内部结构,数位教材在显示笔画笔顺的同时,还增加了汉字结构识别功能。计算机在展示笔画笔顺的同时,会以不同的颜色显示部首和非部首部分。

3.1.3 简繁字体转换

双语版小学华文数位教材以简体字为基本的学习字体,但是同时也附加了繁体字的版本,隐藏在“幕后”备用。当学习者需要时,可以随时转换。汉字简繁体转换既可以实现全文转换,又可以做到即选即转。

3.2 语音处理

语音处理在信息科技领域的关键技术有自动语音识别(Automatic Speech Recognition)[ASR]和语音合成(Text-to-speech)[TTS]。自动语音识别技术是指将人说话的语音信号转换为可被计算器识别的文字信息,从而识别说话人的语音指令及文字内容的技术;语音合成技术是指将文字信息转变为语音数据,以语音的方式播放出来的技术。目前虽然这些技术还有进一步完善的空间,但其应用前景是十分广阔的。我们此次与新加坡创新科技公司的合作,便是将这两种技术运用在双语版小学华文数位教材的设计上。

3.2.1 生词发音

在传统的华语教学中,学习生词的读音主要有两种方法,一是通过模仿、二是通过拼读。前者依靠教师或录音机的协助,后者则需要学生掌握汉语拼音系统。计算机合成技术打破了上述限制,可以轻易地将文字信息转化成语音输出。这项技术已日趋成熟,仿真度已接近自然发音的水平。学生只要在启动语音功能后,用鼠标选定需要发音的生词或难字,计算机便会自动读出该字词的正确读音。把发音功能与注释功能配合使用,对学生掌握生词帮助很大。

3.2.2　课文朗读

课文朗读包括计算机朗读和学生朗读两个部分。前者在教学中的作用在于为学生提供听辨和模仿的机会，相当于传统教学中教师朗读课文或播放录音的功能。学生只要启动相应的功能键，选定需要朗读的句子、段落或篇章，计算机便会准确、自然地将内容读出来。虽然机器还不能做到语气抑扬顿挫、语速张弛有度，但是可以达到语气平稳、语速自然的效果。

学生朗读功能采用的是语音识别技术，具有“人机对话”的特点。学生可以通过麦克风将课文朗读的内容输入计算机，机器可以对输入信息与标准信息进行对比分析，判断学生朗读的准确性。指出错误信息的位置，帮助学生纠正不正确的发音。这项功能在学生自习时使用可以发挥很大的作用。

3.3　词语处理

词汇是华语文教学的基础，属于语言知识教学的重要范畴。从教学的角度而言，词汇教学包括了语言形式辨识、意义解释、用法说明三个教学层面，以及巩固活动及测试等练习评估过程。对以英语为家庭常用语的小学生来说，提供准确、有效的词语注音、释义和用法说明等信息是十分重要的。再说，在为第一语言背景不同的华语文学习者进行词语释义和词语用法说明时所采用的方法，也理应不同。

3.3.1　注释用语

学习对象的水平不同，选用的注释用语也应该有所不同。对于一个华语水平很高的学习者，可以使用华语单语为生词注释，这也间接地扩大其华语的接触面；对于一个中级水平的学习者，可以采用华英双语注释,学生可以通过双语参照准确理解词汇的含义;而对于以英语为家庭常用语的华语文初学者来说,用华语注释则没有意义,不但达不到释义的目的,反而会给学生造成更大的困惑和障碍,进而挫伤他们的学习积极性。有效的做法是使用英文和实物相配合的注释方法。由于双语版小学华文数位教材属于初始学习阶段的教材,因此只使用英语作为注释语言。

3.3.2 释义方法

数位教材中的词语释义与词典的词语释义也不尽相同。由于一般的通用词典是为了满足不同使用者而编写的,因此释义讲求全面、详细。但是数位教材中的词语释义则不同,必须考虑到学习者的能力和学习需要。倘若释义不足,学生不能准确明白词义和用法;倘若释义过度,也会给学习者增加不必要的负担,甚至还会造成混淆,适得其反。例如,有些词语有多个义项,倘若不加选择地提供给学习者,并不能达到祛除阅读词障的目的,尤其当教学对象是初学者时,副作用会更大。

因此,本双语数位教材的词语释义部分采取了情境释义法。根据词语在课文中的具体词性和意义进行解释,而对超出课文范围的义项则不予处理。这种释义法针对性强,易于掌握。在释义用语上,也尽量做到通俗易懂,避免使用超出儿童认知能力的概念或过于抽象难懂的词汇。

3.3.3 词语用法展示

词语可以通过词语搭配和例句展示其用法。由于不同词性的词语特质不同,编写者在选择使用词语搭配还是例句说明时侧重点自然也有所不同。例如:名词的特质是它主要充当主语和宾语,位置相对固定,学生不难掌握,可以不必举例句说明。但是,名词与量词的搭配却往往是第二语言学习者的难点，编写者有必要指出名词与量词的搭配关系。

至于选用的例句，应该具有代表性，避免重复用法相同的范例。所有的例句都配有英文的翻译，方便学生对例句的理解。例句或词语搭配所选用的词语也同样要做到简单易懂。

3.3.4　注释位置

传统纸质本教材通常是将需要解释的词语列在课文的后面，这种编排方式给学生翻查对照造成许多不便。计算机科技可以通过超级链接以浮现与隐藏交替的方式将需要解释的词语展现在该词的旁边或隐藏在"幕后"，操作起来既方便又醒目。

词语解释的对话框界面采用分层浮现的方式，当点击课文中的生词时，词语旁边就会浮现出一个对话框，里面出现该词语的汉字字形、汉语拼音注音、词性和英文解释。有些词语可能还会配有静态图片或动漫，我们把这些基本语言成分信息称为释义层。

如果学生需要了解该词语的用法，可点击用法说明的按钮，该词语的各种用法即可浮现出来。这样的处理方式可以满足不同学习对象的需要，既简化了界面，又突出了重点。

3.4　篇章的处理

双语版小学华文数位教材是在新加坡教育部课程与教材发展司最新编写的《小学华文课程纲要》的基础上研制开发的。这套教材属于精读教材，以培养阅读技能为主要教学目标。教材的主体是一篇篇幅短小的语篇，教师根据教学大纲的要求，协助学生理解课文内容，掌握课文指定学习的词汇、句式等语言知识。

为了方便学生使用该教材，双语版数位教材除了提供生词注音和释义外，还对篇章内容进行易化处理，使学生能够在没有教师教导的情况下也能自学。此套增值版的数位教材通过设立难易度不同的理解问答题和提供英语译文的方式协助学生学习。理解问答题和英语译文在教材中的作用是不同的，前者是用来检查学生理解课文的准确度，后者则是在句、段、篇等不同层面帮助学生理解华语的准确意思。

3.4.1　英语译文

英语译文分成三个级别：第一级是句子或短语的翻译，主要是协助学生解决句子层的理解问题；第二级是段落的翻译，学生可通过双语对照理解段落内部上下文的意思；第三级是篇章的翻译，协助学生理解全文。三者既有联系，又不完全一致。不同级别的译文是针对不同学习或教学需要而设计的。呈现的位置和方式也有所区别。翻译的内容要求准确、无误；翻译功能是隐蔽的，需要时即可调用。

3.4.2　理解问答

从阅读理解的角度而言，课文内容是由宏观信息（主要信息）、局部信息（段落大意）、微观信息（特定信息）组成的。双语版数位教材既有针对细节的提问，也有针对段落和篇章的提问；既有针对字面理解的问题，也有涉及综合、评价的高层次思维技能的问题。教师或学生可根据学习者的华文水平提问或回答。高层次的问题涵盖了低层次的问题，如果学生能够准确回答高层次的问题，就不需要回答低层次的问题。问题采用英语和华语双语设问，学生也可以根据能力不同选择华语或英语回答。

3.5　文化背景介绍

语言交流的障碍有时并非由语言本身所造成，文化差异也会对沟通的流畅度产生影响。在教导以英语为家庭常用语的学生学习华语时，应该教导他们如何理解隐含在言语中的文化现象。例如：华人姓氏中有复姓，学生如果不了解，就很容易出错。有些学生会把“司马光”理解为姓“司”名“马光”。为此，我们专门在教材中设计了一个特别栏目，叫“课文加油站”，将课文中出现的特殊语言、文化等现象抽取出来，配上简明扼要的英语说明介绍给学生。

肆　数位华文教材的未来机遇

4.1　现行数位教材偏重读技

双语版小学华文数位教材体现的是信息科技和读技教材整合所带来的潜力。教材本身提供各种功能，目的是使阅读过程变得更加轻松、有趣，以提高学习者的阅读意愿。但是，高层次的阅读能力培养需要通过大量的阅读，而目前数位读物在数量上还是无法取代纸质本读物。再说，本教材主要偏重读技的训练，教材中有关听技、说技、写技等方面的设计并未深入涉及。尤其对第二语言的中外圈学习者而言，由于缺乏听说华语的自然应用环境和机会，听说技能的训练甚至比内圈学习者更迫切，因而数位教材在这两方面有很大的开发空间。

4.2　未来信息科技在听说与写作技能教学的开发

4.2.1　听技

数位教材可以将日常生活中各种真实的语音信息（例如：一段机场广播信息或一段日常对话）以数码化的方式储存为电子文件，

再配合计算机程序所设计的引导问题,训练学习者的聆听能力。如果学习者对某个部分的内容不理解,数位教材可以有重新启动播放的功能,甚至可以提供文字或图像提示,帮助学习者理解口语信息内容。

4.2.2　说技

在说技的训练方面,数位教材可以用数码影片设计对话情境,让学习者根据情境进行“人机对话”。数位教材也可以为学习者提供该情境里的标准对话作为比较,以检验自己的对话是否达到标准。

4.2.3　写技

越来越多人习惯以计算机作为书写工具,因此数位教材可以顺应这个趋势,让学习者训练这方面的写作能力。例如电子邮件、博客、讨论区等都是训练写作很好的教材。

总而言之,随着信息科技的高速发展和教学对象的多元化,双语版华文数位的应用将越来越广泛,其语言教学市场的潜力将十分广阔。

参考文献

Ang,Ien 著、施以明译(1992)不会说中国话——论散居族裔之身份认同与后现代之种族性,《中外文学》第 21 卷,第 7 期,48—69 页。

北京大学中国语言文学系语言学教研室(1962)《汉语方音字汇》,北京:文字改革出版社,第二版。

北京外国语学院英语系汉英词典编写组(1978)《汉英词典》,香港:商务印书馆。

北京语言学院语言教学研究所(1985)《汉语词汇的统计与分析》,北京:外语教学与研究出版社。

北京语言学院语言教学研究所(1986)《现代汉语频率词典》,北京:北京语言学院出版社。

曹逢甫(1997)《族群语言政策:海峡两岸的比较》,台北:文鹤出版有限公司。

陈碧珊(1999)《新加坡华语变体语言态度调查研究》,新加坡:南洋理工大学中国语言文化系荣誉学位论文。

陈重瑜(1981)本地华语里声调的问题,《语文》第 7 期,38—42 页;又见陈重瑜编(1993)《华语研究论文集》,新加坡:新加坡国立大学华语研究中心,273—282 页。

陈重瑜(1986)新加坡华语语法特征,《语言研究》第 1 期(总第 10 期),138—151 页。

陈恩泉(1999)《双语双方言与现代中国》,北京:北京语言文化大学出版社。

陈建民、陈章太(1988)从我国语言实际出发研究社会语言学,《中国语文》第 2 期,113—120 页。

陈进成(1984)以克漏字方式分析高中学生阅读与写作能力,见黄自来等编《英语教学论文集》,台北:文鹤出版有限公司,219—230 页。

陈明远(1982)《语言文字的信息处理》,上海:知识出版社。

陈松岑(1985)《社会语言学导论》,北京:北京大学出版社。
陈绥宁(1984)留学生汉语病句分析,《中英语文教学》第3卷,第3期,257—271页。
陈章太(1983)略论汉语口语的规范,《中国语文》第6期,401—408页。
戴汝潜、谢锡金、郝嘉杰(1999)《汉字教与学》,济南:山东教育出版社。
戴昭铭(1989)规范语言学研究刍议,《语文建设》第3期,38—43页。
德范克(DeFrancis,John)(1997)《汉英词典》(*ABC Chinese-English Dictionary*),上海:汉语大词典出版社。
窦德龙(2008)孔子学院在海外何以发展迅速,《解放日报》2月13日。
高家莺、范可育、费锦昌(1993)《现代汉字学》,北京:高等教育出版社。
顾小凤(1997)手写体汉字识别,载于陈原编《汉语语言文字信息处理》,上海:上海教育出版社。
郭大松、陈海宏编(1999)《五十年流行词语(1949—1999)》,济南:山东教育出版社。
郭良夫(2000)《应用汉语词典》,北京:商务印书馆。
郭熙(2004)海外华人社会中汉语(华语)教学的若干问题:以新加坡为例,《国际汉学集刊》第1期,185—200页。
郭熙(2006)海外华语教学研究的现状与展望,《世界汉语教学》第1期,106—115页。
国家对外汉语教学领导小组办公室汉语水平考试部(1997)《汉语水平词汇与汉字等级大纲》,北京:北京语言文化大学出版社。
国家语言文字工作委员会汉字处(1989)《现代汉语常用字频度统计》,北京:语文出版社。
何淑贞等编(2008)《华语文教学导论》,台北:三民书局。
贺上贤(1987)对比分析和错误分析的研究,第二届国际汉语教学讨论会论文,北京。
胡林生(1981)英校生华文写作的一些弊病,《语言和语文教育》,新加坡:教育出版社。
华文课程与教学法检讨委员会(2004)《华文课程与教学法检讨委员会报告书》,新加坡教育部。
华语教学改革委员会(1991)《华语教学改革委员会报告书》,新加坡教育部。
黄灿遂(1974)比较语言学与外语教学,《中等教育》第25卷,第5期,10—14

页。
黄锦树(1996)《马华文学:内在中国、语言与文学史》,吉隆坡:华社资料研究中心。
黄锦树(1998)《马华文学与中国性》,台北:元尊文化。
黄宣范(1993)《语言、社会与族群意识》,台北:文鹤出版有限公司。
黄自来(1982)认识错误在外语学习中的意义,《中等教育》第33卷,第4期,38—41页。
姜治文、文军(1999)《词典学与双语词典学研究》,上海:上海辞书出版社。
蒋善国(1987)《汉字学》,上海:上海教育出版社。
黎天睦(1987)《现代外语教学法——理论与实践》,北京:北京语言学院出版社。
李光耀(2000)《李光耀回忆录:1965—2000》,新加坡:联合早报出版社。
李嘉郁(2006)近二十年华文教育新形势浅析,《中国侨网》http://www.chinaqw.com.cn/(1月17日)。
李荣(1986)汉字的演变与汉字的将来,《中国语文》第5期,321—333页。
李英哲(1988)华语语法标准问题的探讨,第二届世界华语文教学研讨会论文,台北。
李元瑾(2002)新加坡华人身份认同意识的转变,见李元瑾《新马华人:传统与现代对话》,新加坡:南洋理工大学中华语言文化中心,55—76页。
梁荣源(1992)《阅读教学:理论与实践》,新加坡:仙人掌出版社。
刘英林(1989)《汉语水平考试(HSK)研究》,北京:现代出版社。
刘振宁、迟赵俄等编(1985)《阅读与写作》,北京:原子能出版社。
刘之信(1982)《常用形声字》,成都:四川人民出版社。
卢绍昌(1984)《华语论集》,新加坡,自印本。
鲁健骥(1984)中介理论与外国人学习汉语的语音偏误分析,《语言教学与研究》第3期,44—56页。
鲁健骥(1987)外国人学习汉语的词语偏误分析,《语言教学与研究》第4期,122—132页。
罗竹风(1997)《汉语大词典》,上海:汉语大词典出版社。
吕叔湘(1980)《现代汉语八百词》,北京:商务印书馆。
吕叔湘(1981)怎样跟中学生讲语法,《吕叔湘语文论集》,北京:商务印书馆。
吕叔湘(1982)《语文常谈》,香港:三联书店。

孟樊(2001)《后现代的认同政治》,台北:扬智文化。
闵龙华(1994)《现代汉语用法词典》,南京:江苏少年儿童出版社。
倪海曙(1982)《现代汉字形声字字汇》,北京:语文出版社。
潘翎著、崔贵强译(1998)《海外华人百科全书》,香港:三联书店。
彭聃龄、舒华、陈煊之(1997)《汉语认知研究》,济南:山东教育出版社。
钱宁(1996)《留学美国——一个时代的故事》,南京:江苏文艺出版社。
裘锡圭(1990)《文字学概要》,北京:商务印书馆。
苏金智(1997)大陆与港台词语差异研究中的若干问题,《语文建设通讯》第51期,36—43页。
苏培成(1994)《现代汉字学纲要》,北京:北京大学出版社。
孙钧锡(1990)《汉字和汉字规范化》,北京:教育科学出版社。
孙全洲(1995)《现代汉语学习词典》,上海:外语教育出版社。
谭力海、彭聃玲(1991)汉字的视觉识别过程——对形码和音码作用的影响,《心理科学通讯》第2期,1—6页。
汤廷池(1979)《国语语法研究论集》,台北:学生书局。
汤廷池(1988)从现代语言教学的观点谈小学国语教学与外籍学生华语教学(一),《华文世界》第4期(总第50期),53—54页。
汤廷池(1989)从现代语言教学的观点谈小学国语教学与外籍学生华语教学(二),《华文世界》第1期(总第51期),52—57页。
汤廷池(1989)从现代语言教学的观点谈小学国语教学与外籍学生华语教学(三),《华文世界》第2期(总第52期),9—14页。
佟慧君(1986)《外国人学汉语病句分析》,北京:北京语言学院出版社。
推广华语理事会秘书处(2000)《华人·华语·华文》,新加坡:新闻及艺术部推广华语理事会。
汪惠迪(1999)《时代新加坡特有词语词典》,新加坡:联邦出版社。
汪惠迪(2000)双向互动、兼容并存——新马华语词汇规范的路向,《联合早报》1月23日,1月30日。
王安忆(1996)《漂泊的语言》,北京:作家出版社。
王还(1998)《时代汉英双解词典》,新加坡、北京:联邦出版社、北京语言文化大学出版社。
王晓梅(1999)《新加坡华人英语、华语语码转换策略的研究》,新加坡:南洋理工大学中华语言文化中心硕士论文。

王宗炎(1983)对比分析和语言教学,《语言研究》第1期(总第4期),233—243页。

王宗炎编(1988)《英汉应用语言学词典》,长沙:湖南教育出版社。

魏岫明(1984)《国语演变研究》,台北:台湾大学委员会。

魏志成(2003)《英汉语比较导论》,上海:上海外语教育出版社。

吴泽炎(1988)《辞源》,北京:商务印书馆,修订本。

夏征农(1989)《辞海》,上海:上海辞书出版社。

萧炳基(1986)中文字词知识与篇章阅读理解的理论,《香港中文大学教育学报》第14卷,第1期,10—16页。

谢月馨、林金珠、杨增国(1988)中学作文错别字浅析,《华文教学实践研讨会报告》,新加坡:新加坡课程策划署。

谢泽文(1977)《中文填字测验在测量篇章难度及学生阅读能力的效度研究》,香港中文大学教育学硕士论文。

新加坡教育部(1983)《中学华文课程纲要》,新加坡:教育出版社。

徐大明、陶红印、谢天蔚(1997)《当代社会语言学》,北京:中国社会科学出版社。

徐加桢(1988)规范语言教学中的语言不规范问题,第二届国际汉语教学讨论会论文,台北。

许国璋(1986)论语法,《外语教学与研究》第1期(总第65期),1—10页。

许佩琳(1999)《新加坡大专学生语码夹杂现象研究》,新加坡:南洋理工大学中华语言文化中心硕士论文。

许云樵(1961)《南洋华语俚俗词典》,新加坡:世界书局。

薛凤生(1988)什么是标准国语,第二届世界华语文教学研讨会论文,台北。

姚佑椿(1989)应该开展对地方普通话的研究,《语文建设》第3期,18—21页。

叶汉源(1985)从"错误分析"理论的角度探讨新加坡英校生学习华文所犯的错误,第一届国际汉语教学讨论会论文,北京。

易永寒(1984)华语中动词重叠的滥用现象,《联合早报》11月17日"语文与教学版"。

尹斌庸、罗圣豪(1991)台湾学生认读大陆规范简体字的测查报告,《语文建设》第8期。

余耕文(1984a)本地华语中的一些语尾助词,《联合早报》8月25日"语文与教学版”。
余耕文(1984b)本地华语中结果补语的特殊现象,《联合早报》12 月 1 日“语文与教学版”。
余尚兵(1997)新加坡华文词汇的特点及形成的原因,《语文建设通讯》第 51 期,44—49 页。
喻柏林、曹河圻(1992)笔画数配置对汉字认知的影响,《心理科学》第 4 期,5—10 页。
袁家骅等(1960)《汉语方言概要》,北京:文字改革出版社。
云唯利(1987)《海南方言》,澳门:澳门东亚大学。
云唯利(1996)沓沓话,见云唯利编《新加坡社会和语言》,新加坡:南洋理工大学中华语言文化中心。
詹伯慧(1982)《现代汉语方言》,湖北:人民出版社。
张琼惠 (1997)华美文学的杂碎传统,在中研院欧美研究所主办的“创造传统:第三届华裔美国文学研讨会”上宣读的论文。
张双庆、万波(1996)香港大专一年级学生认读及使用简化字的初步调查与分析,冯瑞龙、胡百华等编《一九九七与香港中国语文研讨会论文集》,香港中国语文学会与香港中文大学吴多泰中国语文研究中心。
张武田、冯玲(1992)关于汉字识别加工单位的研究,《心理学报》第 4 期,379—385 页。
张孝裕(1981)新加坡华文教师华语语音分析,《台湾师范大学学报》第 27 期,235—277 页。
张忻中(1997)汉字识别技术综述,《语言文字应用》第 2 期,77—86 页。
张彦平(1994)《现代汉语用法词典》,南京:江苏少年儿童出版社。改版 1998《时代高级汉语词典》,新加坡:联邦出版社。
张志公(1982)汉语的教学语法系统问题,*Journal of Chinese Language Association*,Vol. XVII,2:13—26。
赵世开(1991)当前汉语中的变异现象,见中国社会科学院语言文字应用研究所社会语言学研究室编《语言・社会・文化》,北京:语文出版社,80—85 页。
郑锦全(1998)针对一词广泛阅读:电脑辅助的词语学习,《华文世界》第 1 期(总第 87 期),20—44 页。
郑良伟(1988)从英日语看北京话跟现代中文、台湾国语的语法差异,第二届世界华语文教学研讨会论文，台北。
郑昭明(1982)汉字认知的历程，载于高尚仁、郑昭明合编《中国语文的心理学研究》，台北：文鹤出版有限公司。
郑昭明、陈学志(1991)汉字的简化对中文书写的影响，《华文世界》第 62 期，86—104 页。
中国社会科学院语言研究所词典编辑室(1996)《现代汉语词典》，北京：商务印书馆，修订本。
钟秋生(1989)华文教学错别字辨析，世界华文教学研讨会论文，新加坡。
钟天祥(1999)马国华校热背后的哀伤，《联合早报》10 月 17 日。
周长楫(1993)《厦门方言词典》，南京：江苏教育出版社。
周清海、萧国政(1999)新加坡华语词的词形、词义和词用选择，《中国语文》第 4 期，255—262 页。
周有光(1980)《汉字声旁读音便查》，长春：吉林人民出版社。
周有光(1986)《中国语文的现代化》，上海：上海教育出版社。
周有光(1997)《中国语文的时代演进》，北京：清华大学出版社。
周聿峨(1995)《东南亚华文教育》，广州：暨南大学出版社。
朱德熙(1987)关于中学语法教学，《语文教学通讯》第 2 期，1—3，15 页。
朱德熙(1990)《语法丛稿》，上海：上海教育出版社。
朱巧明(1997)《汉字信息处理基础》，北京：清华大学出版社。
庄国土 (1989)《中国封建政府的华侨政策》，厦门：厦门大学出版社。
邹嘉彦(1988)海外华侨社会方言分布及华文教育，第二届世界华语文教学研讨会论文，台北。
邹嘉彦(1997)“三言”、“两语”说香港，*Journal of Chinese Linguistics*，2：290—307。
邹嘉彦、游汝杰 (2001)《汉语与华人社会》，上海：复旦大学出版社。
Adams, M. & Collins, A. (1979) A schema-theoretic view of reading. In R. Freedle (ed.) *New Directions in Discourse Processing*. Norwood, New Jersey: Ablex.
Adams, M. & Bruce, B. (1982) Background knowledge and reading comprehension. In J. A. Langer & M. T. Smith-Burke (eds.) *Reader Meets Author/Bridging the Gap: A Psycholinguistic and Sociolinguistic Perspective*. Newark, Delaware: International Reading Association.

Alderson, J. Clarks (1979) The cloze procedure and proficiency in English as a foreign language. *TESOL Quarterly*, 13. 2:219–227.

Allen, R. (1996) The year of the dictionaries. *English Today*, 12. 2:41–51.

Anderson, Benedict (1991) *Imagined Communities: Reflections on the Origin and Spread of Nationalism*. London, New York: Verso. 中译本见吴睿人译(1999)《想象的共同体:民族主义的起源与散布》,台北:时报文化。

Ang, Ien (2001) *On Not Speaking Chinese: Living between Asia and the West*. London and New York: Routledge.

Atkinson, D. (1987) The mother tongue in the classroom: a neglected resource? *ELT Journal*, 41:241–247.

Auerbach, E. R. (1993) Reexamining English only in the ESL classroom. *TESOL Quarterly*, 27:9–32.

Baker, C. & Jones, S. P. (1998) *Encyclopedia of Bilingualism and Bilingual Education*. Clevedon, UK: Multilingual Matters.

Baker, M. (1992) *In Other Words: A Coursebook on Translation*. London: Routledge.

Bao, Zhiming (1998) Theories of language genesis. In J. Foley et al (eds.) *English in New Cultural Contexts: Reflections from Singapore*. Singapore: Oxford University Press, 41–72.

Bauer, Robert S. (2000) Hong Kong Cantonese and the road ahead. In David C. S. Li, Angel Lin & Wai-King Tsang (eds.) *Language and Education in Postcolonial Hong Kong*. Hong Kong: Linguistic Society of Hong Kong, 35–58.

Bawcom, L. (2002) Over-using L1 in the classroom? an enlightening piece of action research. *Modern English Teacher*, 11. 1:51–53.

Baxter, J. (1980) The dictionary and vocabulary behaviour: a single word or a handful? *TESOL Quarterly*, 14. 3:325–336.

Bejoint, H. (1981) The foreign student's use of monolingual English dictionaries: a study of language needs and reference skills. *Applied Linguistics*, 3. 2:207–222.

Bokhorst-Henry (1999) *Language is More Than a Language*. Singapore:

Centre for Advanced Studies.

Brown, H. D. (1980) *Principles of Language and Teaching*. New Jersey: Prentice-hall, Inc.

Brown, J. D. (1980) Relative merits of four methods for scoring cloze test. *The Modern Language Journal*, 64: 311-317.

Burt, M. & Kiparsky, C. (1974) Global and local mistakes. In Schumann, J. & N. Stenson (eds.) *New Frontiers in Second Language Learning*, 71-80.

Butzkamm, W. (2003) We only learn language once. The role of the mother tongue in FL classrooms: death of a dogma. *Language Learning Journal*, 28: 29-39.

Carrell. P. L. (1983a) Background knowledge in second language comprehension. *Language Learning and Communication*, 2. 1: 25-34.

Carrell. P. L. (1983b) Three components of background knowledge in reading comprehension. *Language Learning*, 33. 2: 183-207.

Carrell. P. L. (1987) Content and formal schemata in ESL reading. *TESOL Quarterly*, 21. 3: 461-481.

Carrell. P. L. (1991) Second language reading: reading ability or language proficiency? *Applied Linguistics*, 12. 2: 159-179.

Carter, R. (1998) *Vocabulary: Applied Linguistic Perspectives*. London & New York: Routledge.

Carter, R. A. & McCarthy, M. J. (1988) *Vocabulary and Language Teaching*. London: Longman.

Chao, Yuen-Ren (1968) *A Grammar of Spoken Chinese*. Berkeley: University of California Press.

Chen, Chung-Yu (1983) A fifth tone in the Mandarin spoken in Singapore. *Journal of Chinese Linguistics*, 14. 1: 114-152. Reprinted in Chen, Chung-Yu (ed.) *Aspects of Mandarin Chinese*. Singapore: Chinese Language & Research Centre, National University of Singapore, 249-272.

Chen, Der-Thanq (1998) *The Use of Chinese Voice Recognition and Handwriting Tools: Issues, Problems and Implications*. Unpublished manuscript, Singapore: National Institute of Education, Nanyang Technological University.

Chen, Hsiu-ying (1980) Knowledge of the native language in foreign language teaching. In Ting-chi Tang, Feng-fu Tsao & Ing Li (eds.) *Papers from the 1979 Asian and Pacific Conference on Linguistics and Language Teaching*. Taipei: The Student Book Co., Ltd., 253–259.

Chen, Ping (1999) *Modern Chinese: History and Sociolinguistics*. Cambridge: Cambridge University Press.

Ch'en, Ta-tuan, Link, Perry, Tai, Yih-jian & Tang, Hai-tao (1994)《中文入门》[*Chinese Primer*] Princeton: Princeton University Press.

Chen, H.-C., & Leung, Y.-S. (1989) Patterns of lexical processing in a nonnative language. *Journal of Experimental Psychology: Learning, Memory, and Cognition*, 15: 316–325.

Cheng, H. & Chen, H.-C. (1998) Lexical and conceptual processing in Chinese-English bilinguals: further evidence for asymmetry. *Memory and Cognition*, 26: 1002–1013.

Cheng, Ngai-Lai (2000) Hong Kong: special administrative region. In Ho Wah-Kam & Ruth Y. L. Wong (eds.) *Language Policies and Language Education: The Impact in East Asian Countries in the Next Decade*. Singapore: Times Academic Press, 97–111.

Cheng, Robert L. (1985) A comparison between Taiwanese: Taiwan Mandarin and Peking Mandarin. *Language*, 61. 2: 352–377.

Cooper, Robert L. (1989) *Language Planning and Social Change*. Cambridge: Cambridge University Press.

Corder, S. Pit. (1967) The significance of learners' errors. *International Review of Applied Linguistics*, 5: 161–170.

Corder, S. Pit. (1973) *Introducing Applied Linguistics*. Harmondsworth Penguin Books.

Corder, S. Pit. (1981) *Error Analysis and Interlanguage*. Oxford: Oxford University Press, Inc.

Crowther, J. (ed.) (1995) *Oxford Advanced Learner's Dictionary*. 5th edn. Oxford: Oxford University Press.

Crystal, D. (1987) *The Cambridge Encyclopaedia of Language*. Cambridge:

Cambridge University Press.

Crystal, D. (1995) *The Cambridge Encyclopedia of the English Language*. Cambridge: Cambridge University Press.

Crystal, D. (1997) *English as a Global Language*. Cambridge: Cambridge University Press. 中译本:郑佳美(2000)《英语帝国》,台北:猫头鹰出版社。

Dajani, D. J. (2002) Using mother tongue to become a better learner: why and how. *Modern English Teacher*, 11: 65-67.

Day, R. R., Chenoweth, N. A., Chun, A. E. & Luppescus (1983) Foreign language learning and the treatment of spoken errors. *Language Learning and Communication*, 2. 2: 215-226.

DeFrancis, J. (ed.) (1996) *ABC (Alphabetically Based Computerized) Chinese-English Dictionary*. Honolulu: University of Hawaii Press.

Dulay, H. & Burt, M. (1972) Goofing: an indicator of children's second language learning strategies. *Language Learning*, 22: 235-252.

Dulay, H. & Burt, M. (1974) You can't learn with goofing: an analysis of children's second language errors. In J. Richard (ed.) *Error Analysis*. London: Longman, 95-123.

Dulay, H., Burt, M. & Krashen, S. (1982) *Language Two*. Oxford: Oxford University Press, Inc.

Duranti, A. (1997) *Linguistic Anthropology*. Cambridge: Cambridge University Press.

Erickson, B. (1992) A synthesis of studies on computer-supported composition, revision, and quality. *Journal of Research on Computing in Education*, 25. 2: 172-186.

Fasold, Ralph (1984) *The Sociolinguistics of Society*. Oxford: Basil Blackwell.

Figueroa, Esther (1988) Evaluating language policy in Taiwan—some questions. In Cheng, Robert L. & Huang Shuan-fan (eds.) *The Structure of Taiwanese: A Modern Synthesis*. Taipei: The Crane Publishing Co..

Gabrielatos, C. (2001) L1 use in ELT: not a skeleton, but a bone of contention. *Bridges*, 6: 33-35.

Gibbons, J. (1987) *Code-mixing and Code Choice: A Hong Kong Case Study*.

Clevedon: Multilingual Matters.

Goh, C. M. & Silver, R. E. (2004) *Language Acquisition and Development: A Teacher's Guide*. Singapore: Pearson Education South Asia.

Goh, Yeng Seng [吴英成] (1997) *The Segmental Phonology of Beijing Mandarin*. Taipei: The Crane Publishing.

Goh, Yeng Seng [吴英成] (1998) Proposing a new curriculum design based on the sociolinguistic profile of Chinese language student teachers in Singapore. Unpublished PGDipTHE Project Report. Singapore: National Institute of Education, Nanyang Technological University.

Goh, Yeng Seng [吴英成] (2001) A sociolinguistic profile of Chinese language student teachers in Singapore. In Jason Tan, S. Gopinathan & Wah Kam Ho (eds.) *Challenges Facing the Singapore Education System Today*. Singapore: Prentice Hall, 227-245.

Goh, Yeng Seng & Ng Chee Wan (1999) Learning of Chinese: it's the approach that counts. *The Straits Times*, 3 February.

Gopinathan, S, Pakir, A. Ho, W. K. & Saravanan, V. (eds.) (1994) *Language, Society, and Education in Singapore: Issues and Trends*. Singapore: Times Academic Press.

Graddol, D. (2000) *The Future of English? A Guide to Forecasting the Popularity of the English Language in the 21st Century*. London: The British Council.

Halliday, M. A. K. (1990) New ways of meaning: a challenge to applied linguistics. *Journal of Applied Linguistics*, 6: 7-36.

Harbord, J. (1992) The use of the mother tongue in the classroom. *ELT Journal*, 46: 350-355.

Hartman, R. & Stork, F. (1972) *Dictionary of Language and Linguistics*. London: Applied Science Publishers.

Hendrickson, J. (1979) Error analysis and error correction in language teaching. *RELC Occasional Papers, No. 10*, Singapore: SEAMEO Regional language centre.

Hill, L. A. (1960) Green picture story. No. 8, *Picture Composition Book*. London: Longmans, 18-19.

Hinofotis, F. B. (1980) Cloze as an alternative method of ESL placement and proficiency test. In Oller & Perk (eds.) *Research in Language Testing*. Rowly, Mass: Newbury House.

Hinofotis, F. B. & Snow, Becky G. (1980) An alternative cloze testing procedure: multiple-choice format. In Oller & Perk (eds.) *Research in Language Testing*. Rowly, Mass: Newbury House.

Ho, S. H. [贺上贤] (1979) Error analysis and teaching Chinese as a second language. In Ting-chin Tang, Feng-fu Tsao & Ing Li (eds.) *Papers from the 1979 Asian and Pacific Conference on Linguistics and Language Teaching*. Taipei: The Student Book Co., 63–79.

Ho, Wah Kam & Wong, Ruth L. Y. (eds.) (2000) *Language Policies and Language Education: The Impact in East Asian Countries in the Next Decade*. Singapore: Time Academic Press.

Holmes, Janet (1992) *An Introduction to Sociolinguistics*. London and New York: Longman.

Hornby, A. S., Gatenby, E. V. & Wakefield, H. (eds.) (1948) *The Advanced Learner's Dictionary of Current English*. 1st edn. (2nd edn, 1963) Oxford: Oxford University Press.

Julian, K. (2004) *Learning Chinese: A Foundation Course in Mandarin*. Cambridge: Massachusetts Institute of Technology.

Kachru, B. B. (1985) Standards, codification and sociolinguistic realism: the English language in the outer circle. In R. Quirk & H. G. Widdowson (eds.) *English in the World: Teaching and Learning the Language and Literature*. Cambridge: Cambridge University Press, 11–30.

Kachru, B. B. (1992a) World Englishes: approaches, issues, and resources. *Language Teaching*, 25: 1–14.

Kachru, B. B. (1992b) The second diaspora of English. In T. W. Machan & C. T. Scott (eds.) *English in Its Social Contexts: Essays in Historical Sociolinguistics*. Oxford: Oxford University Press, 230–252.

Kaplan, R. & Bakdauf, R. B. (1997) *Language Planning: From Practice to Theory*. Clevedon: Multilingual Matters Pte Ltd.

Khoo, Chian Kim (1981) *Census of Population 1980 Singapore* (Release

No. 8:Languages spoken at home). Singapore:Department of Statistics.

Kirkpatrick, B. (1985) A lexicographical dilemma: monolingual dictionaries for the native speaker and for the learner. In Ilson, R. (ed.) *Dictionaries, Lexicography and Language Learning*. Oxford:Pergamon Press, 7-13.

Kroll, J. F. & Stewart, E. (1994) Category interference in translation and picture naming: evidence for asymmetric connections between bilingual memory representations. *Journal of Memory and Language*, 33: 149-174.

Kubler, Cornelius C. (1985) *A Study of Europeanized Grammar in Modern Written Chinese*. Taipei: the Student Book Co., Ltd.

Kubler, Cornelius C. (2004a) *Basic Spoken Chinese*. Williamstown: Williams College.

Kubler, Cornelius C. (2004b) *Basic Written Chinese*. Williamstown: Williams College.

Labov, William (1972) *Sociolinguistic Patterns*. Philadelphia: University of Pennsylvania Press.

Lado, Robert (1957) *Linguistics Across Cultures*. Ann Arbor: University of Michigan Press.

Lau, Kak En. (1992) *Singapore Census of Population 1990: Demographic Characteristics*. Singapore: Department of Statistics.

Lau, Kak En. (1993) *Singapore Census of Population 1990: Literary, Language Spoken and Education*. Singapore: Department of Statistics.

Lee, H. L. (2003) Speech presented at the opening of Chinese High Boarding School. *Singapore Government Press Release*, Ministry of Information, Communications and the Arts, Singapore. Retrieved November 9, 2006, from http://www.sprinter.gov.sg.

Leow, Bee Geok (2001a) *Census of Population 2000: Advanced Data Release*. Singapore: Department of Statistics.

Leow, Bee Geok (2001b) *Census of Population 2000 Statistical Release 2: Education, Language and Religion*. Singapore: Singapore Department of Statistics.

Li, Chen-ching (1983) The sociolinguistic context of Mandarin in Taiwan:

trends and developments. In Chauncey Chu, W. South Coblin & Feng-fu Tsao (eds.) *Paper from the 14th International Conference on Sino-Tibetan Languages and Linguistics*. Taipei: the Students Book Co., Ltd., 257–278.

Li, C. N. & Sandra A. T. (1981) *Mandarin Chinese: A Functional Reference Grammar*. Berkeley, Los Angeles and London: University of California Press.

Lim, K. B. (1970) The use of the first language in second language teaching and learning. *RELC Journal*, 1: 66–76.

Lin, Li (2000) The People's Republic of China. In Ho Wah-Kam & Ruth Y. L. Wong (eds.) *Language Policies and Language Education: The Impact in East Asian Countries in the Next Decade*. Singaore: Times Academic Press, 79–95.

Lock, Graham (1982) The Chinese language in Singapore—status and features, *Language Learning and Communication*, 1. 3: 301–313.

McArthur, T. (1998) *The English Languages*. Cambridge: Cambridge University Press.

McArthur, T., Chang, S. W. & Huang, Y. L. (1992) *Longman Lexicon of Contemporary English* (English-Chinese edition). Hong Kong: Longman Asia.

McCarthy, M. (1990) *Vocabulary*. Oxford: Oxford University Press.

McKay, S. L. (2002) *Teaching English as an International Language*. Oxford: Oxford University Press.

Melka, F. (1997) Receptive vs. Productive aspects of vocabulary. In N. Schmitt & M. McCarthy (eds.) *Vocabulary: Description, Acquisition and Pedagogy*. Cambridge: Cambridge University Press.

Ministry of Education, Singapore (1999) Ministerial statement by DPM BG Lee Hsien Loong on Chinese language in schools in parliament. *Singapore Ministry of Education Press Release*, 20 January.

Ministry of Education, Singapore (2004a) Refinements to mother tongue language policy. *Singapore Ministry of Education Press Release*, 9 Jan.

Ministry of Education, Singapore (2004b) Bilingual Approach (BA) to the teaching of Chinese language at the primary level extended to seven other schools. *Singapore Ministry of Education Press Release*, 23 Feb.

Ministry of Education, Singapore (2004c) Nurturing a core of students with advanced knowledge of Chinese language and culture. *Singapore Ministry of Education Press Release*, 3 September.

Myers-Scotton, Carol (1993) *Duelling Languages: Grammatical Structure in Codeswitching*. Oxford: Clarendon Press.

Ning, Cynthia (1993) *Communicating in Chinese: An Interactive Approach to Beginning Chinese: Student's Book for Listening and Speaking*. New Haven: Far Eastern Publications, Yale University.

Ning, Cynthia (1994) *Communicating in Chinese: An Interactive Approach to Beginning Chinese: Student's Book for Reading and Writing*. New Haven: Far Eastern Publications, Yale University.

Norman, J. (1988) *Chinese*. Cambridge: Cambridge University Press.

Nunan, D. (1985) Content familiarity and the perception of textual relationships in second language reading. *RELC Journal*, 16. 1: 43-51.

Odlin, T. (1989) *Language Transfer: Cross-linguistic Influence in Language Learning*. UK: Cambridge University Press.

Oller, J. W. (1979) *Language Tests at School: A Pragmatic Approach*. London: Longmans.

Ong Siew Lean (1986) The use of the cloze procedure in assessing reading comprehension of Chinese. Master of Education dissertation, Institute of Education, Singapore.

Pakir, Anne (1993) Two tongue tied: bilingualism in Singapore. *Journal of Multilingual and Multicultural Development*, 14. 1&2: 73-216.

Pan, Lynn (1998) *The Encyclopaedia of the Chinese Overseas*. Singapore: Chinese Heritage Centre.

Phillipson, R. (1992) *Linguistic Imperialism*. Oxford: Oxford University Press.

Potter, M. C., So, K.-F., Von Eckhardt, B. G. & Feldman, L. B. (1984) Lexical and conceptual representation in beginning and more proficient bilinguals. *Journal of Verbal Learning and Verbal Behaviour*, 23: 23-28.

Prodromou, L. (2000) From mother tongue to other tongue. *Bridges*, 5.

Prodromou, L. (2002) The role of the mother tongue in the classroom. *International Association of Teachers of English as a Foreign Language Issues*, 166: 6-8.

Ramsey, S. Robert (1987) *The Language of China*. Princeton: Princeton University Press.

Richard, J. C. (1973a) Error analysis and second language strategies. In John Oller, Jr. & J C. Richards (eds.) *Focus on the Learner: Pragmatic Perspectives for the Language Teacher*. New York: Newbury House, 114-135.

Richard, J. C. (1973b) A non-contrastive approach to error analysis. In John Oller, Jr. & J C. Richards (eds.) *Focus on the Learner: Pragmatic Perspectives for the Language Teacher*. New York: Newbury House, 96-113.

Richards, J. (1974) Word lists: problems and prospects. *RELC Journal*, 5. 2: 69-84.

Richards, J. C., Platt, John & Platt, Heidi (1998) *Longman Dictionary of Language Teaching & Applied Linguistics*. Hong Kong: Addison Wesley Longman China Ltd.

Ridgway, T. (1997) Thresholds of the background knowledge effect in foreign language reading. *Reading in a Foreign Language*, 11. 1: 151-168.

Rinvolucri, M. (2001) Mother tongue in the foreign language classroom. *Modern English Teacher*, 10: 41-44.

Rogers, J. (2007) *A Bull in China*. New York: Random House Publishing Group.

Rustow, D. A. (1968) Language, modernization, and nationhood—an attempt at typology. In Joshua A. Fishman, Charles A. Ferguson & Jyotirindra Das Gupta (eds.) *Language Problems of Developing Nations*. New York: Wiley.

Sah, Prajapati (1981) Contrastive analysis, error analysis, and transformational generative theory: some methodological issues in the theory of second language learning. *International Review of Applied Linguistics*, 19. 2: 95-

112.

Sastri, H. N. L. (1970) The bilingual method of teaching English: an experiment. *RELC Journal*, 2: 24–28.

Schachter, J. & Celce-Murcia, M. (1972) Some reservations concerning error analysis. In Kenneth Croft (ed.) *Readings on English as a Second Language: For Teachers and Trainees*. Mass: Winthrop Publishers, Inc.

Schweers, W. Jr. (1999) Using L1 in the L2 classroom. *English Teaching Forum*, 37. 2: 6–9.

Selinker L. (1972) Interlanguage. *International Review of Applied Linguistics*, 10: 73–10.

Selinker L. (1992) *Rediscovering Interlanguage*. London: Longman.

Shanmugaratnam, T. (2003) *Effective Teaching and Learning of the Mother Tongue: Innovating and Adapting to New Circumstances* (Press release). Singapore: Ministry of Education.

Soh, K. C. (1984) Taking a cloze look psychometrically. Occasional paper No. 20. Singapore: Institute of Education.

Soh, K. C. (1985) *Code-switching of Primary School Children*. Unpublished doctoral dissertation, National University of Singapore.

Soh, K. C. & Neo, E. G. (1993) The priming effect of English texts on the comprehension of Chinese texts (Research Paper No. 8). Singapore: Centre for Applied Research in Education, National Institute of Education, Nanyang Technological University.

Summers, D. (1988) The role of dictionaries in language learning. In Carter, R. & McCarthy, M. (eds.) *Vocabulary and Language Teaching*. London: Longman, 111–125.

Tan, A. G. P. (2003) *Simultaneous vs. Consecutive Bilinguals: A Test of the Asymmetrical Model of Bilingual Representation*. Unpublished undergraduate thesis, National University of Singapore.

Tang, J. (2002) Using L1 in the English classroom. *English Teaching Forum*, 40. 1: 37–43.

Tay, Mary Wan Joo (1989) Code-switching and code-mixing as a communicative strategy in multilingual discourse. *World Englishes*, 8. 3: 407–417.

Taylor, B. (1975) The use of overgeneralization and transfer learning strategies by elementary and intermediate university students learning ESL. *Language Learning*, 25: 73–107.

Teng, Shou-Hsin [邓守信] (2000) L2 Chinese as an autonomous discipline. Paper presented at the 9th International Conference on Chinese Linguistics cum International Symposium on Chinese Language Teaching, Singapore, 26–28 June.

Tham, Seong Chee (1996) *Multi-Lingualism in Singapore: Two Decades of Development*. Singapore: Department of Statistics.

Trudgill, Peter (1974) *The Social Differentiation of English in Norwich*. Cambridge: Cambridge University Press.

Trudgill, Peter (1983a) *On Dialect: Social and Geographic Factors*. Oxford: Basil Blackwell.

Trudgill, Peter (1983b) *Sociolinguistics: An Introduction to Language and Society*, rev. edn. Harmondsworth: Penguin Books.

Tsou, Benjamin K. [邹嘉彦] (2000) Saliency in the growth of the Chinese lexicon. Paper presented at the 9th International Conference on Chinese Linguistics cum International Symposium on Chinese Language Teaching, Singapore, 26–28 June.

Tudor, I. (1987) Using translation in ESP. *ELT Journal*, 41. 4: 268–273.

Ubol, Charas (1981) An error analysis of English compositions by Thai students. *RELC Occasional Papers*, No. 16, Singapore: SEAMEO Regional Language Centre.

Weinreich, U. (1953) *Language in Contact: Findings and Problems*. The Hague, The Netherlands: Mouton.

Whitcut, J. (1985) Usage notes in dictionaries: the needs of the learner and the native speaker. In Ilson, R. (ed.) *Dictionaries, Lexicography and Language Learning*. Oxford: Pergamon Press, 75–80.

Wright, Jon (1998) *Dictionaries*. Oxford: Oxford University Press.

Yin, Binyong & Rohsenow, J. (1994) *Modern Chinese Characters*. Beijing: Sinolingua.

Zhao Yong & Campbell, Keith P. (1995) English in China. *World Englishes*, 14.3:377-390.

后　记

我在前言中提到《汉语国际传播：新加坡视角》是我20年汉语本体与教学研究的一个总结。历经论文初选、拟订提纲，完成初稿，又几经修改，最后编纂成书，整个过程中，许多同事、朋友、家人的鼎力支持和无私帮助令我不胜感激。

首先要感谢国立教育学院亚洲语言文化学部中文系的同事，其中要特别提到的是罗庆铭。他对本书的帮助贯穿整个编辑过程，包括编写修改提纲、审阅书稿等，大到篇章结构，小到键盘输入错误，他都提供了许多宝贵而富有建设性的意见。我的研究助理杨荣华为编好本书，做了大量工作，从资料的收集、整理和分类到全书框架的搭建及编写成书，事无巨细，付出了很多辛劳，在此也向她表达感谢。此外，翁凉平、林惜莱、徐峰、杨延宁等年轻同事也提出了中肯的意见，使我受益匪浅。

除了系里的同事，世界各地多位挚友也为本书提供了很大的帮助。新加坡外交部长杨荣文、中国教育部语言文字信息管理司司长李宇明和美国麻省理工学院高级讲师魏久安在百忙中为本书撰写序言；黄志远也对英文文稿进行修饰，谨此表示诚挚的谢意。同时，也要感谢商务印书馆汉语出版中心主任周洪波和责任编辑陈丹丹，是他们促成本书得以出版。

本书的编写与出版获得了国立教育学院高级学术行政主管研

究资助基金(Research Support For Senior Academic Administrator (RS—SAA) Grant)[RS7/08 GYS]的鼎力资助。

最后我要特别感谢我的太太江静芳。我常和同事开玩笑说,我太太是家里永远的“反对党”。正是这位“反对党”,对本书的框架、行文提供了不少批判性的意见。从这个意义上讲,她不仅是我生活中的好伴侣,更是我学术上的好拍档。

本书难免有错误,这都是我个人的疏忽所致,希望读者多多批评、指正。

吴英成

2009 年 10 月 1 日于新加坡